教育与教学书系

中国学生英语阅读能力构建研究

ZHONGGUO XUESHENG YINGYU YUEDUNENGLI GOUJIAN YANJIU

张东昌 潘巍巍 陈卫红◎著

知识产权出版社
全国百佳图书出版单位

图书在版编目（CIP）数据

中国学生英语阅读能力构建研究 / 张东昌，潘巍巍，陈卫红著．—北京：知识产权出版社，2014.7

ISBN 978-7-5130-2875-2

Ⅰ．①中…　Ⅱ．①张…②潘…③陈…　Ⅲ．①英语-阅读教学-研究-中国　Ⅳ．①H319.4

中国版本图书馆 CIP 数据核字（2014）第 176528 号

内容提要

本书以中国学生的英语阅读能力为研究对象，从认知语言学的视角多层次、全方位地研究英语阅读能力的构建。本书主要包括六个部分：第一部分为国内外阅读理论研究，第二部分从心理学的角度研究阅读原理与机制，第三部分构建英语阅读能力的研究体系，第四、五部分重点介绍英语阅读中语言基础知识的运用、阅读的方法与策略，第六部分强调文化对于阅读的重要性。

责任编辑：纪萍萍

中国学生英语阅读能力构建研究

张东昌　潘巍巍　陈卫红　著

出版发行：知识产权出版社有限责任公司　网　址：http://www.ipph.cn
社　址：北京市海淀区马甸南村 1 号　邮　编：100088
责编电话：010-82000860 转 8387　责编邮箱：jpp99@126.com
发行电话：010-82000860 转 8101/8102　发行传真：010-82000893/82005070/82000270
印　刷：三河市国英印务有限公司　经　销：各大网上书店、新华书店及相关专业书店
开　本：720mm×960mm　1/16　印　张：14
版　次：2014 年 7 月第 1 版　印　次：2014 年 7 月第 1 次印刷
字　数：217 千字　定　价：42.00 元
ISBN 978-7-5130-2875-2

前　言

英语阅读是我国第二语言教学中的重点研究对象，而提高学生英语阅读能力一直又是英语教学的难点与热点。针对二语习得者在英语阅读过程中存在的阅读障碍，很多学者提出了提高学生阅读能力的相关对策，但效果似乎不太理想。目前，还没有专家针对这一方面做出深入系统的研究与探讨，更不必说构建中国学生英语阅读能力的相关研究。针对这一现状，我们研读了国内外大量研究成果与文献资料，并对国内英语专业与非英语专业学生进行了随机抽样问卷调查。我们认为，对中国学生而言，英语的阅读理解是由低到高，由局部到整体，由浅入深的过程。基于这一思想，笔者提出，目前亟须构建二语学习环境下英语阅读能力的研究体系，以“理解”为核心，从整体上总览阅读能力的多维、立体、开放的动态结构，进而研究英语阅读能力的构建结构要素与发展层面。

《中国学生英语阅读能力构建研究》主要包括六章：第一章是对国内外阅读理论研究的综述研究，对阅读的本质做了分层概括，点出阅读所具有的意义与价值；第二章是从心理学的角度研究阅读原理与机制；第三章是构建英语阅读能力的研究体系，运用系统科学对英语阅读能力要素进行多层次、多侧面的分解，梳理其递进过程，形成阅读能力的纵向结构与横向结构的构建，旨在二语学习者从整体上总览英语阅读能力的立向结构，形成英语阅读能力的智能系统，进而从理论角度提升英语阅读能力；第四、五章重点介绍英语阅读理解中语言基础知识的运用以及行之有效的阅读方法与策略；第六章强调文化对于阅读的重要性，希望二语学习者有效地从阅读材料中获取信息，有效地学习英语。

由此可见，阅读过程包含了一系列不同层次的能力，提高阅读能力的最佳途径就是在不同的时间阶段，分重点培养阅读过程中不同层次的能力，以达到全面培养和提高学生阅读能力的目的。因此，中国学生英语阅读能力的构建研究，为我们的大学英语阅读训练和改进课堂教学提供了科学的依据。对于我国以阅读为基础，以阅读为中心的英语教学而言，英语阅读能力的构建研究有重要的理论和实践意义。

北京联合大学师范学院的张东昌教授、潘巍巍博士和陈卫红老师历时四年编著了这本《中国学生英语阅读能力构建研究》，旨在帮助读者了解英语阅读的魅力和内在规律。

在编著研究工作中，蒋大平副研究员为本书的编撰提供了大量素材，知识产权出版社纪萍萍编辑给予了热情帮助和指导，在此，一并表示衷心感谢。

尽管我们做了最大的努力著述《中国学生英语阅读能力构建研究》，但仍会有许多不尽如人意之处，竭诚欢迎广大同仁和读者指正。

张东昌

2014 年 4 月

目　　录

1 阅读概述

阅读一直是人类感知世界，大量获取知识、经验的最主要途径。书籍记载了人类几千年的文明，人们通过阅读书籍，可以迅速汲取几千年进化所积累的知识，冲破时间、空间的局限性看到整个世界，抓住整个世界的秘密核心。

17世纪，英国著名的学者培根有句名言："知识就是力量。"而获取知识（力量）的途径，除了亲身参加某项社会实践（变革）以外，就是读书。

国学大师季羡林先生（2010）在其文章《天下第一好事，还是读书》中写道：人类千百年以来保存智慧的手段不出两端：一是实物，比如长城等；一是书籍，以后者为主。在发明文字以前，保存智慧靠记忆；文字发明以后，则使用书籍。把脑海里记忆的东西搬出来，搬到纸上，就形成了书籍，书籍是储存人类代代相传的智慧的宝库。后一代的人必须读书，才能继承和发扬前人的智慧。人类之所以能够进步，永远不停地向前迈进，靠的就是能读书又能写书的本领。这样智慧的传承也永无穷尽。这样的传承靠的主要就是书，书是事关人类智慧传承的大事。"

余秋雨先生也曾经这样评论过，只有书籍，能把辽阔的时间浇灌给你，能把一切高贵生命早已飘散的信号传递给你，能把无数的智慧和美好对比着愚昧和丑陋一起呈现给你。区区五尺之躯，短短几十年光阴，居然能驰骋古今，经天纬地，这种奇迹的产生，至少有一半要归功于阅读。

可见，书籍的出现使人类的知识储存和传播有了载体，而阅读，便成为了人类传播知识的重要手段。在人类文明进入知识化、信息化的今天，阅读的普遍性与重要性更为突出，甚至阅读行为已渐渐成为现代人的终身行为。阅读书籍带给我们的不仅是对心中理想世界的坚持，更是对我们思想和心灵的升华以及对世界、人生和社会的深刻认识。

不过，阅读虽然是人类社会生活中不可缺少的一种社会活动，是人类汲取知识的手段和认识周围世界的途径之一，是学习所有学科的基础，是培养人才的知识结构中不可缺少的重要环节；但实际上，阅读，最早一直是隶属于语文学的，是语文学的一个分支，没有成为一门独立的学科。后来，随着社会的发展和科学技术的突飞猛进，人们对客观事物的认识，由浅入深，由片面到全面，从现象到本质，产生了一个不断深化的辩证过程。各个学科在各种条件的影响和制约下，也在不断地深化又不断地分化和综合而联结成为了一个整体。如今，阅读，已从语文学的分支里分化出来，成为一门独立的学科——阅读学。

阅读学是随着科学技术和社会经济的发展，在近几年里发展起来的一门新兴学科，也是随着社会信息水平的不断提高而愈来愈受到人们重视的一门新学科。不过，如前所述，阅读学与语文学有着密切的联系，它是语文学的一个分支，因此，阅读学不能脱离语文学的基本轨道，但是它们的目的不同，侧重点不同。语文学是研究听、说、读、写的能力，而阅读学是研究阅读的过程、原则和方法。

胡继武（1991）先生曾在《现代阅读学》中这样总结，阅读学是以阅读活动的全过程作为研究对象的。所谓阅读活动的全过程，既包括阅读中生理、心理和思维活动的过程及其机理，也包括吸收、消化和运用知识的过程及其规律和方法，还包括人的生理和心理活动过程与被阅读材料之间的关系，等等。说具体些，阅读学的研究对象包括以下三个方面：一是研究阅读中人的认知、思维和记忆等各种生理和心理活动的过程及其规律；二是研究将书文（书籍和文章）中的信息符号所包含的信息知识有效地转化为个人知识的理论、方法和技巧；三是研究将书文中的知识运用于社会实践并将阅读和创造有机地结合起来的方法和措施。概言之，阅读学既是研究有效地从信息符号中汲取信息、知识并应用于实践的规律和方法的一门科学。

那么，究竟何谓阅读？阅读在本质上又是一种什么活动？阅读，作为一门发展中的新兴学科，研究的意义与价值何在？阅读对人文综合素质的发展与提高又起到了哪些决定性的作用？本章将分别从上述四方面对阅读进行翔实的分析与论述。

1.1 阅读概念

阅读活动是人类特有的文明行为和社会现象。可以说，人类文明史是一部阅读的历史。有人说，阅读是随着文字的出现而出现的，因此阅读史就像文字史一样长；也有人说，人类的阅读史比文字史更为久远，他们认为，新石器时代的晚期，即创立文字之前，人类就已懂得结绳、刻图记事，而辨别绳结和图形的含义，就是人类最初的阅读。

那么究竟何谓阅读？阅读给人的第一概念，即把无声的文字作品变为有声的口头表达行为。当然，这是种假象。在《现代汉语辞典》中找到了一条简洁的解释：阅读，看（书报）并领会其内容。这样的解释显然不能概括阅读的全部，也不能体现科学技术进步给阅读带来的巨大变化。《中国大百科全书》（教育卷）对“阅读”所做的定义为：“阅读是一种从印的或写的符号中获取意义的心理过程。阅读也是一种基本的智力技能，这种技能是取得学业成功的先决条件，它是由一系列的过程和行为构成的总和。”

我们可以把阅读解释为，人们通过视觉器官从信息符号中获取所标记意义的一种复杂的智力活动。这个活动的目的在于通过交流思想，沟通情况，所以上文提到的辨别绳结和图形的含义，从广义上讲，也可以被看作是一种阅读活动。不过，一般学者坚持认为有了文字以后才产生真正的阅读，因为文字符号毕竟与绳结符号和图形符号有本质的区别。

1.1.1 国内学者对于阅读的理解

阅读对于人类社会的发展至关重要，古今中外的学者向来重视对阅读的研究。我国关于阅读的论述可以追溯到先秦时期。孔子、孟子、荀子等人关于阅读都有过十分重要的论述，如《论语》中的“诵其诗，读其书”，“学而不思则罔，思而不学则殆”，强调了读书学习和深入思考相结合的重要性。他还认为“学”、“思”要紧密结合。孔子还强调阅读中应有“不耻下问”（《论语·公冶长》）的精神，要有“如之何？如何之”的探究精神；他自己就是“子入太庙，每事问”（《论语·八佾》）。孟子发表了“尽信书则不如无书”的看法，主张对书上的东西不能无批判地吸收，而应该具体情况具体对待。要“以意逆志，是为得之”，以自己的看法去领会作者的意图，这样才能算自得。《荀子》中的“诵数”、《学记》中的“呻其占华”等，讲的都是阅读。此外，荀子的《劝学》篇则算得上是我国最早研究阅读的专门著述了。荀子在《儒效篇》里曾说过这样的话：“不闻不若闻之，闻之不若见之，见之不若知之，知之不若行之。学至于行之而止矣，行之明也。……故闻之而不见，虽博必谬。见之而不知，虽识必妄。知之而不行，虽敦必困。”强调理论一定要和实际相联系。因此，他们为我国古代阅读研究开辟了道路，奠定了基础。

两汉魏晋南北朝时期，对于阅读研究做过贡献的重要学者有刘向、王充、刘勰、陶渊明、颜之推等。刘向主要是继承并发扬了荀子的终身阅读思想。王充的《书虚》、《问孔》等系列阅读研究名篇，开创了中国古代批判性阅读的先河。

隋唐宋元被称为中国古代阅读研究的成熟期，诗人杜甫在《题柏学士茅屋》中曾写道：“富贵必从勤苦得，男儿须读五车书。”这句诗，充分体现了他主张勤读书、多阅读的思想。宋元时期，阅读更是作为专门的学问备受重视。如果说，孔子创造了中国古代阅读史第一个理论高峰，那么宋代的阅读理论家朱熹则创造了中国阅读史上的第二个理论高峰。朱熹的理论可分为三部分，阅读主体论、阅读过程论、阅读方法论。最有价值之处在于他的阅读过程论，它第一次以概括的形式明确了视觉过程是阅读之始，语言过程是从文字感知到内容理解不可丢的中介，而心理过程则是理解的根本。这一理论间接地给阅读做出了明确的定义，同时建立了先秦以来相当完整的阅读理论体系。

到了明清时期，思想家、政治家、文学家梁启超，则凭借了他的“阅读社会论”、“阅读教育论”、“阅读主体论”、“阅读客体论”、“阅读方法论”和“文学阅读论”为中国古代阅读研究创造了第三个理论高峰。

从1840年的鸦片战争到“五·四”运动的前夕，属于中国近代阅读研究时期，杰出代表人物是曾国藩。曾国藩对阅读作了形象化的描述：“看者如攻城拓地，读者如守土防隘，二者截然两事，不可阙，亦不可混。”他把阅读活动分解成两种不同的方式：“看”和“读”。曾氏所指的“看书”可以理解为浏览书籍，是为了拓宽知识面的泛读；“读书”则是逐篇逐句地精读，目的是夯实文化基础。曾国藩主张的“看”与“读”，有助于人们加深对阅读活动内涵的理解，但是他没有给阅读做出明确的概念化的定义。

20 世纪 80 年代末，曾祥芹、韩雪屏等一些学者致力于把阅读研究建设成为独立的一门学科，明确地提出了“阅读学”这一名称，并对阅读和阅读学这两个概念进行了诠释。1987 年，高瑞卿的《阅读学概论》出版，1992 年《阅读学丛书》问世。此后，王继坤主编的《现代阅读学教程》(1999)、曾祥芹的《阅读学新论》等先后出版。这些著作对阅读学的内容、研究对象、研究方法、阅读原理和技巧等做出了翔实的论述。

这个时期对于阅读本身的认识主要形成了“提取说”和“解释说”两种观点。“提取说”强调阅读是从书面语言中获取信息的过程，强调阅读文本的意义是固定的，读者只能从文本中“提取”固有的信息。持这种观点的代表人物有彭聃龄、罗大同、朱绍禹、王文延等。

彭聃龄（1991）提出“语言心理学认为阅读是指从文字系统（包括具有一定意义的其他符号、图表等）中提取信息的过程”。

罗大同（1989）在《实用语文教育词典》中指出：阅读是通过视觉转向大脑接收书面语言信息的学习实践活动。

朱绍禹（1991）在《语文教育词典》中指出：阅读是读者靠目视或口诵，从书面文字符号中理解和提取意义的一种学习活动。

王文延（1998）认为，“阅读是人类通过文字符号获得信息的过程”。

韦志成（2000）认为，“阅读是人从已有的书面信息符号中提取意义的心智活动”。

“提取说”对阅读文本给予了充分的重视，强调读者从文本中获取信息的过程，但是从对阅读过程的理解来说，这种观点对阅读的理解是线性的，认为阅读过程仅仅是自上而下或者自下而上的，阅读过程中信息的传递是单方向的，忽视了阅读主体（读者）的主动性，忽视了阅读过程中读者与文本背后的潜在作者之间的相互作用，忽视了阅读主体既有经验对阅读活动的影响，忽视了客观存在的阅读主体因个体经验水平的差异而导致的阅读理解水平的差异。

"解释说"的出现晚于"提取说"，它主要是在文学阐释学和接受美学观点的影响下形成的。"与传统的文艺理论只承认读者对文本的被动接受、充其量是鉴赏者或批评者角色不同，接受美学强调读者的能动创造，并给这种创造以充分而广阔的自由天地，即读者对文本的接受过程实质上是对作品的一种再创造过程。面对文本，读者的地位和作用与作者相当，二者均为作品创造的积极参与者。"在这种观点的影响下，"解释说"强调阅读过程中主客体的交互作用，认为阅读是读者与文本互动的过程，是读者积极主动地接收和理解信息的过程，是一种高级复杂的认知技能。持这种观点的代表人物有马笑霞、章熊、张建华、杜殿收、朱作仁、叶继奋等。

马笑霞（1997）以现代认知心理学为依据，明确地将阅读过程解释为"一个主客体之间不断相互作用的过程"。她说："现代认知心理学认为，读物作为一种客体，它负载着作者显露或者隐藏的见解、意愿而去影响读者这一主体；同时，主体又在不断地利用自己的经验积累去顺应、同化或逆反客体所负载的信息，阅读就是一个主客体之间不断相互作用的过程。"

章熊、张建华（1989）在《语文教育的再认识》一文中认为，阅读，"就是通过视线的扫瞄，筛选关键信息，结合头脑中储存的思想材料，引起连锁性思考的过程"。

杜殿收（2001）认为，阅读不是一个被动机械地吸收文章信息的过程，而是积极主动地获取各种信息的过程。

朱作仁（1991）认为，"阅读是一种从书面言语中获取意义的心理过程，也是一个思考、评价、判断、想象、推理和解决问题的过程"。

叶继奋认为，"阅读的本质是根据语言符号理解其精神内核，即以作品为媒介，借此体验、感悟和理解作家在作品中流露出的情感和思想"。

王余光（2004）从文化研究的视角指出，阅读是阅读主体（读者）与文本相互影响的过程，是阅读主体实践活动与精神活动的一种体现。

"解释说"不仅重视阅读过程中意义信息的获得，也重视对情感信息的获得，从对客体（读物）的关注转向对主体（读者自身）的关注，从意义信息的还原转向情感信息的阐释与建构。它认为阅读不是一个简单的线性过程，而是各种信息交互作用的过程。

此外，李源记忆心理研究室的专家（2002：3）综合了国内学术界关于阅读的种种定义，对阅读如此阐述：阅读是大脑接受外界（包括文字、图表、公式等）的各种信息，并通过大脑吸收、加工以理解符号所代表的意义的过程。阅读的实质就是“思维与言语的过程”，关键在于对文字符号进行加工与理解。

黄远振（2003：137）将阅读描述为“一种复杂的心理和智力活动，是一个需要不断假设、证实、想象、推理的积极、能动的认知过程”。这一过程有识别和释义两个阶段：识别是寻找并确定字符的词义、句法结构和语句之间的关系；释义是运用与主题和文章相关的语境等非语言知识对上述信息进行处理，复原文本的意义。理解能力是阅读中最主要的能力。阅读理解就是在阅读中对有效信息进行处理的能力，它不是读者认识文章中每一个单词，看懂每一个句子的低层次理解，而是跨出句子平面，走向语篇的深层次理解（即理解作者的言外之意），以及评价性理解（即读者对作者所表达的内容的看法）。

1.1.2 国外学者对于阅读的理解

国外语言学界对于阅读的研究也很广泛，而且对阅读的定义更加明确而且科学。

哈里斯（1975）认为阅读是:“the meaningful interpretation of written or printed verbal symbols.”

威廉斯（Eddie Williams，1984）曾给阅读下过一个简单的定义：“阅读就是一个人看着并理解所写文字的过程。”

当今的 *Oxford English Dictionary* 把“Reading”定义为“to inspect and interpret the meaning of signs or marks”。

心理学家古德曼（Goodman）、史密斯（Smith）和斯伯尔（Sperber）对于阅读所下的定义具有一定的代表性。古德曼（1967）从语言心理学的角度，提出了阅读是“心理语言学的猜测游戏”。他认为，阅读过程就是一个预测、选择、检验、证实等一系列认知过程，读者利用从感知输入中选出最少量的语言提示，提出初步预测，并随着阅读的进展而被证实、否定或改进，从而实现交际目的。有效的阅读并不依赖于对所有语言成分的精确辨认，而在于能否对输入信息中尽可能少的线索进行有效推理，得出准确判断。

1971年，心理学家史密斯首次根据阅读者在阅读过程中的心理特征分析，认为阅读是一个心理过程，并提出阅读的“冗余”（redundancy）理论，他认为，阅读的信息来源有四种：视觉、听觉、句法和语义。语言的各个层次都存在冗余现象（字母间、单词间、句子间和语篇间）。因此读者需要利用其他各方面的信息来源，实现对阅读篇章可见信息理解的需求。而心理学家古德曼（1967）则把语言理解的过程分为三种主要类型：词汇层面处理过程、句子层面处理过程和语篇层面处理过程。也有心理学家把阅读看成是一个感觉的过程。总之，在阅读中读者需要确定他们已知词汇中有哪些词在现时的感知输入中被编码，如何猜测作者的意图，如何体验作者的思想，如何获取自己想要了解的信息。阅读过程中读者不只是被动地从阅读材料中获取信息，而是运用已经具备的背景知识，根据阅读材料提供的线索去预测和创造意义。

美国语言学家埃迪·C·肯尼迪在他的《发展阅读教学法》中指出，到目前为止，对阅读的解释，没有一个普遍被接受的定义。但是，在众多的公开发表的见解中有一个共同的核心，那就是都力图探求人们要想从印刷文字或其他符号中获得意义需要具备哪些能力，以及人们是如何应用这些能力的。因此，肯尼迪在这本著作中把阅读定义为：“阅读是个体认知视觉符号的能力。这一能力要求个体把视觉符号与读音、与他过去已经获得的意义和经验联系起来，并且能够对意义做出解释。”

法国语言学家达尼埃尔·科斯特给阅读的定义是：“阅读对需要并且能够迅速阅读的人来说，是一种必须排除任何口语媒介（如朗读、轻诵、默读等）的视觉活动。阅读不是赋予某个词的一个声音，而是快速地给予某种书写文字形式一个特定的意义。念读每个音节，不论有声无声，不仅浪费了时间，而且给理解设置了障碍。”

德国的阅读研究，早在19世纪末，已有相当的规模，特别是1974年德国出版的《阅读手册》，对各国的阅读研究有深远的影响。德国的语文教学工作者及阅读研究人员普遍认为，阅读是一个包罗万象的完整的精神过程，是一个把握文章含义及实现文章含义的精神过程。阅读首先是一种感知或感觉行动，人们在这种感觉行动中认识语言符号，接着将其转变为概念或表象，进而结合为更大的意义单位。但是，读者如何把握和实现文章含义，是这个复杂的阅读过程的核心。

近些年来，阅读教育及图书馆教育在奥地利渐渐成为德育教学的中心任务。理查德·巴姆伯尔博士曾指出，在阅读过程中难以数计的大脑细胞参与了活动，把思维的单位结合成句子或更大的语言结构。阅读是认识和使用语言的两个过程。因此，他把阅读定义为："阅读首先是一种感觉活动，人们通过视觉器官认识了语言符号，这些语言符号反映到大脑转化为概念，许多概念又组合成较大的单位，然后发展成为更复杂的思维活动、联想、评价、想象等。"

道林和莱昂（Dowing & Leong）认为，广义的阅读乃是对于记号（sign）的解释（参见张必隐，1997：3）。这里所说的记号包括两种：一是自然现象，如看手相的人阅读手上的线条，打猎的人阅读野兽的足迹和农民阅读天象；另一种则专指各种各样的文字符号（symbol）。狭义的阅读乃是对于文字符号的解释。他们认为语言学家所研究的正是这种狭义的阅读。随着认知心理学、心理语言学的发展，人们对这种狭义的阅读有多种不同的定义。道林和莱昂把这种狭义阅读的定义分为两类：一类强调译码过程；一类强调意义的获得（参见张必隐 1997：1）。

把阅读定义为译码过程的学者认为，阅读是按照词的书写形式去重新创造一个词的声音形式，或者认为阅读是从书写的符号翻译成声音的形式。他们强调的乃是从视觉信号到听觉信号的一种转变。

强调阅读是意义的获得的学者则认为，阅读乃是由读者运用已经具有的概念去建构新的意义，阅读中的译码不是把视觉信号转变成声音，而是把它转变为意义。

阅读的这两种定义，并非绝对排斥，他们强调的只是阅读加工的不同水平。所以，吉布森（Gibson）等又因此把阅读定义为从课文中提取意义的过程（参见张必隐，1997：2）。为了能够从课文中提取意义，需做到：① 把书写符号译码为声音；② 具有相应的心理词典，因而可以从语义记忆中获得书写词的意义；③ 能够把这些词的意义进行整合。吉布森等人关于阅读的这一定义具有一定的综合性而被许多人接受。但阅读不应局限于文字符号，还应包括图表、公式等，所以，“课文”一词含义是不明确的。于是有人又把阅读定义为从书面材料中提取意义的过程。

1.2 阅读的本质

在阅读理论的研究中，阅读本质的研究是阅读学的基本问题之一。只有认清了阅读的本质，才能掌握这一活动的规律。关于阅读本质的探讨，目前我国有八种观点。

(1)《中国大百科全书》(教育卷) 中把阅读的本质归结为一种从书面语言中获得意义的心理过程，也是一种基本的智力技能，它是由一系列的过程和行为构成的总和。

(2)《阅读与写作词典》中认为阅读的本质即读书，是一种借助感官，通过思考来了解文字符号所表达的内容，并以理解意义为中心的智力活动。

(3) 卿家康在《阅读与阅读艺术》中认为，阅读是读者与文献相互作用的过程，也就是读者感知并理解文献内容，掌握文献意义的过程。阅读的内在实质是一个生理、心理过程，是一个语言转换和信息符号“释码”的过程，是信息交流过程，是文献信息传播功能的实现过程，是社会文化再创造的过程。

(4)《阅读词典》指出，阅读是一种从书面言语和其他书面符号获得意义的社会行为、实践活动和心理过程。

(5) 黄葵和俞立君在著作《试论阅读学的研究对象》中认为，阅读的本质是读者从文献记录有知识的载体中获得信息与知识的社会实践活动、生理过程与心理过程。

(6) 胡继式在《现代阅读学》一书中对于阅读本质的理解为，阅读就是从信息符号中获取意义的一种复杂的智力活动。

(7) 王继冲的《现代阅读学》中把阅读的本质归结为，阅读就是读者对读物的认识、理解、吸收的复杂过程，是文明社会人类的一项重要活动。

(8) 曾祥芹和韩雪屏在《阅读学原理》中认为，阅读是读者从写或印刷的书面材料中提取意义或情感信息的过程。

上述八种观点，说法不同，形式各异。但究竟阅读的本质是什么？

从哲学的角度来说，本质是事物内在的根本属性，具有深刻性、稳定性、规定性等特点。它往往与现象相对，又与一般属性严格区别。研究本质，不能拘泥于表面现象，又要避免抓住一般属性随意发挥。

上文提及的《中国大百科全书》(教育卷) 对"阅读"所作的定义为："阅读是一种从印的或写的符号中获取意义的心理过程。阅读也是一种基本的智力技能，这种技能是取得学业成功的先决条件，它是由一系列的过程和行为构成的总和。"曾祥芹先生认为，这一定义虽然有可商榷之处，如，阅读对象不纯粹是纸本书或电子书等，但是，这一定义已经大体概括了阅读活动的本质特征。而且，他认为研究阅读的本质必须把握阅读本身的特殊矛盾。毛泽东同志说："任何运动形式，其内部都包含着本身特殊的矛盾。这种特殊的矛盾，就构成一事物区别于他事物的特殊的本质。"(《矛盾论》) 此外，曾先生还认为，研究阅读的本质，还必须把握构成阅读这一活动的各必要因素的内在联系。

事实上，对事物本质的认识是一个不断深入、发展的过程。当然，对阅读本质的研究更是如此。本章节以下将探讨阅读的本质，以供参考。

1.2.1 阅读是一种个人行为和特殊的社会交际活动

阅读是读者的个人行为，这已是不言自明的了。但是，我们还应该看到，阅读活动也是一种特殊形式的社会交际活动，这种活动可以看作是一种社会的书面交际活动。阅读活动在本质上的构成模式为"作者—文献—读者"。

作者通过自己的创作文献，均有自己的意图，或是满足交往的需要，或是表达对客观世界的感知和认识，抒发自己的情思，或是希冀于未来，或是供将来的自我回顾。因此，作者是阅读这种交际活动中信息的发送者。

文献作为被传递的信息，是读者与作者进行书面交际活动的媒介。曾祥芹先生曾提出读者要走近作者，必须先走进作品。因此，文字作品是读者和作者交际活动的中介。

读者是通过阅读这些文献，根据自己的知识图示和生活体验来感知读物的语言符号，从而更深刻地认识客观世界。因此，读者是信息的接收者。不过，由于“见仁见智”的主观差异性，读者对作品含义的阐发和重构，可能导致已不是作者原来想要表达的思想感情了。郑板桥曾说过“读书要有特识”就是此意。

由此看来，阅读并不能单纯地被看作是个人行为，它同时也与文献及其作者有关。整个阅读过程，是一个读者与作者交流的过程，是读者通过运用其所学的“语言知识（词汇、语法、语音、修辞等）”，“文体辨认能力”，过去的阅读经验以及已获得的各种技能，通过阅读文献，对作者所表达的思想感情积极地进行思考、接受和再创造的过程。

此外，需要指出，这种由“作者—文献—读者”三者构成的阅读模式具有十分显著的社会性，因为不同国家、不同时代的读者，同一国家、同一时代的各种不同类型的读者，以及同一读者在人生的不同阶段，他们的阅读需求、个人喜好以及阅读动机也各不相同，有明显的差异。因此，阅读活动应该被放到更为广阔的社会背景中去研究，进而探求其规律。在研究过程中，还须注意应该从广义上理解文献——阅读活动的中介。文献并非狭义地指传统的印刷出版物，也不是仅仅包括图书，而是囊括了缩微型、视听型、计算机阅读型、实物型以及未来型等各种记录有知识的载体。时代是不断变化的，我们对文献的理解也应该与时俱进。

最后，成功的社会书面交际活动还须具备以下条件：第一，作者与读者要做到语言相通，这是根本条件；第二，作者与读者还必须对整个世界及其活动有某些共同的臆想，必须有相同或相似的经历，这些相同点便是交际成功的基础。只有这样，读者与作者之间才能相互影响、相互交流。因此，阅读活动给读者提供了很好的语言平台，使之能与作者进行书面交际活动。

1.2.2 阅读是一种促进物质文明和精神文明的实践活动

实践是指人们改造客观世界的一切活动。阅读本质上也是一种实践活动。它不像一般的实践活动那样以具体的事物为对象，而是以记载着复杂内容的文章为对象，它的整个活动主要是在人的大脑内部进行的。在阅读活动中，阅读者通过有效的阅读，如鉴赏性阅读、评论式阅读等，继承与汲取人类社会长期积累起来的光辉灿烂的科学文化，使阅读者在较短时间内，站在新的高度，提出新的见解，探索与发现前人所没有探索和发现的规律。由此可见，阅读在本质上，也是一种生产劳动，正如马克思主义关于生产劳动的学说，不仅生产物质财富的劳动是生产劳动，而且许多不直接生产物质的劳动也是生产劳动。从这个角度上讲，阅读在本质上大大开发了人力资源，生产了人的劳动能力，提高了劳动者的水平，为社会创造了更高的劳动生产率，而且将精神成果转变为物质财富，促进了社会物质文明的发展。

阅读活动在本质上也是一种促进精神文明发展的实践活动。“阅读不能改变人生的长度，但可以改变人生的宽度。阅读不能改变人生的起点，但可以改变人生的终点。”这段印在《阅读改变人生》扉页上的话，极富哲理。可以不夸张地说，是阅读让人类跨越了懵懂，打开了通往世界的窗户。阅读的过程本质上是人类认识世界、追求精神生活、不断自我完善的过程。先贤们在阅读过程中，继承了前人的经验、丰富了自已的知识。《荀子·劝学篇》中说：“吾尝终日而思矣，不如须臾之所学也。”孔子曾以“学而不厌，诲人不倦”自励。更有囊萤映雪、凿壁偷光、悬梁刺股等无数感人的读书故事。因此，从本质上说，阅读是人们通过阅读优秀的读物，从多方面受到教育和熏陶，在不断认识客观世界的同时，不断实现完善自我、塑造自我、提升自我的一种实践活动。

1.2.3 阅读是一种生理和心理的统一过程

阅读是一种生理现象。人们认识客观事物时，视觉的感知起着重要作用。而阅读，正是从眼睛看开始的。因此，阅读首先通过人的视觉器官，由读物的文字进行感知，摄取到阅读信息。其次，经过视觉感知，文字符号在视网膜上形成物象后，还不能直接传送到大脑，这期间需要把光能转化为神经能，再由神经系统把信息传送到大脑中枢。所以，在这个环节中，视神经系统的传递功能起着关键作用。最后，由大脑机制完成对阅读信息的加工处理和储存。可见，从本质上讲，阅读活动的过程是在人的一系列相联系的生理机制的作用下进行和完成的。因此，我们说阅读是大脑的一种生理活动。研究阅读活动的生理过程，特别是大脑机能与阅读活动的关系，对于提高阅读效果，探索阅读规律是十分必要的。

阅读活动的过程又是一种由多种心理因素同时参与的心理活动。这种心理活动可以表现为读者的感觉、感知、记忆、想象和思维等一般心理认识过程，情感、注意、意志等一般心理状态，以及智慧品质、性格、气质、兴趣、能力等读者的个性心理特征。因此，进行阅读活动，不仅要有阅读需要、阅读动机、阅读兴趣等心理因素的参与，而且必须充分调动阅读感知、阅读思维、阅读想象、阅读联想、阅读记忆等一系列心理因素，同时还要培养与发展良好的阅读心理品质以及个性心理特征。

但是，曾祥芹先生同时也指出，读者内潜的心理活动往往以清晰的阅读外显性行为表现出来。如，在明确的阅读目的支配下，强大的阅读意志的控制下和阅读情绪的操纵下，进行的外化阅读活动恰恰是读者潜心理状态的反映。因为心理是脑的属性，多种阅读心理过程和特征是以读者健康的生理机能系统来实现的。也就是说，健康的大脑和神经系统，是阅读活动得以正常进行的物质基础。因此，阅读的本质是读者外部生理活动和内部心理活动相统一的过程。正如彼得罗夫斯基所说，在人的活动中，活动的外部的生理方面和内部的心理方面不可分割地联系着。人们可以把内部的心理活动看作外部的对象活动内化的结果。相应地，也可以把外部的对象活动看作内部心理活动的外化。

1.2.4 阅读是一个多元化的、有选择性运用多种技巧的过程

长期以来，读者一直被看作是信息的接受者或者空匣子。信息呈单行

道进行传递：作者—抒发观点—语言—观点—读者。然而，近年来，研究者们发现：阅读不仅仅是解码或理解的过程，也不仅仅是“解码＋理解”的过程，阅读还应该包括成熟的阅读策略。高明的读者利用各种策略，对视觉信息进行筛选，选择那些与预期相吻合的最少量的视觉信息。阅读策略的选择取决于阅读的目的、语篇类型及上下文等。

1.2.5 阅读是一个认知和元认知的过程

阅读最基本的目的是认知，主要关注基本认知的过程，比如：语言、注意力、记忆力及其在阅读中的作用。但最新研究发现：阅读不仅包括认知，而且还包括元认知。也就是说，熟练的阅读不仅是解码、运用阅读策略，同时还应包括有意识控制或调节阅读过程的能力，这种控制统称为元认知。这种能力需要一个人通过回顾并观察自己的阅读过程而加以培养。因此，元认知过程和认知过程关系密切。通过二者的结合，改善阅读行为能力。

1.2.6 阅读是一种双向的书面语交际活动

美国心理语言学家弗兰克·史密斯指出：“阅读不是一种消极的活动。读者要想获得知识，必须做出积极的贡献，至少要做出与作者同样大的贡献。”阅读不是单向的言语活动，事实上读者阅读的过程也是他与作者以语言符号为媒介交流思想的过程。作者通过书面语言符号把某种思想、意图写成文章或书，读者则对书面语言符号进行一连串的认知加工，从而获取语言符号所代表的信息。任何一种阅读活动，都是读物客体和读者主体相互作用的过程。读物是作者用物化了的语言符号和其他符号与读者进行交流的手段。因此阅读的首要目的不是为了分析语言结构，而是为了获取信息。这种信息可能是一个故事、一种观点、情感或一些原理等。在理解了其含义后，它们才从作者的大脑中移入读者的大脑中，使整个书面交际得以实现。但是作为信息载体的文本并不是含义的“现成品”，其含义是读者积极阐释的结果。这种阐释在实际阅读中表现为读者与文本间一系列的相互作用过程，即读者在阅读中不断地预测、设问，从文本中得到的反馈可能是被验证或被否定。如果被验证，说明读者抓住了作者的思路，他会继续读下去，并开始下一个同样的过程；如果被否定，他会回读、思考、回忆、分析、比较等，直到重现作者的意图。通过这些过程，读者逐渐建立起了文本语言形式与功能、语境与作者交际意图之间的联系，最终获得了文本的整体意义。这是一个主动的、积极的交际行为。阅读的过程实质上就是对语言信息的理解过程。

1.3 阅读的意义和价值

1.3.1 阅读的意义

阅读是人类社会活动的重要组成部分，是人类不可缺少的思想交流活动。关于阅读的意义，我国古代许多教育家都有过论述，如孔子的“诗可以兴，可以观，可以群，可以怨，迩之事父，远之事君，多识于鸟兽草木之名”和荀子的“知明而行无过”等。但把阅读看成是决定个人贤愚善恶的主要途径，甚至影响到国家兴衰的高度的，在我国历史上，朱熹是十分突出的一位。朱熹认为，人性有“天地之性”与“气质之性”两种。“天地之性”是本有的，又是“深厚至善”的；“气质之性”则是后天的，有贤愚善恶之别。阅读的意义即在于“存天理，灭人欲”，变化人的气质，使贤者更贤，善者更善，愚恶者则变为贤善者，“为学之道，莫先于穷理，穷理之要，必在于读书”。在朱熹看来，封建国家的兴衰和政治得失，主要在于能否“进君子，退小人”，而要做到“进君子，退小人”，又要靠“讲明义理，以淑人心，使世间识义理之人多”。因此，他认为读书的根本目的应该是使人“识义理”。由于“义理”是由“圣人”发现并写在书册上的，因此读书就成了“穷理之要”了。

现代社会中，大量的文献信息无不需要阅读。笔者认为，阅读的意义可以从其对个人的作用以及对全社会的作用两方面分析。

就个人而言，阅读使人增长知识，充实头脑。人不能没有知识，无知最为危险可怕。阿拉伯有句谚语：“没有知识的生活，就像没有香味的玫瑰花。”高尔基说过：“知识犹如人体的血液一样宝贝，人类缺少了知识，头脑就要枯竭。”列夫·托尔斯泰有句名言：“没有智慧的头脑，就像没有蜡烛的灯笼。”文献是个人知识的主要来源，而阅读正是从文献中获得知识信息，丰富武装自己的重要途径和手段。此外，阅读可以陶冶情操，有助成才。通过阅读，西方有小偷成为作家，花花公子成为学者的案例，我国也有周处射虎杀蛟，改过自新的佳话流传。一本好书就是一个好的社会。阅读好书对于人的心灵有重大影响，它不仅能陶冶人的感情和气质，使人高尚，丰富精神文化生活，使之得到一种精神生活的享受，为自己的生活寻找无限乐趣；而且通过阅读，人们可以对客观世界及其规律性做出全面系统的认识，建立科学的世界观、人生观和价值观。培根认为，阅读不仅可以促进才干，塑造人的性格，甚至精神上的缺憾也是可通过阅读来补救的。可见，多阅读的确可以不断地丰富精神世界，锻炼才干，不断提高个人的认识能力和思想水平。

从整个社会来看，阅读普及了科学文化知识，提高了国民文化素质和道德修养。现代社会的一切竞争，归根结底是教育的竞争。现代社会的人才，不仅要系统地接受学校教育，而且要长期地接受终身教育。并且，无论是学校教育还是学校外的终身教育都离不开阅读这个基础。可以说，阅读乃教育之本。阅读已经成为人们终生的活动，无论对儿童、青少年、中年人还是老年人，都具有服务社会，增加科学文化知识的作用。同时，阅读也有助于深刻地了解人与人、人与社会之间的关系，以便能够科学地对待生活，对待他人，树立高尚的道德情操。此外，阅读有助于推广先进技术，提高生产水平。一切从事物质生产的人，都必须通过阅读文献来获取先进技术，提高劳动生产效率。同时，阅读本质上又是一种生产力。阅读的生产效益根本体现在提高劳动者的素质上。因为人是社会生产力中最重要、最活跃的因素，而阅读能从德、智、体、美、劳等诸方面提高人的素质，挖掘劳动者的内在潜力，以此提高劳动生产率。

1.3.2 阅读的价值

马克思指出：“‘价值’这个普遍的概念是从人们对待满足他们需要的

外界物的关系中产生的。”阅读的价值即指阅读主体和阅读客体之间需要和满足的关系。通过阅读的认知和行为活动，使文本的客观属性满足了读者的主观需要，这就产生了阅读的价值。总体来说，阅读的价值有求知、开智、立德、审美、养神、教育、文化、生产八个方面。

1.3.2.1 阅读的求知价值

按照钱学森教授的划分，世界上的知识包括自然科学知识、社会科学知识以及思维科学知识，它们构成了人类知识的全部。然而在人们有限的时间和精力制约之下，不可能完全靠自己的亲身经历去获取这些知识。除亲自实践外，阅读是人们获得知识和积累知识的主要途径。知识是信息，书籍是载体，两者和谐地统一在一起。通过阅读，读者可以领略山川风光，欣赏天象奇观，从而认识大自然的美妙；通过阅读，读者可以了解国际的风云变幻，知晓国内的重大事件，从而丰富多彩的内心世界；通过阅读，读者可以了解人类的思维方式由古代的朴素唯物辩证的思维方式发展到近代的形而上学的思维方式和现代的系统论的思维方式，从而探索人类思维的奥妙。正因为如此，古今中外的科学家、政治家、文学家大都和书籍结下了不解之缘，从阅读中获得了知识，形成了智能的基础。高尔基一生没有进过学校，他“像饥饿的人扑在面包上一样”去阅读书籍，终于成为了世界文豪。列宁、毛泽东、周恩来等无产阶级革命家，也都是博览群书，成为知识渊博的一代伟人。

由此可见，人们通过书籍、通过阅读，把前人需要几百年实践取得的经验，在暂短的时间内获得，使其得到不断的丰富，变成才智的富有者。可以说阅读在获取和扩展人类知识上的作用是阅读价值的根本所在，阅读的其他功能都是在阅读认知的基础上产生的。

1.3.2.2 阅读的开智价值

智力是指人类在社会实践中，对客观事物的认识和理解的智慧。人的智力结构的核心要素是思维能力，而许多思维活动是通过阅读来实现的。阅读过程从本质上说，是个思维过程，当阅读者聚精会神地阅读时，实际上是在不断探索、想象、判断、推理和评价。就人类所具有的智力而言，既有激发观察的兴趣、培养观察的习惯等观察力，又有多向性的扩散思维、顿悟性直觉思维、突发性的灵感思维等思维力。

据阅读心理学家研究，阅读心智活动是主动的、积极的，它含有三个机能群：一是激活机能群，专事阅读的启动、强化和聚发等心理动力；二是操作机能群，完成阅读的猜测、确证、提纯、重组、应用、创新、表征和表述等行为动作；三是定向和调控机能群，朝着阅读的目标，有程序有节奏地去实现主体的需要。当这三个机能群整体地发动起来的时候，就可以全面挖掘读者的智慧潜力。曾祥芹先生在分析阅读本质时也曾经指出，阅读从本质上是一种智力活动，它不仅是求知行为，而且是开智手段。在开发智力方面，阅读不仅能够培养读者的专注力和观察力，触发读者的联想力和想象力，而且能增进读者的思维力和创造力，训练读者的记忆力。

由此可见，通过阅读，读者能够博览群书，从而达到开发观察力、记忆力、想象力、思维力等智力的目的。科学的阅读训练可以使阅读者的逻辑思维和形象思维能力得到发展，善于正确地理解和使用概念，进行判断和推理，思维清晰、严密和敏捷，并且善于联想和想象，养成良好的思维品质和思维习惯。这样，对于阅读者的智力发展具有重要的意义。

1.3.2.3 阅读的立德价值

德性是指人类在行为、规范、作风上所体现出来的抑制非道德因素的性格和意志的坚韧力量。就人类所具有的德性而言，既有积极进取、勇于探索、自尊自强、谦虚谨慎等性格，又有吃苦耐劳、顽强坚毅、奋发果断、知难而进等意志。对于读书能否立德，曾先生提出要具备两个条件：一是客观条件，即读物给予读者的应是有益的精神营养品；二是主观条件，即读者要把从读物中吸收的精神营养化为行动，变成物质力量。因此，只有善于读书，才能把阅读陶冶性情、培养品德的价值发挥充分。比如，通过阅读歌德的诗剧，读者能够从中懂得睿智的人生；通过阅读马克思列宁主义经典作家的书籍和文章，读者能从中学习马克思主义的立场、观点、方法；通过阅读纪伯伦的作品，读者能够从中懂得深刻的哲理。阅读《法国革命》和《物种起源》后，孙中山立志投身革命；阅读《世界英雄豪士传》后，毛泽东认为中国也应该有华盛顿、林肯、拿破仑、彼得大帝等这样一些人物；阅读《共产党宣言》、《资本论》后，方志敏在革命实践中成长为坚强的共产主义战士。

可见，在阅读书籍的过程中，读者或受到事理的教育和影响，或受到艺术形象的感染，从而知道什么是真善美，什么是假丑恶；什么是应该拥护的，什么是应该反对的；什么是该追求的，什么是该鄙弃的。阅读的价值不止在于增长知识、开发智力，更突出地表现在净化思想、陶冶情操、培养品德方面。读者通过阅读不同类型的书籍，会对其世界观、人生观、价值观、道德观的形成产生巨大的影响。

1.3.2.4　阅读的审美价值

阅读的“审美”价值即指阅读客体和阅读活动本身对读者所产生的审美意识的增强、审美因素的领略和审美境界的提升等作用。

审美意识是指客观存在的审美对象在审美主体头脑中能动的反映。就人类所具有的审美意识而言，既有审美观点、审美情趣、审美标准、审美理想等审美观念，又有审美感知、审美想象、审美理解、审美情感等审美心理。阅读是增强审美意识的契机。通过阅读康德、席勒、黑格尔，读者能够从中体验到“极富人道主义的精神”的理念；通过阅读拜伦的诗句，读者能够懂得奋斗的热情；通过阅读文化典籍，读者能够从中了解到诸子的思辨、汉赋的华丽、魏晋文章的风采、唐诗宋词的精美、明清小说的波涛；通过阅读审美意识更为系统的毛泽东的《我们的文艺是为什么人的》、钱钟书的《谈中国诗》、茅盾的《谈（水浒）的人物和结构》、冈村卓行的《米洛斯的维纳斯》等，读者的审美意识会进一步得到裨益。总之，通过文本阅读，读者能够获得更多的审美享受，从而达到增强审美意识的目的。

审美因素是指客观存在的审美对象的内容和形式中所蕴含的美的成分。就人类所具有的审美因素而言，既有自然美、社会美、艺术美、科学美等审美形态，又有优柔美、崇高美、悲剧美、喜剧美等审美范畴，还有色彩美、线条美、形体美、声音美的构成因素和整齐一律、对称均衡、对比调和、多样统一的构成法则等形式美。阅读是领略审美因素的凭借。如阅读描景绘色为主的散文、游记等类文本，读者应着力领略自然美；阅读记事写人为主的新闻、通讯等类文本，读者应着力领略社会美；阅读小说、诗歌、戏剧等类文本，读者应着力领略艺术美。总之，通过阅读，读者能够激起强烈的审美热情，从而达到领略审美因素的目的。

杨道麟（2010）对审美境界曾做出如下论述：

"审美境界是指审美主体在审美过程中通过对审美客体接受时所达到的一种自由心灵的状态，也就是"游戏和假象的快乐王国"。就人类所具有的审美境界而言，既有通过耳目为主的审美感官对文本的可能性空间加以具体化展开在接受时所领略到的审美境界，又有通过诉诸人们的审美视觉和审美听觉的有限形象对文本的深刻意味在接受时所领会到的审美境界，还有通过调动各种审美感官对文本的深层意蕴在接受时所领悟到的审美境界"。阅读是提升审美境界的依托。通过文本阅读，读者能够进入"健全的人格"的培养之中，从而达到提升审美境界的目的。

审美意识的增强、审美因素的领略、审美境界的提升等"审美"价值既是辩证统一的，又是和谐一致的。它们共同展现阅读主体的本质力量，从而促进真、善、美的发展水平，使阅读主体"择真而读"、"择善而读"、"择美而读"，为营造"书香社会"创造条件，达到"阅读改变人生"、"阅读享受人生"的最高目的。总之，阅读的审美价值可概括为读物和阅读活动本身对读者产生的美感陶冶作用。读者通过阅读获得对读物的美感享受，产生一种精神愉悦，这就是阅读审美价值的实现。

1.3.2.5 阅读的养身价值

曾祥芹先生说过，阅读活动是一种艰苦的劳动，既消耗脑力，又消耗体力，它考验和锻炼着读者的体质。的确，古人论学主要指读书，他们宣示阅读可以"美其身"、"达天性"，"能全天之所生而勿败之"。从阅读的生理机制，我们可以看到，阅读活动需要动眼、动口、动脑、动手，甚至动脚。积极主动地全身心阅读，必须调动整个言语器官、思维器官和身体其他器官，做到全身心地投入。比如，长期朗读会练出一双明亮锐利的眼睛、一副铿锵洪亮的嗓子和两只聪慧机敏的耳朵。又如写读和行读，它需要凭借手指，运笔自如，完成精细的书写动作；它要迈开双脚，走进自然和社会，读世间那一部活书。

此外，从养身的角度说，阅读能够达到治疗疾病的效果。这也是阅读养身价值的一个重要体现。所谓阅读疗法，就是运用医学、生理学、读者心理学的原理技巧和检测手段，通过图书从业人员的言语和行为与咨询者商谈或解释，并对其对"症"施书、指导性阅读来改变"患者"的情绪，提高患者对疾病的认知，以此消除来访者的心理困惑，改善情绪，纠正认知偏差，增强其战胜疾病的信心和能力，调整其心理状态和行为方式，以达到辅助治疗的目的。

一般认为，真正把阅读纳入医疗卫生体系，作为一种辅助疗法进行学术研究和临床应用肇始于以美国为代表的西方。1916 年美国人塞缪尔·麦克乔德·克罗色尔斯（Samuel McChord Crothers）在《大西洋月刊》（*Atlantic Monthly*）上发表的文章《文章门诊》（*A Literary Clinic*）首次创造了“bibliotherapy”一词，该词的发明标志着阅读疗法研究在西方的兴起。在中国，阅读疗法的历史也源远流长，阅读能治病是大多数人认同的。我国西汉学者刘向言：“书犹药也，善读者以治愚。”俄国文艺评论家车尔尼雪夫斯基曾说：“凡是好书，必定会在读者心中唤起对真、善、美的向往。”可见，阅读不仅仅是对文字的简单处理，而且是一种心理体验，能产生知、情、意等心理现象，使读者和作品感情内涵融合引起共鸣，产生美的享受和激发崇高的感情，改变自我认知、改进处世态度，这就是阅读疗法的功效所在。

1.3.2.6 阅读的教育价值

教育是从阅读训练起步的，教育史是从阅读史发源的。教育的根本目的是使受教育者在德、智、体、美、劳各方面获得和谐发展。阅读正好具备德育、智育、美育、体育的基本功能。可以说，阅读的社会价值主要体现在阅读的教育价值上。现代社会的一切竞争，归根结底是教育的竞争。现代社会的人才，不仅要系统地接受学校教育，而且要长期地接受终身教育。并且，无论是学校教育还是学校外的终身教育都离不开阅读这个基础，因为随着社会的进步和科学技术的发展，终身教育的观念已日益深入人心，成为人们的共识。可以说，阅读乃教育之本。因此，阅读是学习语文、学习实践、学习科学的基础能力，是攻克各门学科的基础学力，是区别文盲与非文盲的重要标志，具有教育价值。

1.3.2.7 阅读的文化价值

阅读是人的社会文化生活的重要组成部分，是人类文化传递、发展的重要途径，是人类精神文明和物质文明演进的阶梯，具有文化价值。曾祥芹先生指出，阅读行为本身就是社会文化生活的重要组成部分，它对人们的精神生活和社会的文化传播发挥着巨大的作用。的确如此，读者通过阅读可以得到一种精神生活的享受，为自己的生活寻找无限乐趣。而社会文化的产生和发展就更加离不开阅读。从纵向的文化历史来看，人类文化是从有了文字、有了阅读才开始的；从横向的文化交流来看，阅读是社会信息沟通的主流，无论人际沟通和大众传播的现代化手段如何发达，凭借阅读从文字材料中获取信息仍是主要渠道。

1.3.2.8 阅读的生产价值

在现代社会中，阅读已作为科学技术和文化教育的能源，渗透、融会到精神生产中的各个方面和精神生产过程的各个环节，构成精神生产力的一个主要因素。从这方面而言，阅读是一种直接的精神生产力。另外，阅读作为精神生产，必然对物质生产产生种种影响，从而推动物质生产的发展，从这方面而言，阅读又是一种间接的物质生产力。因此，阅读体现着精神的直接生产力和间接的物质生产力，科技是第一生产力，阅读是潜在的生产力。由此可见，阅读具有生产价值。阅读的生产效益根本体现在提高劳动者的素质上，因为人是社会生产力中最重要、最活跃的因素，而阅读能从德、智、体、美、劳等诸方面提高人的素质，挖掘劳动者的内在潜力，以此提高劳动生产率。

1.4 阅读对人文素质发展和提高过程中的决定性作用

我国的权威工具书《辞海》未能查到“人文素质”这个词，只查到“人文科学”。对“人文科学”《辞海》是这样解释的：“人文科学源于拉丁文 Humanitas，意即人性、教养，欧洲 15、16 世纪开始使用这一名词，原指同人类利益有关的学问，以别于在中世纪教育中占统治地位的神学。后含义几经演变，狭义指拉丁文、希腊文、古典文学的研究；广义一般指对社会现象和文化艺术的研究，包括哲学、经济学、政治学、史学、法学、文艺学、伦理学、语言学等。”根据《辞海》对人文科学的解释，我们可以理解人文素质就是对文、史、哲及艺术知识等方面的修养，其中也包括做人的基本道德、思想素质。人之所以为人，在于人是有思想、有感情的高级动物。因此，做人最重要、最关键的人文素质就应当从人的思想、人的感情中去发掘。人的感情丰富多彩，有亲情、友情、爱情；有爱国情、民族情等。这些都是一个人最朴素、最自然的感情。

人文素质的培养途径概括起来有两条，即通过教育被动接受和通过阅读主动学习两种方式。不过，如果学校里人文学科教学采取填鸭式的死学，针对一些问题灌输具体答案，而不是着眼于培养人文的精神、极力追求真理的精神、树立宏伟的理想和抱负，被动地接受人文知识，那么对学生来说，人文知识并没有真正形成人格力量。因此，单纯的教授已不能深入他们的心灵，起到提高人文素质的作用。

但是，通过阅读主动学习人文知识，却能对提高人文素养起到决定性的作用。可见，人文素质主要通过阅读来积累。阅读是提高人文素质的最主要途径。“三更有梦书当枕”、“半床明月半床书”，书，自古是高洁之士的写照。明月虽然清寒，书却因博大精深而湿润生命。因此书是提高人文素养最丰沃的土壤。美国芝加哥大学校长赫钦斯发起的延续半个多世纪的“名著阅读”运动，主要内容就是阅读好书。美国芝加哥大学教授艾伦·布鲁姆认为：应该让学生重新阅读从苏格拉底到卢梭等人的著作，他们必须从中寻找到生命的价值和意义。通过主动利用阅读行为得来的人文素养、人文知识将真正渗透到大学生的心灵中，它是潜移默化的和春风化雨式的，将永志不忘而且会影响大学生的一生。读书的过程是“物我回响交流”的过程，是个人生活阅历丰厚的过程，它能唤起学生对永恒和伟大的渴望，使学生受到一次次感动，又会在感动之后更深切地洞察生活的真谛，所谓“高山仰止，景行行止”。这是可贵的创造力的源头，是人类文明发展的不竭动力，是人格个性塑造的基石。因此，读书应纳入学校整个教育氛围之中，从而营造一种大知识、大智力的阅读环境，使教育笼罩着高屋建瓴式的人文精神，使学生从中获得真正的精神的体验、人格的陶冶、创造的启迪和生命的幸福。

2 阅读原理与机制

2.1 阅读的心理

2.1.1 阅读心理的概念

阅读是一种从书面符号中获得意义的心理过程，它几乎涉及一个人的全部心理活动。阅读心理广义上是指阅读过程中的感知、记忆、思维、想象、动机、兴趣、意志等心理现象的总称，是一般心理过程和个性心理特征在阅读中的体现。

具体地说，阅读心理是指阅读者因参与阅读活动而产生的感知、思维、情感、意志、注意力等心理现象，并随着阅读能力的层次、层级要求的提高，呈现纷繁复杂的变迁状态，对阅读产生不同程度的影响。

外语教育心理学认为，英语阅读是一个认识和言语交际的过程，也是极为复杂的生理和心理过程。阅读的过程实质上就是读者对语言的理解过程。阅读过程主要包含符号辨认和文字信息理解两个阶段，即作者的思想、观点通过词、句传达给读者，而读者需要对一连串的单词和句子进行信息处理。因此，在阅读教学中，假如教师只是播放课文录音、朗读课文并讲解语法知识，而忽视组织学生参与阅读活动，都是违背阅读心理规律的，势必影响阅读教学效果，也难以有效地提高学生的阅读能力。

关于阅读心理，我国学者根据读者不同层次、不同年龄以及阅读心理的实质等进行了多方面的研究。

(1) 读者个人各方面的素质不同，整个读者群体的阅读心理态势也不同，大致可概括为五个类型：① 为用而读的实用型；② 为了解时代大变动而读的探索型；③ 为美化充实生活而读的生活欣赏型；④ 为增长知识才干而读的知识型；⑤ 为猎奇而随从别人而读的新奇型和从众型。

（2）少儿阅读心理可归纳为几种类型：① 求知心理；② 好奇心理；③ 交往心理；④ 从众与模仿心理。

（3）学生依其年级（高、中、低）不同，他们的阅读心理也各异。具体说来，高年级学生的阅读心理往往表现为目标明确，兴趣专一但有时也表现为急于求成；中年级学生的阅读心理是觉得学习轻松，想读一些与他们专业课有关的图书，扩大知识面，把学习加深一步；低年级学生在阅读中，没有十分确定的目标，什么书都想看，带有较大的盲目性。

（4）阅读心理是由感知、思维、想象、评判和解决问题等一系列心智活动，以及各种个体的意向活动（如读者的需要、动机、兴趣、注意品质、情绪状态、意志、个性气质等因素）参与的综合体，各种心理过程和个性特点是相互渗透、交互作用的。它具有内潜观念的特征、可操作性特征和不可分割性特征。

（5）阅读活动是一种由多种心理因素参与的心理活动，是充满辩证法的过程，几乎涉及一个人的全部心理活动。因而，阅读心理包含这些内容：阅读需要、动机、兴趣以及阅读思维、阅读想象、阅读意志、阅读注意等心理因素。

2.1.2 阅读心理的研究概况

目前对阅读心理过程国内外学者主要有以下几种观点。

曾祥芹、韩雪屏主编的《阅读学原理》一书中，提出阅读心理过程可分为以下几个阶段：阅读前期——选码和识码；阅读中期（上）——解码和编码；阅读中期（下）——赏码和评码；阅读后期——储码和用码，并具体解释了读者从书面语言代码中提取意义的心理过程。

王继坤著的《现代阅读学》一书中把阅读心理过程分为准备、感知、理解、接受、迁移创造等五个阶段，并阐述了阅读过程中的心理活动，特别强调了信息反馈在信息加工过程中的重要作用。

胡继武在《现代阅读学》中，根据阅读的心理机制和心理活动的特点，提出阅读过程可划分为认读、理解、评价、存储应用和创新五个阶段。

实际上，国内现在还没有形成中文的阅读心理学。要建立中文阅读心理学，必须进行中文阅读的实验研究；同时也需要了解对于其他文字的实验研究，以及在这种研究的基础上建立起来的理论，并对这些理论进行检验，从中汲取适合中文阅读的理论，有助于中文阅读心理学的形成。阅读心理学的理论对于语文教学实践有巨大的作用。阅读心理学中有的理论是适合于各种文字阅读的，这些理论是中国语文教学心理学的重要组成部分，它可以为中国语文的教学实践提供心理学的依据。

根据高尚仁（1982）的研究，中文阅读心理开始于刘廷芳1921年在美国哥伦比亚大学对汉字所做的实验。高尚仁把中文的阅读心理学研究划分为两个时期：20世纪20～50年代为第一个时期，是教育与应用研究时期；20世纪50～70年代为第二个时期，是实验心理学时期；张必隐将20世纪70年代至今划为第三个时期，以信息加工即认知心理学的观点和方法来研究中文阅读心理的时期。1992年9月北京师范大学心理系的张必隐教授出版了一本阅读心理学的著作。

从目前来看，国外专家学者对阅读心理的研究是比较早而且多方面的，阅读心理模式大致可以分为三类，即自下而上的模式（Bottom-up Model）、自上而下的模式（Top-down Model）和交互作用模式（Interactive Model）。

2.1.2.1 自下而上的阅读过程模式

该模式产生于20世纪60年代，大致可以这样归纳：阅读是一个精确的过程，这个过程包括对字母、单词、拼法以及较大的语言单位做准确、详尽、连续的感知和辨认。人们通常认为，阅读是先感知字母，再感知单词，然后感知句子等，即阅读是一个从小到大、从下往上的逐渐辨认和感知的过程。不管是外语教师还是其他人，人们都自然而然地这样认为，把这当作一种常识。

最能代表自下而上的阅读模式的是高夫（Gough）的模式。他认为阅读开始于眼睛的注视，这时阅读材料的印刷符号会在视网膜上形成肖像表征，读者首先对字母加以辨认，然后由字母组成的词到达“心理词典”，读者获得意义，最后词在句中加工。词在句中是从左到右、系列地被认知的。他的模式图见图 1。（转引张必隐 1992：48《阅读心理学》）

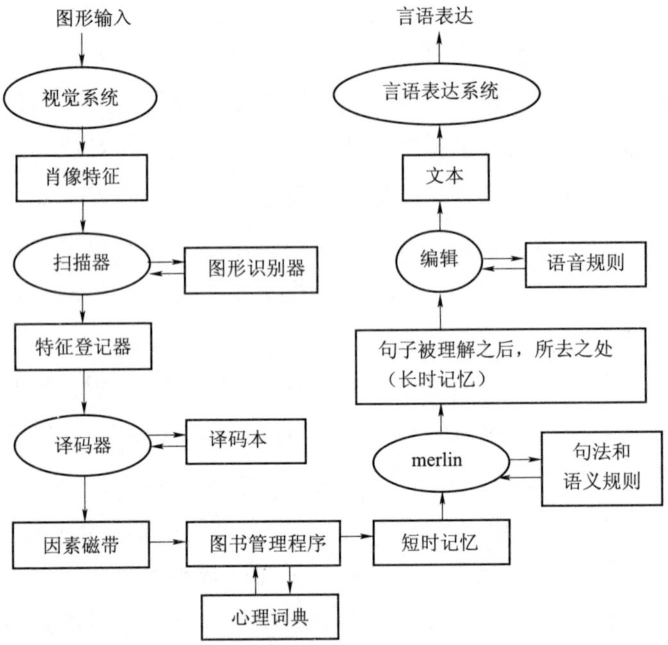

图 1

高夫的模式强调信息从低级到高级的转换并且在高一级的水平上得到进一步的加工。阅读是读者的眼睛从左往右连续运动、阅读材料中的文字逐一辨认识别的过程。我们可以看出，这个理论模式与我们习惯中的认识一致，是个自下而上的模式。现在心理学界都认为自下而上模式是高夫的模式。其实在高夫以前人们早就有这种看法，不过没有形成理论。高夫用他的实验和模式使这种看法成为“一种理论，它代表很多人对阅读过程的看法”。高夫模式把阅读过程分为五个水平。

（1）肖像表征

肖像表征指眼睛注视阅读材料时在视网膜上形成的字母特征，包括线条、边、棱、角等短暂表征，这些特征在刺激消失之后还会保留很短的时间。高夫认为肖像表征包括大约两英寸宽、一英寸高的椭圆形范围内的所有东西。眼睛的每一次注视大约持续 250 毫秒的时间，肖像表征的形成大约需要100毫秒，其余150毫秒用来完成肖像表征中的字母和词语的辨认与理解；然后开始眼睛的另一次注视。这是从母语的熟练读者的实验中取得的数据，外语初学者当然没有这么快。

（2）字母的辨认

高夫和其他心理学家做了很多字母辨认的实验。取得了足够的数据以后，高夫说："我们没有理由认为阅读不是逐个字母地从左到右系列处理的，……字母在肖像表征中以每10～20毫秒的时间进入特征登记器。"（Gough 1972：337）

根据高夫的理论，只有在字母进入特征登记器后，读者才能认出字母。

（3）词的认知

词从特征登记器进入心理词典被识别。高夫认为心理词典的条目中除了语义和语法内容以外，还有词汇的音素表征。可以设想，特征登记器中的词是通过音素表征到达心理词典的相应条目，因此能够迅速被识别。

（4）词在句中的加工

高夫认为词在句中是从左到右系列地被认知的。关于词的歧义的研究向高夫的理论提出了挑战。因为差不多每一个词都有多种意义，但在一定的语境中都只有一个意义。如果词是一个一个被认知的，那么很多词就很可能被误解。高夫辩解说，事实上，阅读过程中许多词确实是常常被误解的，歧义词处理更加困难。高夫认为，句中进入心理词典的单个的词首先必须储存起来，直到它们被组织到一个更大的单位。这种储存是在初级记忆（即短时记忆）之中。

（5）初级记忆

根据高夫的看法，词汇条目的语音与语义信息在初级记忆中储存到词串被理解，然后退出初级记忆，进入"句子被理解之后所去之处"，实际上指的是进入长时记忆。高夫设想，在理解机制中存在着一种叫默林（Medin）的东西，能够揭示初级记忆中词串的深层结构。

然而这种阅读模式缺乏对目标语言文化知识的正确理解和认识，它认为阅读过程是从字母识辨、词的认知到句子的加工理解、意义的获取与整合，从下到上的一系列信息加工过程，强调阅读是一种系列加工的过程。

在系列加工模式中，不存在信息之间的相互影响问题，每一个阶段都是独立的。因此，一些英语教师也顺势将阅读教学的重点放在强调语言知识和解码技能上，以考试的分数为重点，阅读课的教学目标被滑稽地变成识辨单词，而不是获取信息。阅读的根本要素是文本表达而不是读者的理解；阅读过程成了学习者在大脑中寻找他们记忆的单词，然后再逐词、逐句地解码来获取意义的过程。此外，在“自下而上”的阅读模式中，只单纯地强调读者对语言符号形式做出的刺激反应，忽略了交际双方交际的意图，忽视了上下文、文化背景及其他因素的作用，低估了读者在阅读过程中的积极能动作用，使阅读意义没有得到充分的肯定和体现。如果用这样的模式进行教学，那么读者的阅读综合能力不能在教学中得到有效提高。威多森（1978）认为语言知识固然重要，但是语言本身不能使人获得所需要的技能。在任何一次阅读尝试中，读者与作者在相互交流中都是主角，仅有对语言知识的了解和对单词的认知是远远不够的。由此可见，“自下而上”模式不能适应和满足阅读课教学的期待和目标。

2.1.2.2 “自上而下”模式

针对“自下而上”模式的缺点，20 世纪 60 年代末到 70 年代初，古德曼和史密斯提出了一个心理语言学的阅读模式，称为“自上而下”模式。古德曼的心理语言阅读模式对阅读的认识有了质的飞跃，阅读不再被认为是被动处理，而是自上而下的主动处理。读者通过词汇、句法、语义系统三个层次的语言线索进行预测和重建书面语意义，并通过与他过去的经验和语言知识相联证实这些预测。该模式强调阅读者及其已有相关知识。根据这一模式的理解，阅读者的相关知识是阅读理解的重要组成部分，在阅读理解中起着重要作用，阅读者用已有的相关知识从文章中得到的信息要比文章本身提供的信息更多。因此他们并不是只注重文章中的单词，而是用已有知识进行预测，文章本身只是证实他们的预测。读者预测的基础是其头脑中关于语言使用和语言结构的知识、文章话题的知识和一般世界的知识，而不是印刷符号。

诚然在这个模式中，要求读者应用他们已有的经验和背景知识对读物主题进行预测，在阅读中对所预测的内容做出反应，或肯定或反驳，从而实现对文章的理解。在这个模式中特别要求读者具备一定的第二语言知识，对语言结构认知具有相当熟练的程度，对读物的背景知识有一定的认知等相关条件，甚至要求读者对文章的修辞组织结构具有较好的认知基础。然而这对第二语言的阅读学习者（尤其是中国学生）而言，是很难实现的。所以“自上而下”的阅读模式在中国现有的教学环境中可操作性较小。不论自下而上的被动处理还是自上而下的主动处理，两种阅读模式都是单向的信息处理过程。前者以知识为基础，后者依赖于语篇（Carrell，1985）。而研究显示，最有效的语篇处理是交互式的、非线性的，即自上而下和自下而上处理模式的结合（Rumelhart，1977）。有经验的读者能适应特定语篇和具体阅读环境的需要，交替采用两种处理模式，而不熟练的读者往往过分依赖一种处理模式，要么始终逐字逐句地解读，要么抛开语言细节作无依据的猜测与预测，两种倾向都影响语篇的正确理解。

2.1.2.3 交互作用的阅读过程模式

随着对阅读心理研究的不断深入，人们逐渐认识到，无论是“自下而上”的阅读模式，还是“自上而下”的阅读模式都有其局限性。1977 年鲁梅尔哈特提出了交互作用模式，此模式建立在高夫模式和古德曼模式的基础之上，它是两者的综合，能全面解释阅读理解中的一些现象。此模式如图 2。（转引张必隐 1992：53《阅读心理学》）

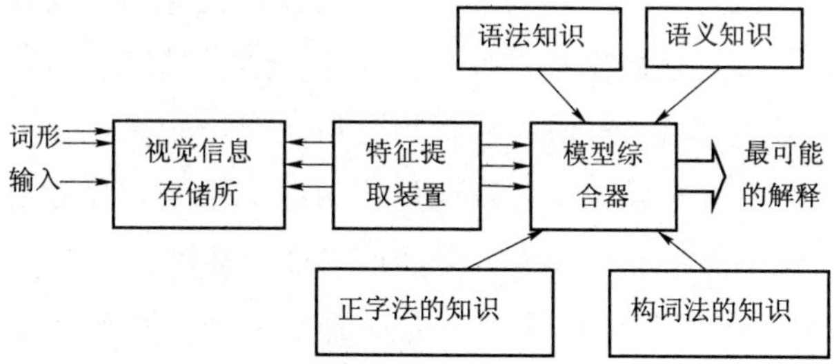

图 2

交互作用模式认为，在阅读过程中，人们运用两种方式进行信息处理：一种是自下而上的方式，一种是自上而下的方式。自下而上的方式指学习者从语言的最小单位——字母和单词识别开始，逐步弄懂较大的语言单位，即：短语、分句、句子及语篇的意义。自上而下的方式强调学习者在阅读过程中是主动参与者，他们不是逐字逐句地去理解文章，而是运用背景知识并结合自己的预测在上下文找出有关信息。“相互作用”模式的创立是以鲁姆哈特的《论阅读的相互作用模式》(*Toward an Interactive Model of Reading*)为基础的。他们提出，阅读过程实际上是一个多种语言知识，包括文字、词汇、句法和语义等知识的复杂的“相互作用”的过程，任何单一的语言知识都不能促进对阅读材料的真正理解。该理论既重视运用图式知识进行预测、推断这些高层次的阅读技巧，又强调低层次的迅速解码能力，在实际阅读过程中两种能力可以互为补充。持相互作用模式的学者认为，读者对意义的获取来自包括音形、拼写、词汇、语义、句法、先验图式（schema）等在内的所有意义线索、词内线索以及非视觉线索。在一定时刻，任何信息来源都可以成为主要的意义来源，某一信息来源的利用取决于对其他信息来源的利用。在阅读的过程中读者同时从不同层次对文章进行处理：读者自下而上的阅读处理结果引导着其在自上而下的阅读处理中产生的假设，而假设又部分地引导着自下而上的阅读处理，来自这两种处理模式的信息汇集在一起对印刷材料做出最合理的解释。读者在对印刷符号所传达的意义构成假设的同时，也对字母、词进行着处理。单词的辨认促进了对意义的假设，对意义的假设反过来又有助于对词义构成进一步的假设。阅读处理过程中的任何层次，无论它们位于何处，都可以相互沟通。其信息补偿理论进一步指出，无论阅读处理在哪一层次进行，只要某一信息来源出现不足，读者就会更加依赖于其他信息来源。这样，假如在阅读开始时对印刷材料的分析不足，较高层次的知识结构便会试图进行补偿。有时候，读者辨认单词的能力不足，但却对该文章的题目比较了解，自上而下的处理模式便会出来进行补偿。

总之，“相互作用”模式认为，文章的意义既存在于文章之内，又由读者带给文章；阅读既是解码过程也是假设的过程。读者头脑中多种知识和书面信息同时相互发生作用，促使阅读活动持续进行。

综上所述，可以看出阅读的心理过程，是通过知觉、想象、联想、分析、综合等一系列思维活动把顺次进入视觉的文字符号转换成思想的过程。从生理角度来看阅读，阅读是一个信息的输入过程；而从心理角度来看阅读，阅读不仅是一个被动吸收信息的过程，同时又是一个主体性的主动创造过程。从现代认知心理学的角度来看阅读，阅读过程就是一个主客体之间不断相互作用的过程。读物作为一种客体，它负载着作者显露或隐藏的见解、意愿而去影响读者这一主体，而主体与此同时又在不断地利用自己的经验积累去顺应、同化或逆反客体所负载的信息。从接受美学的角度，阅读过程就是读者对作品中作者有意留下的空白和未定性因素逐步加以填补、充实、升华、完善的再创造过程。阅读的心理过程机制，远比生理过程机制复杂得多。因此，如果要真正深入地研究个体阅读的心理过程，我们就有必要了解制约阅读心理过程的诸多因素，这一点我们在上文已经提及。

2.2 阅读思维

思维是人类认识客观世界不可缺少的一种心理活动。它的重要性就在于，它所反映的不是个别事物或其个别特征，而是一类事物共同的本质特征；不是事物间的外部联系，而是事物间的内部联系和规律。只有通过思维，人类的认识才能从感性认识上升到理性认识，达到对事物的本质认识。思维对阅读这种特殊的认识活动来说，同样起着非常重要的作用。

作为一种个人行为，阅读也是一种独特的思维形式，而且应该是一种质疑、交锋、沉思式的思维形式。

何谓阅读思维？阅读思维是在感知基础上通过分析和综合而理解、评价读物的过程。其中，阅读理解与评价是阅读思维能力的主要体现。它是运用已有的知识与经验，将感知的新信息、新材料联系起来，通过联想、想象、判断、推理等思维活动，去把握阅读材料的内在联系与本质意义。阅读评价则是以理解为基础，进一步对文章的正误、优劣、美丑、善恶等做出鉴别与判断。具体说来，对文章的思想内容、表现形式、语言、写作方法、写作风格、作家的写作态度都可以进行评价。阅读评价较之阅读理解，更带有独立性与批判性，需要参与者更高的阅读思考水平。因为阅读理解中主要是了解阅读材料的内容与形式，认识其本来面目；而阅读评价则要对阅读材料作者的身世背景，根据一定的思想标准和艺术标准进行判断，提出阅读者的见解。

像其他心理过程一样，阅读思维作为社会模式也有一个发生、发展的过程。怎样研究这一发展过程呢？一般主张按两条线索进行。一条线索是掌握文字材料（语言）能力的发展；另一条线索是分析、综合、概括等加工能力的发展。这样研究，碰到的第一个问题是：阅读思维的发展是从什么时候开始的？有人认为从接触文字材料并把文字材料当作学习对象的时候才开始，具体来说就是从识字阶段开始。也有人认为从儿童学习有声语言的阶段就开始了，理由是有声语言的习得是书面语言习得的重要基础。儿童在识字以前就已学会了很多词语和句子，像爸爸、妈妈、椅子、粟子、衣服、鞋子、我、你、他，等等，开始识字时，只要一掌握字形，就立刻可以把握字义（词义）。有声语言这个基础在阅读能力的形成中不可忽视，尤其是成人学习阅读，这个基础显得更重要。我国一些地区试验并推行的“利用拼音，提前阅读”，就是充分利用有声语言这个基础。

洪材章（1992）在《阅读学》中认为，少年儿童思维结构的发展要经历三个阶段：① 直观（感知）行动思维；② 具体形象思维；③ 抽象逻辑思维。

阅读思维和一般思维有区别。阅读思维的发展受到文字符号感知、识记能力和对语言材料的理解能力的制约，同时还受到语言材料的分析、综合能力和内部语言能力的制约，因此具有自己的发展阶段。阅读思维的发展可分为下面三个阶段。

（1）掌握语义、理解语法结构规律阶段。这一阶段里，少年儿童在识记汉字的基础上，表现出对语义理解的相当高的积极性，特别是一些表示具体事物的名词。他们对表示意义关系的虚词也有兴趣，掌握这些虚词将成为他们掌握语法规律的桥梁。对词义的掌握也就是发展概念，是思维发展的重要基础。这一阶段形象思维发展较快，所以对故事性较强的读物很感兴趣。但抽象思维能力较差。阅读表达抽象概念关系的读物有困难，如不能顺利地阅读数学教材，学习数学主要靠教师的讲解。

（2）文字材料分析、综合能力发展阶段。在这一阶段里，少年儿童对语言材料已有一定理解能力，读完一个故事已能详细复述其内容，并能回答就课文内容提出的问题。由于语文课的训练，已学会如何从语言材料中提取重点词语，并在此基础上概括出段意和中心思想。这种概括就是对阅读材料的加工、重组，是分析和综合的过程和成果。这一阶段的内部语言还不完善，还要靠表象辅助思维过程才能完成。对表达抽象概念关系的学科（数学）的文字材料，阅读仍有困难，特别是一些关系复杂的长句，要靠老师多次讲解才能读懂。

（3）抽象思维发展阶段。这一阶段要在初中年龄段才能表现出较明显的发展潜力。在这个阶段里的学生，已能在教师的指导下，对读物中含义较深的词语、句子进行思考并得出正确答案。对关于课文内容的提问，已能完全脱离文字材料的束缚，用内部语言进行默想，并能根据生活经验和知识做出较准确的回答。这都是抽象思维有了较好发展的表现。

对于阅读思维的发展来说，语言能力的发展是基础。语言是思维的物质材料，没有一定的语言能力也就没有一定的思维能力。阅读思维是在感知文字材料基础上的思维。不识字、不具备一定的词语、语法规律感知能力，当然也就不可能有阅读思维的发生、发展。所以语言教学都极力主张较快地过识字关，以便形成儿童思维发展的促进力量。在阅读思维中，理解能力是核心，值得花大力气去提高学生的文字理解能力。内部语言是语言教学中研究得最少的领域。没有内部语言的发展，阅读思维的发展就会受到限制，整个思维的发展也将受到影响。所以，应当重视这一领域的研究。阅读思维的发展是有规律的，把握这些规律对培养学生的阅读能力作用很大。现在，我国绝大多数学生都具备了阅读的基本能力，即不存在认读汉字的困难。阅读思维的瓶颈，应是理解能力、评价能力和迁移能力的欠缺。因此，培育学生的阅读思维能力是目前语言教学的重要任务。

阅读思维培育是一项通过指导学生阅读丰富的、优秀的文学作品，培养活跃的逻辑思维能力和联想、想象等思维能力以及创造思维能力的教学活动。既然学生是阅读的主体，就应该还学生一个真正的读者地位，让学生能够自主阅读，直接阅读，能“从整体上把握文本内容，理解思路，概括要点，理解文本所表达的思想、观点和感情。善于发现问题、提出问题，对文本能做出自己的分析判断，努力从不同的角度和层面进行阐发、评价和质疑。根据语境揣摩语句含义，运用所学的知识，帮助理解结构复杂、含意丰富的语句，体会精彩语句的表现力”。[1] 由于阅读的过程是读者与作品、读者与作者对话的过程，这种过程，应该充满了发现、质疑、思

[1] 《普通高中语文课程标准（实验）》，人民教育出版社，2010年版，第9页。

考和探究，所以当前的教育者都提倡通过指导多角度阅读，有创意地阅读，多元解读，利用阅读期待、阅读反思和批判等环节，拓展思维的空间，发展想象能力、思辨能力和批判能力，实现阅读思维培育的最终目的。

要培育思维，必先了解它工作的过程。梁作民在《当代思维哲学》中将思维的过程分为三个阶段：第一阶段的思维是笼统的、混沌的，是关于事物整体的表面上的认识，它揭示的是事物的外部联系，最终要被第二阶段所否定，即部分的认识所否定。第二阶段的思维是部分的、抽象的，这种思维割断了事物内部各种质的规定之间的联系，它在局部上是正确的，但在整体上却是不完全的，它是一种局部性的认识。因此它又最终要被思维的第三阶段，即高级阶段上的关于事物的认识所否定。第三阶段的思维是全面的、具体的，它把事物从整体性上再现出来，认识在更高阶段上又恢复到整体性上来。事实上，只有整体的认识，而没有部分的认识，是模糊的、不深刻的认识；只有部分的认识，而没有整体的认识，是不完全的、不正确的认识。而第三阶段的思维，正是这种整体认识与局部认识的统一，是对于事物的真正科学的认识。因此，思维的过程就是一个“整体—局部—整体”、“具体—抽象—具体”的过程。思维过程中的三个阶段，是否定之否定规律的体现。

同时，格式塔心理学也认为，人类心理中最基本的特征是在意识经验中显现的整体性，人们的认识过程从一开始就把对象作为一个整体来观照。文本是一个知识、思维、情感、审美等多方面教育效益的综合体，如果把知觉中的具体内容拆散开来，孤立地讲一个段落、一个层次，就会破坏了融合在一篇文章整体结构关系中的情景、意蕴等格式塔质，肢解了课文的整体美感，削弱了学生对语言的品味、感悟，从而失去很多培养学生语感、发展思维能力的良机。因此，阅读教学就应该遵循“整体—局部—整体”的思路。即在阅读起始阶段就给他们时间去默读、揣摩、欣赏，先知觉整体；然后根据这种整体的直觉感受，对文章的重要部分再做深入的探讨；最后清晰地、深刻地、整体地把握课文，从而直接把握课文的主旨、情境、艺术手法等。

基于以上的认识，对学生阅读思维能力的培育，我们只有沿着“感知整体—感悟局部—顿悟整体”三个过程而进行，才能收到事半功倍之效。具体地说，感知是思维的准备阶段，解决的是“是什么”的问题。感悟是思维的实质阶段，解决的是“为什么”的问题。感悟的重点是解决学生“悟出什么”的问题。见物悟其理，见事悟其情，见同类事物悟其共性，见异类事物悟其相互联系，见自然变化悟人生真谛，见社会变迁悟历史兴衰，见已知条件悟未来结果，见常式悟变式，见性质悟用途，见对立悟统一，等等。顿悟是思维的飞跃阶段，解决的是“该怎么样”的问题。顿悟就是灵感，是从感知材料中疾速悟出本质和规律以及事物发展的必然趋势，并迅速启动应急机制而确定积极的应对举措，具有反应快捷、准确的特点，是思维敏捷的体现。

2.3 阅读的心智和行为过程

曾祥芹（2004）先生在《汉文阅读导论》中认为阅读作为精神和物质过程的统一，既不是单线的心智活动，也不是单向的接受活动，而是心智和行为的双线运行活动。根据这一思想，研究阅读领域的学者要想考察和研究阅读过程的运行机制必须从心理科学和行为科学的双视角入手。

2.3.1 阅读的心智过程

曾先生指出阅读是一种内潜很深、高度简缩的观念性活动，是读者借助内部语言对文章信息进行加工改造的智力活动，同时伴随着一系列操作技能。因此如何把握阅读智力活动的空间、要领、核心及操作技能，便成为读者智能修养的主要任务。

根据在阅读过程中，读者和文章之间、读者和作者之间、读者和社会之间以及读者旧我和新我之间的双向运动所构成的阅读思维的广阔空间，曾先生提出，要占领这个动态的思维空间，读者就务必养成“解文、知人、论世、察己”的阅读思维习惯。因为阅读是一个充满智能活动的符号信息的加工过程，因此除了养成良好的阅读思维习惯外，还必须掌握阅读加工要领。曾先生遵循先感言后辨体的顺序，将要领总结为四个方面：

① 建构文本的意义；② 比作者自己更好地理解作者；③ 实现文本向社会的迁移；④ 在文本面前观照自我。

我们知道理解是阅读智力活动的核心，无论是搜寻选择文章、感知文字符号、建构文本意义还是透视作者用心、联系社会实际、反思观照自我，都是以准确理解读物客体为前提。因此曾先生提出把握阅读“理解”的核心对于提高阅读智力开发而言是非常重要的。

然而应该如何去把握阅读理解这个核心呢？曾先生指出应从三个大的方面入手。

（1）明确阅读理解的标准

曾先生在突破传统阅读学所指出的“理解”的标准，以及结合现代阅读学所强调的“理解”的标准的基础上，提出阅读理解的标准不应是单纯地再现或还原作者的本意，而应从多方面深入地认识作品所表现出来的思想意义。

（2）认清阅读理解的特点

曾先生从阅读理解的需求分析，将真正有效的阅读理解概括为以下共同特点：一是信息的简化；二是信息的深化；三是信息的系统化；四是信息的语言化。

（3）培养阅读理解的途径

曾先生指出培养阅读理解的能力应该兼顾内在和外在两个方面进行多渠道综合训练。内在包括注意、思考、想象等，外在主要是观察、表达以及实践等。在熟练地掌握这些阅读思维内功的同时，曾先生强调还要谙熟阅读操作技能的外功。曾先生将阅读操作技能的外功总结为以下四个方面：猜测和确证、提纯和重组、应用和创新以及表征和表述。

2.3.2 阅读的行为过程

读者在阅读中依赖的是脑、眼、耳、手等物质的言语器官，利用的工具是辞书、计算机、眼镜、耳机、笔墨、纸张、电视等物质材料。其过程无疑也是现实的物质过程。这是由读者心理活动和生理活动的不可分割性所决定的。

阅读的外显性表明阅读过程又有一系列可见的行为方式。曾祥芹先生在《阅读学新论》中指出，诸如跑图书馆、进阅览室、吟诵朗读、复述答问、圈点批画、摘抄提要、评注笔记、制作图表、综览品鉴、座谈心得、走访咨询、校对考证、撰写书评，等等，这些外化动作，体现在读者的躯体及言语运动之中，往往围绕或跟随着大脑“黑箱”的“思读”活动，展开为一个过程。

曾先生又依照西方的认知理论和行为主义的“刺激—反应”理论以及中国现代阅读学奠基人叶圣陶所提出的“阅读不应视为知识，而应视为技能”等，指出阅读过程的终点不止是迁移，更加是躬行。只有将阅读的目标意识和规范的手段行为较好地结合，阅读活动才可能成为连绵不断的“知—行”递变过程。的确，躬行是阅读的终点。孔子关于阅读过程的“五阶段”说，重点谈“学、问、思、辨”的认知过程，终点却归结到“笃行”过程。刘向说：“君子之学也，人千耳，藏于心，行之以身。”（《说苑·谈丛》）陆游说：“纸上得来终觉浅，绝知此事要躬行。”（《冬夜读书示子聿》）强调“躬行”是“绝知”的必由之路。朱熹说：“读书穷理，当之于身。”（《学规类编》）颜元说：“读得书来，口会说，笔会作，都不济事，须是身上行出，才算学问。”（《习斋记余》）他们一以贯之，把“躬行”视为衡量“学问”的尺度，这是中华民族“格物、致知、诚意、正心、修身、齐家、治国、平天下”（《大学》）修身践履思想的弘扬，也是学以致用的必然归宿，是阅读过程最后完成的标志。

因此，正如曾先生所说的那样，阅读过程中的心智活动和行为操作是彼此交错、协调运行的。阅读的外化行为不仅受内潜心智活动的支配和调节，而且反过来促进和调节着内部的心智活动。然而阅读心智和阅读行为又不是机械对应、双线平行的。阅读的每一项心智活动并不一定都表现出相应的外在行为。阅读行为首先是一种意向，一种心理性行为，然后才是实践活动。阅读行为由目标性意识（知）和手段性行为（行）所构成。“知”是阅读行为的动力和基础。“行”是“知”的落脚点和终点。

3 英语语言阅读能力结构构建

能力结构是认知中介系统中另一重要的子系统。王继坤在《现代阅读学教程》中指出“能力是成功地完成某种活动所必备的个性心理特征”。它可细分为认知能力、操作能力和社会交往能力。

阅读能力属于认知能力范畴。阅读能力结构是主体在阅读理解过程中所需要的一系列个性心理特征的综合，是智力因素和非智力因素的有机组合所形成的感知能力、思维能力、记忆能力、评价能力等综合能力。知识和能力有着密切的关系，知识是大脑中储存的信息，离开了知识，能力就不可能发挥出来；没有了能力，知识是一种浪费了的资源。在英语阅读理解过程之中，知识结构和能力结构都制约主体对客体信息的把握。知识结构制约能力的发挥，但知识不等于能力。如果主体不能把这些知识灵活地运用于所要认识的对象，知识和经验就不可能转化为主体的能力。知识结构系统和能力结构系统都能进行双向活动，在实践的过程中，知识有助于能力的发挥，而能力也可以提高学习知识的效率。知识结构和能力结构作为中介手段可以提高主体的感知能力和认知能力，能动地沟通主客体的信息，并帮助主体把握客体的深层意义。

3.1 阅读能力结构研究的基础

阅读能力是阅读主体运用已有的知识和经验，顺利而有效地完成阅读活动的能力。阅读能力是由低向高逐步发展起来的，包括阅读感知力、阅读理解力、阅读鉴赏力和阅读创造力。

阅读感知力指文字符号的识别能力，是最低层次的阅读能力；阅读理解力指在感知语言符号基础上，对句子、语段、篇章意义的提取能力，是对读物的宏观把握，是基本的阅读能力；阅读鉴赏力是较高层次的阅读能力，是对读物的内容、形式等方面的评价和欣赏；阅读创造力是超越作品的创新能力，是阅读能力的最高层次。

3.1.1 国内外阅读能力结构研究回顾

关注阅读活动本身的观点认为：按照阅读活动过程中侧重点的不同，阅读能力包括识记、理解、分析、评价、鉴赏、速度等因素。持这个观点的人物有张志公、艾伟、邝怀熙、顾黄初、章熊、韩雪屏等。

邝怀熙对于阅读能力的解释：阅读一篇文章，一般来说总要经历以下几个步骤：第一步，把文字读出来，即记认文字符号并按语言结构读出来，这可以称为认读能力。第二步，理解文章的思想内容，这是阅读的中心环节，是从形式到内容的认识过程，可以称为理解能力，包括理解语言的能力和理解结构的能力。第三步，把文章的思想内容消化吸收为自己的东西，可以称为消化吸收能力，包括鉴赏能力、探索能力和记忆能力。

邝怀熙对于阅读能力的描述只是这类研究中的一个代表，类似的观点还有以下几种。

20 世纪 40 年代，阅读心理学家艾伟对小学四至六年级学生的默读能力从四方面进行检测：迅速浏览，摄取大意的能力；精心详读，记取细节的能力；综览全章，契取纲领的能力；玩味原文，推取含义的能力。

1979 年张志公提出："阅读，首先要读懂，并且能够记得，进而还要读得快。这才算是有较高的阅读能力。"因此，张志公认为所谓阅读能力，包括三个方面的因素，即理解、记忆和速度。

顾黄初提出：理解能力形成和发展的条件比较复杂，它涉及人的思想认识水平、生活阅历和知识积累等方面，但"积累一定数量的词汇，掌握一定数量的基本句式，明白一般常用文章的结构方法，是提高阅读能力的必要前提。而所有这些，都不能靠死记硬背，它要靠对文章的精心研读，从反复的揣摩、体味中才能真正掌握。此外，还得注意发展学生的思维能力，主要是分析和综合能力。分析，是一种求异思维；综合，是一种求同思维。这二者，必须要在阅读的实践中逐步养成。“记忆能力和阅读速度，也是测量一个人阅读能力的标志。养成学生读书能集中注意力，经常指导学生温故习旧，教会学生随时把知识整理成一定的网络、一定的类群，指导学生做摘记、制卡片等，都有助于提高学生的记忆能力。而要求学生在限定的时间读完一定的章节、段落，并在快读快记中掌握这些章节、段落的主要内容，是提高学生阅读速度的必要措施。”❶

王继坤在《现代阅读学》中提出阅读能力逐步发展的台阶是“认读能力—记忆能力—理解能力—评价鉴赏能力—创造能力”。

与上面这些分类方式截然不同的是，王云峰认为：阅读能力是一个复杂的系统，语文知识和言语技能是构成这一系统的两个子系统，而每一子系统都包括自发经验和自觉经验两个基本层次。通过有效的训练，自发经验可以转化为自觉经验。阅读能力（包括语感）实际上是知识、技能，自发经验和自觉经验通过一定的阅读活动不断整合的结果。这个观点与前述观点不同的是，它是从心理学中经验的角度对阅读能力进行了限定。

国外语言学家对于阅读能力方面的研究也很多。美国匹兹堡大学的威廉·E. 诺里斯把阅读技能分为五类。包括：认识和理解的速度、辨认词汇和理解、句子结构和句子理解、段落结构和段落理解、对选文的完全理解。

20 世纪 70 年代，美国的史密斯（N. B. Smith）提出了四种阅读能力结构：字面的理解能力、解释、评价性阅读和创造性阅读。史密斯认为，在字面理解中，读者试图直接理解读物的意义；在解释中，读者试图对读物提出补充意见；在批判性阅读中，读者对读物进行评价，做出判断；在创造性阅读中，读者离开读物，发表超出读物的新思想，获得另外的见解，创造性地解决问题。

21 世纪初，著名教育心理学家 E. R. 桑代克提出阅读能力测试应具备四个要素：① 权衡句中各字，② 组织各字关系，③ 选择各字含义，④ 最后决定反应。

英国的中小学联合会的“尼尔阅读能力分析测验”把阅读能力的测试

❶ 顾黄初：“对于阅读教育的思考”，载《课程·教材·教法》，1983 年第 5 期。

划分为“准确性”、“理解力”和“速度”三个方面。

美国的E.C.肯尼迪在《发展阅读教学法》中从认知心理出发，把阅读理解划分为三个方面：“词语认知”、“理解”、“综合”。

A.J.哈里斯在《三种阅读类型的阅读技能一览表》中，根据对阅读类型的研究，编制了“发展性阅读”、“功用性阅读”、“消遣性阅读”三种阅读类型的阅读技能一览表，对不同阅读类型，提出了不同的阅读技能要求。

综观以上理论可以发现，各人所站的角度不同，得出的结论差异很大。在以上各种不同的意见中，有两个共同点：① 阅读能力是一个内涵丰富的集合概念，是种种个别能力的特定结合体。它不仅与读者一个人的知识经验和智力因素相关，也与读者一个人的非智力因素密切关联；② 阅读能力的形成是以读者良好阅读习惯的养成为最终标志。

实际上，就阅读的过程来分析，阅读能力有以下几个基本构成要素。

（1）认读感知能力。即对阅读材料上的文字符号进行认读和感知的能力，它是阅读活动得以进行的基础，因此是阅读能力中最基本的要素。

（2）理解分析能力。指读者把认读的材料联系起来，利用原有的知识基础，通过一系列思维活动（联想、想象、分析、综合、判断、推理），了解其意义的能力。它是阅读能力的核心因素。

（3）鉴赏评价能力。即读者在掌握文章表达内容的基础上进一步对文章的各方面进行鉴别欣赏和评价的能力。它是理解能力的进一步深化。其特征是使认知达到理智上的领悟和感情上的反映。

（4）迁移运用能力。即读者把在认读、理解、鉴赏过程中获得的各种知识，根据需要灵活地提取及使用的能力。它是阅读能力培养的终级目标。

3.1.2 影响英语阅读能力的因素研究

外语教学中讲的英语阅读能力与读者平时阅读文章的阅读理解效果不同，是指第二语言学者在一特定时期相对稳定地阅读英语文章的理解能力。

这方面的研究主要关注影响中国学生英语阅读能力的发展和高低差异的诸多因素，如学校因素、学生因素等。目前，有关英语阅读能力的研究还很不充分，有待深入。

许余龙根据1988～1993年香港国际阅读能力调查统计数据做了三方面研究：影响中国学生英语阅读能力的学校因素、影响中国学生英语阅读能力的学生因素以及学习策略与学生英汉阅读能力发展的关系。而以大陆学生为调查对象的英语阅读能力研究尚属空白。

在影响中国学生英语阅读能力的学校因素的分析中，许余龙发现影响初级学生和中级学生的因素差异很大：与中级学生英语阅读测试成绩相关的学校变量不仅数量多，而且相关系数值高，这说明各校之间学生阅读能力的差距，中级要比初级大，而且这种差距主要是由学校因素造成的。

研究表明，某些因素对初级和中级阶段的学生的英语阅读能力有着共同的影响，如学校的管理和校长的工作，而更多的因素只对某一阶段的英语阅读能力有较大影响。学校所处的地段，附近是否有公共图书馆、大专院校、书店等设施，这些因素与中级学生的英语阅读成绩高度正相关，却与初级学生的成绩负相关。学校设施，如图书馆的藏书量、是否有英语戏剧会、英语辩论会、英语文学会等组织，与中级学生的英语阅读成绩高度正相关，但与初级学生的成绩未呈现出有意义的关联。

在影响中国学生英语阅读能力的学生因素的研究中，许余龙发现有五种因素与初级和中级学生的英语阅读能力都有较大相关性：学生对英语阅读能力的自我评估、家庭英语藏书量、是否经常到图书馆借阅英语书籍、家庭经济条件、是否经常阅读英语实用文。

对初级学生和中级学生的英语阅读能力的影响有差异的因素主要是性别因素和英语阅读课学习方式。性别因素与初级学生的英语阅读能力有较大相关性，表现为女生优于男生，但与中级学生的英语阅读能力无显著相关性。这说明性别对英语阅读能力的影响因年龄和学习阶段而异。而且，这种影响也因所阅读材料的文体而异。

就学习方式而言，经常在课堂上做练习的初级学生的平均英语阅读能力较高，而花较多时间完成家庭作业的中级学生的英语阅读能力更高。在学习策略与学生英汉阅读能力发展的研究中，许指出，在中国学生的英汉阅读学习中，使用的学习策略以及这些策略对他们两种语言能力的影响有异有同。差异之处有些反映了学生发展阶段的不同特点，有些可归结为汉语与英语阅读学习之间的差异，还有些是英汉两种语言的不同特点造成的。

3.2 英语阅读能力的纵向层级结构

顺应英语阅读活动的自然进程，分阶段去描述英语阅读能力的成长历程，显示出英语阅读能力由低到高的发展层次，就形成英语阅读能力的纵向层次结构。

3.2.1 英语阅读感知力

英语阅读感知力指对单词、语句、语篇等语义的识别能力，它属于对作品语言形式的微观感受，是最低层次的英语阅读能力。

英语阅读的感知力是对连续的文字符号的快捷、准确的感觉和知觉，简单地说，即对阅读材料中的英语单词、短语及句子结构的认知能力。认读能力是阅读中应具备的基本能力，是整个阅读过程的基础。缺乏这种能力，英语阅读就无法进行。

英语阅读感知在阅读感知的发展过程中会产生两次飞跃：一是从“语言符号”整体感知到“词义”整体感知，这次飞跃的意义在于为快速英语阅读打下基础：二是阅读感知的单位逐步从低层次向高层次递进，从最初的以字母、单词、词组为单位进行感知发展到以意群、句子甚至语篇为单位进行感知，这次飞跃实现真正的快速英语阅读。英语阅读感知的发展要靠不断地学习、训练和实践。只有与理解、记忆相结合，英语阅读才能获得意义，即只有通过理解和记忆的共同作用，英语阅读感知的内容才能变得连续和前后关联，并在此基础上产生意义。因此英语阅读感知与理解、记忆是协同工作的。英语感知能力的构成要素主要有八项：

（1）具备基本的英语单词量；

（2）了解单词在语境中的特定含义，能辨析词语之间在语义方面的内在联系；

（3）能依据上下文独立推断陌生单词的近似意义；

（4）能在熟悉语法规则的基础上辨析结构复杂的英语长句；

（5）能辩识记叙、描写、说明、议论各种英语表达语体，并根据文体的特点进行英语阅读；

（6）能整体感知英语文章的思路和主要内容，文章写了什么，为什么要这样写；

（7）能把握英语文章的重点难点并提出自己的疑问，利用有关材料解决问题；

（8）运用文摘或制作卡片或观看英文原版电影等方法积累英语阅读材料，记忆或背诵精彩片段。

3.2.2 英语阅读理解力

英语阅读理解力指在英语语言感知的基础上，对语篇等文章含义的提取能力，它属于对文章思想内容的宏观把握，是基准层次的英语阅读能力。理解英语的能力是在认读英语的基础上，对阅读材料中提供的信息进行消化、加工的能力，即在了解字面意思（literal meaning）的基础上，利用文化知识和经验，经过判断和推理、抽象与概括的思维活动，理解语言文字之间的内在意义和内部联系（reading between the lines），达到对材料的全面理解。阅读中的理解是阅读的深化，是阅读的核心。

英语阅读理解的范围，至少包括辨识文体、理清思路、把握结构、抓住质料、归纳主旨、体会文情、揣摩写法、辨析修辞、贯通文气、体察文风等十项。从英语阅读理解的步骤看，可分为四层：① 抓住主题句，依据句间关系摘取语篇意义的能力；② 抓住重点和主线，抽取段落意义的能力；③ 理清思路，依据段落间关系概括章、节意义的能力；④ 归纳文篇主旨或主题的能力。

3.2.3 英语阅读鉴赏力

一般来讲，英语阅读鉴赏能力是对英语作品中的美的感受、鉴别、赏析和评说的能力，它是读者深入作品深处的一种情感体验，要求读者与作者产生共鸣，获得美的享受。它是一种较高层次的英语阅读能力，因此操作起来较为复杂，一般可从四个层面对英文作品进行鉴赏：① 对英文作品思想观点的正确性和社会意义进行评价；② 对英文作品具体材料的真实性和典型意义进行评价；③ 对英文作品语篇风格、语言艺术性和创作意义进行评价；④ 对英文作品风格的独特性和审美意义进行评价。

培养英语阅读鉴赏能力包括两个方面：① 在审美实践中提高鉴赏能力。首先，要选择优秀的英文作品作为鉴赏对象，正如歌德所说："鉴赏力不是靠观察中等作品而是靠观赏最好的作品才能培养成的。"其次，要帮助学生积累丰富的生活经验，教师要介绍英文作品的时代背景，贯通古今中外，把作品置于产生它的那种错综复杂、千丝万缕的社会关系中，去了解作家的思想感情倾向和创作意图，才能提高鉴赏英文作品的水平和能力。再次，要培养以艺术眼光鉴赏英文作品，为此要懂得一些艺术门道，具备艺术修养。正如马克思所说："如果你想欣赏艺术，你必须成为一个在艺术上有修养的人。"最后，要在比较和鉴别中培养和提高审美能力。孤陋寡闻，不行，泛读而无比较，就只能人云亦云。唯有比较才能鉴别，唯有鉴别才能提高。因此，提高英语阅读的鉴赏能力需要多读优秀的英文作品，通过各种方式经常进行比较和鉴别。② 掌握艺术欣赏的规律。首先，鉴赏是一种借助于联想、想象的再创造的审美活动，要善于联想与想象。其次，鉴赏是一种艺术享受，并在其中激起爱憎的情感，提高思想认识。再次，鉴赏有个人的偏爱，但在其中显示着鉴赏的社会性。因此，提高英语阅读的鉴赏能力需要读者跳出文外后做出一种理智判断，鉴赏过程是一种科学活动，要求与作者保持一定距离，依靠英文作品内在的证据和外在的准则，客观公正地做出真善与否的价值评估。

3.2.4 英语阅读迁移力

英语阅读迁移力指运用英语阅读所得知识、技能和情志来解决新问题的"及物"能力，它是比英语鉴赏层次更高的阅读能力。"披文得意"只是英语阅读活动的前半路程，"运思及物"才是英语阅读活动的后半路程。读者通过鉴赏，从理智上洞察和情感上体味了英文作品的意蕴和美质之后，还要联系主客观的实际，完成文本向实践的迁移，实现作者写作的社会价值，达到读者进行英语阅读的最终目的。这个英语阅读迁移的过程就是英语阅读应用的过程。

英语阅读迁移力从根本上说，就是要求读者由“语言输入”转向“语言输出”、由“认识世界”转向“改造世界”的过程。据此，英语阅读迁移能力可按其过程分解为两个步骤：

（1）英语阅读借鉴力。即通过归纳，概括阅读心得；或借鉴文章所传达的思想、修辞与写作风格，汲取英文作品内容和形式两方面的精华。因此，读者阅读心得的概括水平或者说提取能力决定了英语阅读迁移的准备条件是否充分；

（2）英语阅读表述力。即运用口语、书面语输出英语阅读心得，或复述、评述，甚至写出对英语作品的评价，这些由低到高的表述形式，反映英语阅读表述能力的发展层级，这种由英语阅读向英语写作转化的过程是文本向实践迁移的必然过渡阶段。

3.2.5 英语阅读创造力

英语阅读创造力指读者在阅读英语作品时，超越作者进行再生产的创新能力，它要综合英语阅读感知、英语阅读理解、英语阅读鉴赏、英语阅读迁移各种技能，运用创造思维产生超越英语读物原有内容的新颖、独特的见解或思路，因而是最高层次的英语阅读能力。

要想培养英语阅读的创造能力，首先需学会运用创造原理来指导英语阅读实践。要素置换、结构重组、信息交汇、学习迁移等创造原理，对英语阅读创造都有借鉴意义。

（1）要素置换：英语读物形式上是一串串书写、印刷的文字符号，内容是这些符号所蕴含的连贯的意义。读物内容或形式上任何要素的置换，都会改变它所表达的意义。阅读时尝试置换英文作品要素成分，如单词、短语、句子、段落等，就等于开启了英语阅读的创造性思维。

（2）结构重组：许多事物之间存在异质同构、同质异构等关系。重新组合要素排列的形式，事物就会发生变化。如英语的记叙文有六要素，英语说明文、英语议论文、英文小说各有三要素。阅读英文作品，都可以作些置换要素和结构重组的设想。这样既可以领会英语文章安排结构的匠心，又可以培养英语阅读的创造能力。

(3) 信息交汇：把知识、经验、技术等种种信息从多种角度进行交汇，从而生成大量新信息、新知识的创造原理。例如，英语阅读时学会纵贯古今，从英文作品的背景与相关史实资料，预测事件的发展趋势，这种方法适用于审视英语史实型阅读材料；英语阅读时学会横连八方，可以根据英文作品里人物之间的相互联系，从各个层次与角度进行思考，进而全面客观地认识事情本质，明辨真相，提出新的设想，它适用于考察情节复杂、悬念推理型英语材料；英语阅读时学会逆向求索，能改变正常的英语思维程式，打破思维的定势，遇到问题时从相反的方向思考，从而得出违反常规的新结论，这种方法适用于英语应试型阅读材料。

(4) 学习迁移：指一种学习对另一种学习的影响，如在进行英语阅读时，可以将英语写作或英语改错或英语复述的学习运用上，使两种学习相互作用，互为促进。当然，在选取另一种学习时，也要按照两种学习的学习内容、方式和性质，有针对性地选取。若迁移使两种学习起到相得益彰，互为学习的效果，我们称之为“顺向迁移”或正迁移（又称“助长性迁移”）；若迁移使两种学习相互干扰，我们称之为“负迁移”（又称“抑制性迁移”）。

综上可见，培养英语阅读的感知力旨在读“通”英文作品，培养英语阅读的理解力旨在读“懂”英文作品，培养英语阅读的鉴赏力旨在读“化”英文作品，培养英语阅读的迁移力以求读“活”英文作品，培养英语阅读的创造力旨在读“新”英文作品。英语阅读的感知力和英语阅读的理解能力属于英语阅读的基础层次，英语阅读的鉴赏力和评价能力属于深化层次，而英语阅读的迁移力和创造能力则属于目的层次。这几种能力的系列组合，显示了英语阅读操作技能由低到高，由简到繁的发展过程。

3.3　英语阅读能力的横向贯穿结构

英语阅读能力贯穿到认读、鉴赏、迁移、创造各个英语阅读阶段，同时也渗透在英语阅读选择、思考、想象、记忆、时效的各个要素里。进行英语阅读时，一般会受到读者、英文作品与阅读环境的制约，不论对英文作品语言形式的理解，还是对思想内容的理解，都具有选择性。因此，对英文作品的阅读要凭借各种思维的智力加工，在理解基础上进行阅读记忆，信息储存，进而快速提取阅读的精华。英语阅读时效的高低，主要以理解率为衡量尺度。

3.3.1 英语阅读选择力

英语阅读的选择能力，是读者对文章内容价值的判断与决定取舍的能力。个人的英语阅读选择能力，由以下要素决定。

（1）具有英语知识水准。英语知识掌握得越宽泛、越精准，选择阅读书籍的范围就越广。例如对英语语言学知识的掌握越系统、越深入，对该类读物的整体情形就越明了，对读物内容价值的判断就更加准确、迅速。另外，英语阅读范围宽广、阅读量较大的人，一般说来积累了对此类读物的选择经验，从而具有对此类英语读物迅速粗知的能力。

（2）读者的自审能力。指对自我的阅读兴趣、阅读能力、阅读效果及英语知识结构和近期英语阅读规划有正确认识的能力。简单讲，对英语阅读范畴内的一切，读者须有自知之明。阅读过程中，只有读者对跟英语阅读相关的一切（如阅读兴趣、英文知识水平、阅读能力、阅读环境条件等）有整体的了解，才能有效避免选择阅读的盲目性。

（3）英语阅读目标的清楚程度。读者通过英语阅读获得全部英语知识和技能是最终目标；而在一个时期内所能掌握的英语阅读知识是近期目标。所以，阅读英语书籍的读者应该清楚，最终目标在短时间内很难确定，因为人很难料定自己在英语阅读中达到的具体水平，能确定的是朝着最终目标的方向前进。

3.3.2 英语阅读思考力

所谓英语阅读思考力，指在英语阅读过程中，一个人能够正常地、积极地进行思维活动，积极地发挥思维的状态。列夫·托尔斯泰曾经这样说过："知识，只有当它靠积极的思维得来而不是凭记忆得来的时候，才是真正的知识。”这就是说，有无积极的思考，是决定获取知识的重要条件。英语阅读中，一个人即使把书本上的词句背得烂熟，也不等于掌握了真知，而只有通过积极的思考，把一页页内容好好地消化，并做出思考性的结论，这才是学到实用东西的诀窍。

英语阅读的思考能力作为一种需要发挥极佳状态的思维活动的能力，具有以下基本特征：

（1）全面思考：英语阅读的过程是读者汲取知识、消化知识的过程，只有展开多向性的、多角度的思考，扩大思路，从多方面进行探索，才能通过英语阅读获取更多的相关知识与能力。例如，从纵向角度看英语阅读，读者应该多思考并获取该文章知识的历史状况、现实特点及未来趋向。从横向联系看英语阅读，读者应该去研究与该文章知识边缘交错、互相渗透的相关领域。因此，英语阅读的思考力需要从比较的角度出发，不仅要想到求同，而且要想到求异。

（2）深入探索：指英语阅读的思考须有一定的深度，在深度的开掘中去获取高质量的英语知识。如果在英语阅读中不启动思维机器的运转，读英文书就会变成似懂非懂，或以偏概全，或浅尝辄止，最终陷入困难的境地。伟大的科学家爱因斯坦在谈到才能与读书的关系时认为“我没有什么特别的才能，不过喜欢寻根刨底地追究问题罢了”。所谓“寻根刨底”，就是向知识的深层开掘，所谓“追究”，就是绝不轻易地中断探索，直到了解一切为止。

（3）求新创造：指通过英语阅读，读者创造性地进行思维活动，不断思考去开拓新知识、发展新经验。因此，它是英语思考能力必不可少的重要特征之一。英语阅读的创造性是基于“继承”这一前提，然后推陈出新，通过思考去无穷地探索尚未知道的事物，增加更多的新的科学知识，为社会的发展做出贡献，为子孙后代造福。

3.3.3 英语阅读想象力

想象力是英语阅读过程中的重要能力。一个想象力弱的人，从英文书里获得的感受要少，想象力强的人能把抽象的符号变得形象化，把历史带到眼前，远处的引到身边。爱因斯坦说："想象力比知识更重要，因为知识是有限的，而想象力概括着世界上的一切，推动着进步，并且是知识进化的源泉。"

英语阅读的想象力由以下因素决定：① 生活经历。读者的生活经历是理解英语阅读内容的前提和出发点。个人生活经历的不同也导致了对同一英文材料理解的不同。② 英文背景知识的了解。阅读中，尤其是阅读一些含糊其辞的英语文章时，读者所需要的更多的是相关经历和对英语文章背景知识的了解。只有了解了文化背景，读者才能了解文章深层次的社会文化意义，准确理解和把握作者的意图和思路。③ 视听想象。将视听想象列入，是考虑到大部分英语学习者的实际情况。自然的语言学习过程都是以听说为基础，然后再到读写。在英语阅读过程中，倘若能有效借助个人的视听经验将书面材料形象化，英语阅读就会变得妙趣横生。

因此在阅读英文书籍时，要注意唤起自己的想象力。各类书籍中，都有激发想象的地方，须根据读物的特点，反复地加以揣摩。

3.3.4 英语阅读记忆力

记忆力是知识的仓库。美国著名的心理学家·B. 品菲利德认为，记忆是"复现和辨认所学习或经历过的东西的一种能力"。捷克著名教育家夸英纽斯论曾说："假如我们能记得所曾读到、听到和我们心里所曾欣赏过的一切事物，随时可以应用，那时我们便会显得何等有学问。"可见，记忆能力的学习和工作起十分重要的作用。

(1) 英语阅读记忆力的工作原理

英语阅读理解的过程是读者根据文字材料描写的内容以及自己所具备的英语知识，建立对阅读内容的心理表征的过程。在英语阅读模式中，首先，大脑通过工作记忆对阅读信息进行有选择的处理，不过这个过程处理信息的能量有限，信息保持的时间短，需长时记忆帮忙。长时记忆容纳信息的潜力极大，在读者的长时记忆中，有一本看不见的"词典"，储存着已被掌握的词汇、短语、习惯表达法和语言规则等。读者能够理解书本上看到的词，是因为读者从大脑"词典"中检索到相应的词，从眼睛看到单词到大脑找出对应词义，这个过程需要时间，影响阅读速度。

（2）英语阅读记忆力的提高途径

首先，明确阅读英文作品的目标，从而确立记忆的方向与重点，增强有意识记忆。掌握英文材料的大意，确定“有意注意”的框架。在阅读过程中不要过分注重细节。

其次，增强英语阅读教学的趣味性、多样性，扩大读者自身的知识面，加强输入输出训练，提高语言运用能力。如单词、语法、固定搭配等基础知识的积累和掌握。

再次，改变不良的英语阅读习惯。在针对阅读理解的教学过程中，我们应该提示学生克服大声朗读和“心读”、“唇读”等不好的习惯。平时多做多练，提高文章阅读技巧，快速找出段落大意、找出主题句、找出论据以及抓住文章结构，这样能使学生从整体上把握知识结构，掌握各部分的内在联系，逐步弄清段落大意和中心。这种阅读的基础训练是提高长时工作记忆能力的最佳方式，并且可以提高二语阅读的速度和正确率。

通过提高英语阅读的记忆力可以积累各式各样的知识，从而使获得的才能不断地形成和发展并用以指导实践。如果很好地将记忆力用于英语阅读，效果是非常惊人的。美国麻省理工学院科学家的一份报告说；“假如你始终好学不倦，那么，你脑子里一生储藏的各种知识，将相当于美国国会图书馆藏书的50倍。”据说，该图书馆现藏书一千多万册。这就是说，人脑的记忆容量相当于五亿本书籍的知识总量。而且人的记忆还可以保持70～80年。这说明，人脑的记忆容量几乎是无限的，是有很大潜力的。这就为汲取知识，指导实践提供了有利的条件。

3.4　英语阅读能力的核心“理解”结构

3.4.1　英语阅读理解的构成要素

现代认知心理学认为，能力是在掌握各种类型的知识的基础上并在不断地运用中通过技能训练形成的。学生阅读能力也要借助知识和技能来培养和发展。英语阅读是读者把从材料中感知的英文信息及其认知结构中原有的英语知识结合起来生成意义的过程。

认知教学心理学认为,“跟任何领域中的专长一样,熟练阅读能力也有赖于构成专长的三要素:观念性理解、自动化的基本技能、认知策略。”

结合英语阅读过程,阅读理解的三要素包括:① 观念性理解,是指读者具有应对英语阅读中所涉及的诸如单词、文体、语体、主题等的知识,(即陈述性知识);② 自动化的基本技能,是指读者对单词的解码技能,对句段篇的把握分析技能;③ 认知策略,是指读者自发形成和在阅读实践中形成的英语阅读方法(后两者属于程序性知识)。

因此,英语的阅读理解一方面需要读者在阅读中使用已储存于大脑的陈述性知识,另一方面还要激活已有的程序性知识中的基本技能和认知策略,并且这些知识技能策略在整个英语阅读过程中处于交替出现、互为条件、互为影响的动态之中。

鉴于此,读者阅读英语材料时,需要掌握解决问题的能力,这需要平时通过训练,掌握技能,最终内化为读者的阅读能力。认知心理学发现,问题能否顺利解决与问题解决者所具有的知识密切相关。基于上述理解,认知心理学家将整个英语阅读过程分解为四个过程:解码过程,字面性理解过程,推理性过程和理解监控过程。

3.4.2 英语阅读能力的发展层面

关于英语阅读能力结构的发展层面,现有的理论研究都只是“平面化”的侧重理解能力的层次,一般都认为英语阅读能力的层次是由整体感知能力、理解分析能力、鉴赏评价能力、迁移运用能力四种能力构成,由金字塔的底座慢慢上升,越往上等级越高。而《现代阅读教学论》(韦志成著)中提出阅读能力由10种能力纵横交织构成,其中从纵向来看,阅读过程由浅入深,横向包括各种阅读方法。本书同意这种观点,处于不同阶段的英语语学习者对于外语阅读能力的发展层面是逐步递增的,从横向角度看,不同阶段的学生需要掌握不同层面的阅读技能。我国国内学生在不同层面上英语阅读能力的发展情况如下。

《英语课程标准》对初中学生的英语水平和运用语言的能力提出了较高的要求，并对学生阅读能力的培养制订了更高的标准。如“能根据上下文猜测生词的意思”（四级）；“能找出文章的主题，理解故事的情节，预测故事情节的发展和可能的结局”（五级）；并要求初中毕业的学生要做到“能读懂供7～9年级学习阅读的简单读物和报刊、杂志，克服生词障碍，理解大意”。初中阶段，英语学习者需掌握的阅读技能如下：

（1）能根据上下文和构词法推断、理解生词的含义；

（2）能理解段落中各句子之间的逻辑关系；

（3）能找出文章中的主题，理解故事的情节，预测故事情节的发展和可能的结局；

（4）能读懂常见体裁的阅读材料；

（5）能根据不同的阅读目的运用简单的阅读策略获取信息；

（6）能利用字典等工具书进行学习；

（7）除教材外，课外阅读量应累计达到15万词以上。

新颁布的《英语课程标准》对高中英语阅读技能描述如下：

（1）能从文章中获取主要信息并能摘录要点；

（2）能理解文章主旨、作者意图；

（3）能提取、筛选和重组文章中的信息；

（4）能利用上下文的线索帮助理解；

（5）能理解和欣赏一些浅显的经典英语诗歌；

（6）能理解标志、图表提供的文字信息；

（7）能从网络等文字阅读材料中获取基本信息；

（8）能借助词典阅读包括信件、广告、说明等形式的语言材料，理解意思，并能在整体理解文章的基础上进行推测判断；

（9）不借助工具书，能读懂文学、科技等原版的简易读物及含有少量生词的语言材料；

（10）能阅读通俗的文学原著；

（11）课外阅读量累计不少于30万词。

大学阶段，英语阅读的要求根据学生专业不同和英语水平不同而有差别，总的来说，整个英语阅读的教学是以英语教学大纲为指导，以提高英语语言能力为目标。

（1）非英语专业学生“大学英语阅读”的要求

《大学英语教学大纲》对非英语专业大学生的阅读能力提出了以下基本要求：能顺利阅读语言难度中等的一般性题材的文章，掌握中心大意及说明中心大意的事实和细节，并能进行一定的分析、推理和判断，领会作者的观点和态度，阅读速度达到每分钟 70 词；在阅读篇幅较长、难度略低、生词不超过总词数 3%的材料时，能掌握中心大意，抓住主要事实和有关细节，阅读速度达到每分钟 100 词。

（2）大学英语专业四级的阅读要求

《高等学校英语专业四级考试大纲》对英语四级的阅读具体要求如下：能读懂难度相当于美国 Newsweek 的文学原著，要求在理解的基础上抓住重点，并能运用正确观点评价思想内容，阅读速度为每分钟 120 个单词，理解准确率不低于 70%；能读懂英语国家出版的中等难度的文章和材料，掌握所读材料的主旨大意，了解说明主旨和大意的事实和细节，既能够理解字面意思也能够根据所读材料进行一定的判断和推论，理解个别句子的意义和理解上下文的逻辑关系。

（3）大学英语专业八级的阅读要求

《高等学校英语专业八级考试大纲》对英语八级的阅读具体要求如下：能读懂一般英美报刊杂志上的社论、政治和书评，既能理解其主旨和大意，又能分辨出其中的事实与细节；能读懂一般历史传记及文学作品，既能理解其字面意义又能理解其隐含意义；能分析上述题材的文章的思想观点，通篇布局，语言技巧及修辞手法。

3.5 英语阅读能力的立体开放结构

3.5.1 英语阅读智能——阅读能力的主干结构

英语阅读能力是一个多维的系统。由英语阅读感知力、英语阅读理解力、英语阅读鉴赏力、英语阅读迁移力、英语阅读创造力组成的纵向层级结构，是关于英语阅读操作技能的行为系统，其中以阅读理解力为核心；由英语阅读选择力、英语阅读思考力、英语阅读想象力和英语阅读记忆力组成的横向贯穿结构，是关于英语阅读认知心理的智力系统，其中以阅读思考力为核心。英语阅读的理解力和英语阅读的思考力两个核心并不矛盾，而是表里如一的。纵向的英语阅读行为结构和横向的英语阅读认知结构二者结合起来可以统称之为阅读能力的智能系统，它是整个英语阅读能力的主系结构。

3.5.2 英语阅读知识——阅读能力的基础结构

3.5.2.1 语言要素

所谓语言要素，是指语言知识和有关语言交际的知识，是影响阅读能力的先决条件。具体而言，语言知识包括词汇和语法两方面。词汇是语言的建筑材料，是阅读理解的基石，要提高阅读能力必须扩大词汇量。《大学英语四级考试大纲》明确指出大学阶段要掌握约四千五百个单词和七百多个词组，才可以达到标准，可见充足的“砖瓦”是构建英语阅读大厦的基石。如果文字障碍过多，阅读将无法进行，同时掌握必要的语法知识也是畅通阅读的充分条件。

3.5.2.2 文化知识

文化知识是思维的基本因子，知识面的宽窄是阅读思考时联想是否丰富、思维是否活跃的关键。因此，阅读能力与基本知识的积累有莫大的关系。知识的积累，不仅指语文知识、文化常识、历史常识、哲学常识、生活体验以及音乐、雕塑、美术、建筑等艺术常识，而且还包括文化学、历史学、美学、社会学、教育学、语言学等人文科学和心理学、生命科学、环境科学、信息论、系统论、控制论、现代通信技术研究等自然科学领域里较新的研究概况，还包括边缘学科和科学学科的研究概况。大部分学生急功近利，一心只读教科书，很少过问课外书，对上述各领域涉及的知识，知之甚少或根本不知。阅读知识积累不够导致学生知识面的狭窄，阻碍了他们阅读理解能力的形成。要真正提高阅读能力，必须重视基本知识的积累，不断拓宽知识面。

3.5.2.3　实践知识

不联系人生体验的阅读，只是停留在对阅读材料的字面意思的感知上，获得的是关于文本的笼统的印象和表层的意义。这仅是阅读的初级阶段。

学生学习不仅要用自己的脑子去想，而且要用眼睛看，用耳朵听，用嘴说话，用手操作，即用自己的身体去亲身经历，用自己的心灵去感悟。这不仅是理解知识的需要，更是激发学生生命活力、促进学生成长的需要。基于此，课程标准提出了体验性目标，强调"活动"、"操作"、"实践"、"考察"、"调查"等活动，而且重视学生的直接经验，鼓励学生对教科书的自我解读、自我理解，尊重学生的个人感受和独特见解，引导学生在阅读过程中联系自己的人生体验和生活经验理解阅读材料。读者富有个性的生活体验与生命感悟也是制约阅读能力提高的必要因素。

3.5.3　英语阅读情志——阅读能力的动力结构

英语阅读情志，指英语阅读的意向品质，包括英语阅读范畴内的阅读动机、阅读兴趣、阅读情感、阅读意志，以及由此综合养成的阅读理想、阅读道德、阅读态度、阅读习惯。下面重点阐述英语阅读能力的重要非智力因素，即英语阅读兴趣、英语阅读动机、英语阅读情感、英语阅读意志以及英语阅读习惯。

3.5.3.1　英语阅读兴趣

兴趣是认识和从事各种活动的动力，是推动人们寻求知识和从事活动的心理因素，对一个人的智力发展、兴趣起着至关重要的促进作用。兴趣是引起和保持注意力的重要因素。兴趣往往是阅读的先导，"知之者不如之者，好之者不如乐之者"。对英语阅读有兴趣，就为学生持续阅读英语和提高英语阅读能力提供了内因条件，就能减轻疲劳感，学生就不会感到负担过重，就会愉快地、主动地投入英语阅读，全身心地探索文章表达的思想感情，领悟作者布局谋篇的精妙手法，体味用词造句的独到之处。不可想象，学生对阅读毫无兴趣，仅凭毅力可以完成九年义务教育阶段 400

万字的课外阅读量，纵然完成也只能是事倍功半。

3.5.3.2 英语阅读动机

心理学研究表明，动机是引起和维持个体的活动，并使该活动朝着某一目标进行，以满足个体需要的内部动力。动机具有始动性、导向性、强度和维持性几大特征。英语阅读过程中，学生具有良好的动机，首先便能激发其阅读英语书籍的动力，并使这种动力持久地在英语阅读活动中沿着特定的方向进行下去，使英语阅读收到实效。

3.5.3.3 英语阅读情感

心理学家认为，情感是客观事物符合人的需要而产生的态度体验，它是对客观现实的一种特殊的反映形式，包含道德感、美感和理智感。情感是认知活动的启发、发展和维持的动力，是构成心理素质的重要成分，没有情感就没有智力，由此美国耶鲁大学心理学家彼得·萨洛维于1990年首次提出了“情感智力说”。充分认知自己的情感，控制调节自己的情感，感知他人的情感等，这些恰好是语文阅读能力中的构成要素之一——情感品质。在英语阅读过程中，积极健康的情感是读者思考的催化剂，在这种情感的驱动下，学生能在英语阅读中获得思维的乐趣，打开思维的闸门，使自己的思想在设定的情境中自由翱翔。相反，如果读者在阅读中处于消极的情感状态，思维会被抑制，无法进入阅读状态。

3.5.3.4 英语阅读意志

意志是人自觉地确定目的，并根据目的调节支配自身的行动，克服困难，去实现预定目标的心理过程，是人的主观能动性的突出表现形式。要从事一项意志行动，首先要下决心，其次要树信心，必要时还要有恒心。英语阅读活动是一项繁重的脑力劳动，学生对英语阅读中的每一环节并非都感兴趣，对其中某些问题还需要经过反复的艰苦的思考才能解决。没有必要的意志品质，要完成阅读活动也是不可能的，因为意志是推动学生英语阅读活动顺利完成的强大动力意志，也可以说是毅力，是一种朝着目标坚持不懈的能力。从很大程度上讲，推动世界前进的人并不是那些严格意义上的天才人物，而是那些智力平平而又非常勤奋、埋头苦干的人；不是那些天资卓越、才华四射的天才，而是那些不论在哪一个行业都勤勤恳恳、劳作不息的人。天赋过人的人如果没有毅力和恒心做基础，他只会成为转瞬即逝的火花。许多意志坚强、持之以恒而智力平平甚至稍稍迟钝的人都会超过那些只有天赋而没有毅力的人。正如意大利民谚所云："走得慢但坚持到底的人才是真正走得快的。"

3.5.3.5 英语阅读习惯

习惯是由多次重复而达到带有稳定特点的自动化的思维或行动方式。在英语阅读过程中，培养良好的阅读习惯有利于人们高效地工作学习，有利于提高学习、工作、生活的质量，使人终身受益。反之，消极有害的阅读习惯，则会干扰人们按照有效的方式读书学习、工作，并可能随时给人们带来意想不到的损失。

因此，良好的阅读动机、阅读兴趣、阅读情感、阅读意志和阅读习惯等非智力因素对提高学生的英语阅读的综合素质起着十分重要的作用。总之，英语阅读的过程不单是智力活动的过程，同时也是各种非智力因素积极参与的过程，它们共同在学生的英语阅读中起着积极的作用，忽视其中任何一个因素，学生的英语阅读都可能受到负面影响。

4 英语语言阅读与
英语语言基础知识

4.1 英语语言阅读与英语词汇

“有限的词汇量也是影响阅读效率的一大障碍。词汇量小不仅影响阅读的速度和质量，而且还影响阅读的兴趣和信心。反之，词汇量越大，阅读面越广，视野就越开阔，阅读理解的准确度就越高，阅读兴趣也就越大。”“多读是扩大词汇量的好方法，不仅要读不同体裁的书和文章，而且要多接触不同题材的文章”。(吴长安，2004)

Harmer (2002) 也指出阅读有利于词汇学习。回顾学生时代学习英语的那段时光，我们总是花很多的时间学习和背诵单词。在语言的学习中，词汇的学习是如此重要。正如我们所知道的，词汇是构成一篇阅读材料的最小单位。有人曾经做过这样的比喻：语言就像是由无数的词汇构筑的一幢大楼，或者说它像是由无数的水滴汇成的大海。如果词汇是构筑大楼的一块一块的砖头，那么没有砖头，我们怎么造大楼？同样，大脑中没有词汇，我们怎么进行阅读？

为了培养学生的英语阅读理解能力，我们必须让学生学会积累词汇。而且，学习新的词汇有助于促进语言学习的其他方面，包括语法、阅读、写作、听力和口语。一个具有很大词汇量的人能够较容易、较自如地表达他的所思所想，而且在听力和阅读方面碰到的困难也会相应少一些。因此，词汇的学习在语言的学习中是打基础的工作。反过来说，通过阅读，我们能够逐渐地提高词汇的积累。“扩大词汇量主要是靠课外阅读”。(李玉陈，1985)

当然，有许多的方法可以提高词汇量。每个人可以选择适合自己的方

法。然而我们知道词汇的习得是一个终生认知过程，没有人能够掌握英语或汉语的全部词汇。(戴曼纯，2000)

但是习得足够多的词汇是语言问题的核心。那么如果一个学生想要阅读相当于他的水平的阅读材料，究竟需要掌握多少词汇量？人们通常会说，越多越好。从理论的角度来说，那是对的。但是，事实往往并非如此，现实中我们会碰到很多实际问题，并不是如我们所想得那么容易。

首先，大多数的学习并非很勤奋，在某种程度上可以说有点懒。其次，他们中很多人对于生活没有很大的期望。换句话说，他们没有为了某种目的学好英语而去背诵词汇的强烈动机。最后，背诵单词真的不是件容易的事情。对于大多数中国语言学习者来说，记住 5000 到 6000 的词汇量并不是件轻而易举的事情。因此，为学生制订他们应当掌握的恰当的词汇量是如此的重要。

可以让学生在理解课文的基础上，首先掌握对于他们来说最值得记忆的单词。没有必要让学生去记住那些与他们专业无关，或者是远远高于他们语言层次的词汇。结合课文以及课文对于掌握词汇的需求，结合学生的专业，我们可以选出或者补充一些对于学生来说相当重要的词汇，让他们去记忆将在未来的工作中会使用的词汇。例如对于园艺专业的学生，可以结合专业让他们掌握一些蔬菜、果树、花卉的词汇。园林设计专业的，应该知道园林设计专业一些常用术语的英语表达方式。在记忆单词的过程中，如果我们只是让学生记住单词以及它的中文意思，而没有让学生掌握单词的用法，那么很可能学生在看了一篇生词不多或者根本就没有生词的阅读材料后，仍然不知所云。因此，我们在教授学生单词的时候，最佳的方式是在语境中学习该单词，使学生真正地掌握单词。

同时，每一个单词可能有多种意思和多种用法。但是在特定的语境中，当我们碰到这个单词的时候，可能不知道它的特定意思。从这个角度来说，扩大词汇量的最好办法是大量阅读。在阅读的过程中，有意识或者是无意识地增加词汇量，在阅读中积累经验，增加学生的语感。但是我们应该让学生知道，掌握单词以及掌握单词的用法是一项艰苦的工作，没有坚持不懈的精神是不可能取得成功的。

从以上我们得知，词汇和阅读理解紧密相关。许多阅读有困难的学生往往是没有足够的词汇量，这很可能与他们没有进行大量的阅读有关。而词汇量又是他们达到一定阅读水平所必须。此外在他们进入中等职业技术学校以后，会经常碰到一些与学科、专业有关的词汇，或者是碰到一些复杂的长句子，即使求助于字典，他们可能仍然无法理解句子的意思或者是文章的意思。这些学生需要教师的直接指导，需要进行大量的单词练习，或者是阅读不同的阅读材料。他们读得越多，领悟文章的能力就越强，积累的词汇量就越多，阅读起来就会越来越顺利。如此形成一个良性循环过程。

因此，掌握一些技巧将有助于读者解决阅读理解中词汇带来的障碍。

4.1.1 英语阅读与构词法

心理语言学研究表明，在言语交际过程中，影响英语阅读理解水平的词汇因素主要有三个：一是读者熟练掌握的词汇量的大小；二是读者推测陌生词语含义的能力；三是读者处理特殊词汇难点的能力。词汇量的大小是影响阅读理解水平的关键因素。如果读者词汇量不足就难以独立地阅读英文原著，更谈不上运用阅读技能、理解策略。

4.1.1.1 基本词汇量

Laufer（1991）的对比试验表明，在某项英语阅读理解水平（相当于CET 6 或 PETS 4 级）测试中，熟知 3000 词的被试者的平均得分为 56%，熟知 4000 词的被试者平均得分为 63%，熟知 5000 词的被试者平均得分为 70%，熟知 6000 词的被试者平均得分为 76%。这就是说，在熟知 3000～6000 词的范围内，被试词汇量的大小和阅读理解的平均成绩呈显著的正相关性。被试的熟知词汇量每增加 1000 词，他们的平均成绩提高 7%左右，在一定的范围内，读者熟知词汇量的大小确实同他的英语理解水平呈显著的正相关关系。

根据 Laufer 的研究，在阅读英语原著时，若要熟练地运用在母语中习得的阅读技能的策略，使英语理解水平有较大提高，形成较强的英语阅读能力，英语学习者至少需要熟练掌握 3000 个英语词汇（或 4800 义项）。这就是说，在其他条件不变的情况下，能否熟练掌握 3000 个左右的核心词汇，会对英语阅读理解水平产生显著的影响。Laufer 的对比试验表明，熟知词在 3000 词以下的各组被试者成绩均较差，不但低于 50%，而且各组被试者的得分差距亦不明显。熟知词 3000 词以上的各组被试者成绩均较好，但各组（3000 组、4000 组、5000 组、6000 组）成绩相差不大，并且在词汇量超过 6000 词时，得分差距也在逐渐缩小。

这个数据说明，被试者在熟知 3000 词，能在英语阅读中运用母语中习得的阅读技能后，其他因素（如背景知识、推理能力）逐渐成为制约理解水平的主要瓶颈。但在词汇量低于 3000 词时，词汇量的大小本身则是制约理解水平的主要因素，即不管被试者的智力水平有多高、知识面有多宽，他的英语理解能力都有限，还不如对题材不熟悉或推理能力稍逊但词汇量较大的人。

研究人员在对各类题型、体裁的难度等英语语料进行统计分析后认为，在绝大多数英文读物中，平均有 87%的词汇为最常用的 2000 词，95%的词汇属于最常用的 3000 词，97%的词汇为最常用的 5000 词。这就是说，在一篇 10 万字的普通英文读物中，87000 词是 2000 基本词汇的重复使用，95000 词是 3000 基本词汇的重复使用。如果英语学习者能熟知 3000 基本词汇的话，在任何 1000 字的普通英语读物中只有 50 个生词，平均每句话只有一个生词。如果能熟知 5000 词汇的话，在任何 1000 字的普通读物中只有 20～30 个生词，平均每两句话才遇到一个生词。研究表明，读者只有在能够认知阅读材料中 95%以上的词汇，即平均每 20 个词中遇到一个生词时，才能够运用各种阅读技能（如猜词策略、推理策略等），并基本理解该文章的内容。如果熟知词低于 95%，则生词密度过大，从而使一般读者感到难以理解并丧失继续阅读的兴趣。如果熟知词高于 97%，且读者又具有一定的阅读技能或背景知识，那么，2%～3%的生词基本够不成理解的障碍。

因此，通常只有在熟练掌握至少 3000 词后，学习者才能够自由地阅读各类普通英文原著，独立地解决遇到的一般语言问题，使英语理解和运用的水平突飞猛进。

4.1.1.2 构词法

在现代英语中，词汇的延伸或发展最主要的是依靠构词法。而构词法的定义就是按照语法规则构成新词的方法，同一个词根如果添上或去掉不同的词缀，可以构成一系列不同的派生词。语言是随着人类社会的不断发展而发展的。一些旧词的过时意味着需要人们创造出一些新的词，而新词的产生，也大体上服从一定规则，有其规律可循。语言的这种“弃旧创新”不断完善和发展的过程体现出的就是一种规律——构词法。语言学家把这种专门研究词形变化现象和规则的学问称为词形学，通常又称为构词法。下面就构词法的主要类型做一简介。

(1) 缩略法 (abbreviation 或 shortening)

缩略法并不是创造新词，而是为了使用简洁方便，把原来较长的拼写缩短，形成缩略词。缩略词主要有两种形式，一种是截短词，也叫缩短词 (clipped word)，是对原来完整的词进行加工，缩略其中一部分字母，构成新词。另一种是将词组中主要词的首字母连成一个词，这种词叫首字母缩略词。缩略法是现代英语中的一种主要的构词方法，由这种方法构成的新词有较强的生命力。第二次世界大战后，缩略词的应用遍及社会和生活的各个领域，包括文化、教育、科技、工商业、体育、卫生等方面，在科技领域的报刊杂志上使用尤其广泛。

a. 截短词

截短词的构词方式一般说来有以下四种。

① 截除词尾：截除词尾，保留词首来代表原词，这种方法叫“back clipping”，如：“ad” (advertisement，广告)，“bike” (bicycle，自行车)，“photo” (photograph，照片)，等等；

② 截除词首：有些词如果截除词尾，保留词首，容易引起语意不清，或与其他词混淆，因此截除词首，这种方法叫“front clipping”，如：“chute” (parachute，降落伞)，“dozer” (bulldozer，推土机)，“phone” (telephone，电话)，“copter” (helicopter，直升机)；

③ 截除首尾：这种情况较为少见，如“flu” (influenza，流行性感冒)，“tec” (detective，侦探)，“fridge” (refrigerator，冰箱)，这种缩略方法叫“front and back clipping”；

④ 截除词腰：这种情况更少见，主要是由于有些词音节相当多，而其中又含有读音相同或相似的音节，就有可能截除一个音节，如：“cortsy” (courtesy，礼貌)，“symbology”(symbollogy，象征学)。这种缩略方法叫“syncopation”。

b. 首字母缩略词

首字母缩略词是指利用词的第一个字母组成的缩略词。如：BBC 指“British Broadcasting Corporation”(英国广播公司)，EEC 指“European Economic Community”(欧共体)，VOA 指“Voice of America”(美国之音)，IOC 指“International Olympic Committee”(国际奥委会)，等等。

(2) 拼缀法(blending)

拼缀法是通过把原有的两个单词进行裁减，截取其中的首部或尾部连接成新词的构词方式。以这种方法构成的词叫拼缀词，也叫行囊词(portmanteau)或合成词(telescopic word)。拼缀词其实是复合词的一种缩略形式。这种词最早是英国作家卡罗尔(Lewis Carroll)在《爱丽丝漫游奇境记》、《穿过镜子》等书中发明的，有些词已经收入词典。如“chortle”(“chuckle”抿着嘴暗笑＋“snort”哈哈大笑＝满怀喜悦地哈哈大笑)，“galumph”(“gallop”(马)奔驰＋“triumph”得胜＝得意洋洋地昂首阔步)等。虽然从总数上来说拼缀词并不算太多，但这却是一种很有生命力的构词法。

拼缀词以名词居多，其他词类的拼缀词不多见。

从形态结构来看，拼缀词大致有四种：

① 第一个词的首部＋第二个词的尾部

如：motel(motor＋hotel)，汽车旅馆；smaze(smoke＋haze)，烟霾；chunnel(channel＋tunnel)，海峡隧道。

② 第一个词的原形＋第二个词的首部

如：workfare(work＋welfare)，工作福利；lunarnaut(lunar＋astronaut)，登月宇宙航行员。

③ 删除第一个词的尾部＋第二个词的原形

如：psywarrior(psychological＋warrior)，心理战专家；medichair(medical＋chair)，医疗椅；medicaid(medical＋aid)，(美国的)医疗补助方案。

④ 同时删去第一和第二个词的尾部

如：psywar(psychological＋warfare)，心理战；Amerind

(American+ Indian)，美洲印第安人；comsat (communications + satellite)，通信卫星。

(3) 转化法 (conversion)

转化法就是通过转换原有单词词类的形式从而变成新的单词。虽然通过这样的方法所得到的新单词在形态结构上没有变化，但在功能上有变化。这样的转变过程也被叫作功能转化。通常有转化为名词和转化为动词两大类型。

a. 转化为名词

比如"have a look" (swim，try，wash)，"take a walk" (ride，rest，shower)，这些短语中本来是动词的单词已转化成名词；比如"a white"，"a liberal"，"a native"，"the rich"，"the wounded"这些由不定冠词或定冠词后加一个形容词所组成的、表示一类人或一个人的短语里，原本是形容词的单词已经转化为名词。

b. 转化为动词

比如"to oil the machine"，"to skin the lamb"，"to pump water"，"to nurse the baby"，这些不定式短语中原本是名词的单词已转化为动词；比如"He walked carefully so as not to wet his shoes"，这个句子中原本是形容词的已转化为动词。

(4) 合成法 (composition)

合成法是较常用的构词方法，它是把两个或两个以上的词按照一定的次序排列构成新词的方法。用这种方法构成的词叫复合词 (compound)。复合词是由超过一个以上的词干所组成的词汇单元，它无论在语法功能上还是在语义功能上都是一个单一的单词。复合词在语义方面的一个重要特点是：两个词一旦结合成复合词，它的语义就不仅仅是两个词的语义的简单相加，而是从中引出新的含义。如"greenhouse" (玻璃暖房) 与"a green house" (绿色的房子) 意义就截然不同，前者是复合词，后者是自由词组。

合成法在英语的发展中起着积极的作用，它为现代英语创造了不少的新词。复合词种类繁多。从词性看，主要有复合名词、复合动词、复合形容词、复合代词。

a. 复合名词

复合名词按构词法来分主要有以下几种：

① 形容词＋名词：deadline（最后期限）

② 名词＋名词：handbook（手册）

③ 副词＋名词：aftereffect（后效、副作用）

④ 动名词＋名词：reading lamp（台灯）

⑤ 现在分词＋名词：leading article（社论）

⑥ 动词＋名词：driveway（车道）

⑦ 名词＋动词：toothpick（牙签）

⑧ 动词＋副词：slip-up（疏忽，不幸事故）

⑨ 副词＋动词：downfall（垮台）

这种分类比较复杂，如果按复合名词组成部分之间的句法关系分类，可以在一定程度上克服以上缺点。复合名词组成部分之间的句法关系主要有以下几种：

① 限定关系：如 science-fiction（科幻小说）

② 主谓关系：如 cry-baby（爱哭的孩子）

③ 动宾关系：如 hair-cut（理发）

④ 主宾关系：如 sugar-cane（甘蔗）

⑤ 同位关系：如 girl-friend（女朋友）

b. 复合形容词

复合形容词倾向于用前置定语代替后置定语，这被称为语言结构上的移向前位倾向。我们可以把复合形容词归纳为以下几类：

① 由状语转化而成的复合形容词："round-the-clock discussion"（连续 24 小时的讨论会）；

② 由短语动词转化而成的复合形容词："a back-up generator"（备用发电机），"a stand-up collar"（竖领），"a walk-in closet"（人可以走进去的大壁橱）；

③ 由动词不定式转化而成的复合形容词："take-home pay"（扣除税收后的实得工资），"a keep-fit class"（保健班）；

④ 由带有介词的后置定语转化而成的复合形容词：这种结构的形态标

志是形容词＋名词或名词＋名词，“foreign-policy” discussion（外交政策的讨论），“weather-modification” ideas（改变气候的设想）；

⑤ 由定语从句压缩而成的复合形容词：an easy-to-paint portrait（一幅容易绘制的像），“a not-so-strong football team”（一个实力不太强的足球队），“the still-to-be-made announcement”（有待宣布的声明）。

c. 复合动词

复合动词主要是通过逆成法或转类法而形成的，其构成方法有以下几种：

① 逆成法：如“to mass-produce”（成批生产）来自“mass production”，“ghost-write”（捉刀代笔）来自“ghost-writer”。总的来说，大部分复合动词由-er或-ing结尾的词逆生而成，少数由-ion结尾的词脱胎换骨而成，极少数由-ed或其变体结尾的词转换而来。

② 转类法：这是构成复合动词的另一种途径，它不借助词缀实现词性转换，而是由原来的复合名词直接转化为复合动词。如“to blueprint”（为……绘制蓝图），“to nickname”（给人起绰号）。

③ 类比法：如从“chainsmoke”（一支接一支地吸烟）类推出“chaindrink”（一杯接一杯地喝酒），等等。

（5）派生法（derivation）

派生法是英语词汇最基本、最活跃的构成方式，它主要是通过在词根（word root）上附加词缀来构成新词，所以又叫“词缀法”（affixation）。加于词根前的词缀为前缀（prefix），加于词根后的词缀为后缀（suffix）。

a. 前缀法。前缀法就是添加前缀到某些词干上形成新单词的方法。但前缀通常不会改变原词干的词类，只会修饰它的含义，改变原词干的意思。前缀的作用与副词相似，可以表示方式、态度、程度、时间、地点、否定等概念。

① 表示方式的前缀有：“mis-”（错误地）；“mal-”（不良，恶）；“co-”（共同）等，如：mis-lead（误导），mal-treat（虐待），co-operate（合作），等。

② 表示态度的前缀有：“anti-”（反对）；“counter-”（反对）；“re-”（反对）；“pro-”（赞成，亲）等，如：anti-war（反战的），counter-charge

（反诉），re-act（反作用），pro-American（亲美的）等。

③ 表示程度的前缀有："super-"（超越）；"under-"（低于）；"out-"（过分）等，如：superman（超人），superpower（超级大国），undercharge（少讨价；充电不足），outlive（比…… 经久）。

④ 表示时间的前缀有："pre-"（在……之前）；"post-"（在……之后）；"ex-"（前）；"re-"（再次）等，如：prehistory（史前），postwar（战后），ex-president（前总统），retell（复述）等。

⑤ 表示地点的前缀有："inter-"（在……之间）；"trans-"（跨越）；"over-"（在……之上）；"sub-"（在……之下，在下面的）等，如：intertribal（部落之间的），transplant（移植），trans-Atlantic（穿越大西洋），subscript（下符），overfly（飞越），overhead（在头顶上的，架空的）等。

⑥ 表示否定的前缀有："un-""in-""im-""il-""ir-""non-""dis-"（均表示"无"、"非"、"不"）等，如：uncomfortable（不舒服的），impossible（不可能的），irregular（没有规律的），illegal（非法的），nonsmoker（不吸烟的人），disrespect（不尊重）等。

英语中只有三个前缀决定词类，那就是"en-""a-""be-"。a-：常加于描述性动词前，构成表语性形容词。如 asquish＝aquishing（作咯吱咯吱声），aclutter＝cluttered（乱糟糟地堆着）。"be-"：可以加在名词、形容词前构成形容词，如 benumb（使麻木），belittle（贬低）；也可以加在名词前，使之构成带"-ed"的形容词，常含有轻蔑或玩笑之意，如 bespectacled（戴眼镜的）。"en-"：可以与名词相结合，表示"使处于某种状态、处境"，如 endanger（危及）；也可以与形容词结合构成动词，如 enrich（丰富）。

b. 后缀法。后缀法就是添加后缀到某些词干上形成新单词的方法。后缀法跟前缀法不一样，它们的主要功能是改变原有词干的语法功能，也就改变了原有词干的词类。与前缀相比，后缀具有很强大的语法意义。它不仅改变词的意义，而且使词的词类也发生变化，可以用来构成名词、形容词、动词等多种词类。但后缀的词汇意义相对较弱。后缀有：

① "-er"：由这一词缀构成的新词新语在英语中带有浓重的口语色彩，

如 preschooler（学龄前儿童）；

②“-ee”：加于动词后，表示受事者或施事者，如 detainee（被扣留者）；

③“-eer”：由这个后缀所构成的名词指人时有时含有贬义，如 profiteer（投机商；谋取暴利者）；有时不带贬义，如 weaponeer（武器专家），由它构成的名词还可以用作动词，常与 go 或 stop 连用，如 mountaineer（登山），可以说 go mountaineering（去登山）；

④“-ism”：表示“学说”、“主义”、“行为”、“特征”，如 nuclearism（核武器万能主义）；

⑤“-wise”：表示“方向”、“样子”、“状态”、“在……方面”，如 weatherwise（在气候方面），housingwise（就住房问题来看）；

⑥“-y”：表示“有点……的”“带有……色彩或味道的”等意思，如：She looks actressy（她看上去像个女演员）。

（6）其他构词法

在丰富的英语词汇中，大量词的产生不是从其他语言引进或借入的，而是由英语现有词汇（包括固有词和外来词）派生繁衍而来，它们是英语词汇本身构词能力的产物。这类派生性质的词汇，从古代英语就开始便不断出现，在现代英语中更是大量产生。它们是现代英语新词汇的重要来源。

在现代英语各种构造新词的方式中，除了常见的添接词缀、复合、转类、缩略等之外，还有一些颇有特点的方式，无论从英语词汇学理论的角度，还是从帮助理解、记忆和正确使用英语单词的角度，研究这些构词方式，都是有意义的。

a. 仿造

仿造（analogy），顾名思义，就是使用一个已有的词根，模仿另一个现有的，往往采用同一使用范围、生活环境或学科中的词的形式，来构造新词。这本是个“古已有之刀”的办法。比如常用的“former”这个词，便是在先有了“foremost”这个最高级形式的词之后，再模仿其他比较级形容词而创造的。英国的第一位桂冠诗人德莱顿也曾在 1677 年仿照“criticism”这个词造了一个“witticism”（妙语），现在已牢固生根于英语词汇中。

在现代英语中，仿造词出现在生活的各种领域之中。下面是一些例子：polynomial，〈数〉多项式，〈生〉多词学名（仿 multinomial）；wonderous，惊人的（仿 marvelous）；singlet，背心（仿 doublet）；singleton，独个儿（仿 simpleton）；sip 吸（茶）（仿 sup）；heliport，直升机场（仿 airport）；shinroom，（桌下）放腿处（仿 headroom，legroom）；chemurgy，农业化学（仿 metallurgy）；daymare，白日恶梦（仿 nightmare）；girlcott，从反对歧视妇女的立场出发对……实行抵制（仿 boycott，尽管这个词的本义与 boy 的本义无关）；botel，汽艇游客旅馆（仿 hotel）；calfdozer，小型推土机（仿 bulldozer）；chairperson，（未确定性别的）主席（仿 chairman 和 chairwoman）。

也有复合的仿造词，如：queen-size，较一般为大的（仿 king-size）；green-panther，绿豹党人（要求保护环境的激进分子）（仿 Black Panther）；cold-line，冷线；关系疏远（仿 hotline）；credit-risk，信用卡试用对象（仿 security-risk）；culture-shock，文化环境不适应症（仿 future-shock）。

还有由一个句子构成的仿造词，如：Uncle-Sam-knows-best，山姆大叔说了算（仿 papa-knows-best，老子说了算，这个词又是仿美国一种电视节目名称：popa-knows-best）。

上列这些例词中很多都是这些年来新出现的词汇，说明这种构造新词的方式在当代英语中的活跃性。

一般来说，仿造词的产生往往都是依据相关的联想。否则既不可能想到去摸仿，也不能让读者对新造词迅速接受，达到语言表意的目的。这种语义和语音上关联的可能性在词汇中是大量存在的，仿造构词方式可以说是从已有的规律中派生出来的一种新的造词规律。

b. 逆生

逆生是一种把一个现有的词尾部去掉来构成新词的方法。它和英语的一种传统构词法——缩略构词法的不同在于，从形式上看，新造出来的词似乎是词根，而原来的词倒像是它的派生词。因此这似乎是一种先有派生词，由派生词再回过头去产生词根的现象，因此叫作“逆生”（back-formation）。而其实并不尽然，例如：

lase（*vt*. 放射激光）＜（这个符号读作：由……产生，下同）laser（激光）。我们知道 laser 是一个首字母缩略词，其中的“-er”并非后缀。

laze（*vi*. 懒散）＜lazy（*a*. 懒散的），它的结尾“-y”，不是后来加上去的后缀，而是这个词从中古低地日耳曼语传入英语时就带上的，在现代英语中，它又逆生而构成 laze 一词。

helicopt（*v*. 乘直升飞机旅行）＜helicopter（*n*. 直升飞机）。后者原是希腊语的两个词根 helico“旋转的”，和 pteron“翅膀”拼缀而成的，词尾的“-er”源于“-pteron”的一个音节，不是英语中加上去的表行为者或工具的日耳曼语后缀。

逆生造词现象也是由来已久，比如 chat（*n*. 闲谈＜chatter）这个词便是中古英语时期出现的。再如 wont（*v*. 习惯，惯于＜wonted），skim（*v*. 撇去＜skimmer）也都有数百年的历史。但是，逆生法在现代英语中才开始活跃，值得我们对它加以特别的注意。

一般说，从名词逆生而形成新的动词的情况较多。例如：double-deal＜double dealing（搞两面派），family-plan＜family planning（计划生育），soft-land＜soft landing（软着陆），deep-freeze（快速冷藏）＜Deep Freezer（一种冷藏器的商标名），moonlight＜moonlighter（兼职者），plumb＜plumber（管工），well-wish＜well-wisher（表示良好祝愿的人），emote＜emotion（感情），televise＜television（电视）等。比较少见的是下面这样的逆生词：wish-think（*vt*. 打如意算盘），是由复合词 wishful thinking 两部分同时逆生而成的，也是由名词逆生动词。

不过应该注意，是否逆生，要作词源学的调查研究，要确有实据，不可凭空臆断。也有人会搞错，如有人把 lie（说谎）说成由 liar 逆生而来，这是不正确的。

c. 首音脱落

照这种方式产生的新词数量虽不大，但自成一格，语言学上称之为 Aphaeresis。例如，coon（浣熊）＜raccoon（浣熊），squire（乡绅）＜esquire（乡绅，先生），vantage（优势，利益）＜advantage（优点，有利条件），等等，皆属此类。还有一种稍微复杂一些的情况，比如，'cause＜because，不过还要加一个“'”号表示脱落的音节。这是一种处于过渡阶段的现象。

这类构造新词方式中的一个小类，也能自成一格，语言学上称之为Aphesis，着重指词首非重读短元音的脱落，尤其是“a-［ə］”的脱落，常见的有：

lone（*adj*. 孤独，寂寞）＜alone（*adj*. 只作表语，*adv*. 单独）。

slope（*n*. *vi*. 斜坡，倾斜）＜aslope（*adj*. 只作表语，*adv*. 倾斜）。

mend（*vt*. 修理，改正）＜amend（*vt*. 改正，改过）。

round（*n*. 圆，*vt*. *vi*. 绕行）＜around（*prep*. *adv*. 在……周围）。

也有处于过渡阶段的，如 'fraid＜afraid.

d. 同化

有一些英语新词的形成，是由于受到另外一个英语词在词形和含义上的同化影响。这种同化成词的方式，也可以归为构词方式的一个类型。下面是几个例词：

hellion（*n*. 捣蛋鬼，恶作剧者）原为苏格兰口语词汇 hallion，意为恶棍，受 hell 一词词形的同化和词义的关联影响，而成为现在的样子；foremost（*a*. 最前面的）原为古代英语 forma 一词的最高级形式 formest，后来受到 fore 这个词的同化影响，而写作 formest。

e. 指小词

有些名词往往可以再发展出一个与它同义而指小的名词来，表示“小的……”，“短的……”，“幼的……”，“薄的……”等意义。这样构成的词，词汇学上称之为指小词（diminutives）。指小词一般都是加上某一种后缀构成的，因此也可以称作派生词的一个特殊种类。常见的指小后缀有：-et，-let，-la，-ling，-kin，-ule，-cle，以及直接从法语来的-ette，直接从拉丁语来的-ulus，-ula，-ulum。下面是一些例词：sippet，小面包片（＜sop）；droplet，小滴（＜drop）；islet，小岛（＜isle）；leaflet，小页印刷品（＜leaf）；formula，公式（＜拉丁语 forma＝form）；—codling，小鳕鱼（＜cod）；lordling，小老爷儿（＜lord）；lambkin，小羊（＜lamb）；manikin，小矮人儿（＜man），valvula，〈解〉小瓣膜（＜valve）；couchette，火车卧铺（＜法语 couche，原意“小床铺”）；kitchenette，小厨房（＜kitchen）；scrobiculus，〈解〉小窝（＜拉丁语 scrobis）；particle，粒子，小部分（＜拉丁语 particula）。

f. 数字入词和符号入词

这是在近代英语中新出现的一种构造新词的方式，是值得注意的英语词汇动态。阿拉伯数字本来是一种和文字符号作用相当的表意符号，但在使用中，过去人们惯于把它们用语言文字符号（用字母拼音而成的词汇符号）来表达，即使在文章中用数字写出，也并不认为是词汇的一部分。而现代美国最新出现的一批英语词典（如《韦氏国际三版 6000 条增补本》、《韦氏大学词典第八版》、《韦氏新世界美语词典》、《兰登书屋英语词典》等）中，均已把这些包含数字成分的复合词列为正式词目。科学技术的发展是造成这一现象的重要原因，但是这类词汇并不全都是科技词汇。

至于符号入词，则是早已有之，如省略号“·”，连词符“-”都是符号，但现在又有“/”号入词的现象出现。

下面列举一些这类词汇的例子：

Top 40 *n. adj.* 一时期内最畅销的 40 种唱片

Catch-22 难以超越的障碍（来自美国作家 J. Heller 的一部作品名）

cesium 137　铯 137

uranium 238　铀 238

这类带数字的新词中很多是近代武器的名称，如：

M 16 rifle（一种来福枪）

M 60 machine gun（一种机关枪）

.38（一种手枪，复数为 .38s）

还有一些日常生活用的词汇，如：

No. 909　未决犯

1/0　输入输出两用的

M/D（或 m/d）　存款单

“and/or”这个出现已久的词，在 Fowler 的惯用法词典中被认为是丑陋的，说它只能用于公文之类的文字中。

而在现代美国语言中，已到处通行。还有带两个“/”号的缩略词，如：“i/t/a”（或“ITA＝Initial Teaching Alphabet”）启蒙教学字母（英国人皮特曼创造的一套初学英语字母）。这个词很多词典中都是作为首字母缩略词处理的。这一形式见于《韦氏新世界美语词典》。

g. 人名地名造词

人名本身是一种词汇类型，属专有名词。但作为人名，它们在整个语言词汇中的表意作用是有限的，只能代表一个人。然而当一个人名一旦因某种原因成为（或进入）一个普通名词时，它在人们交际过程中发挥的作用就扩大了。从人名构成普通名词是各种语言都有的现象，英语也不例外。这种构词方式在现代英语中尤为多见。

最常见者为以科学家、发明家的名字来给他们所发明、发现的物品命名。如：Heaviside layer，电离层（用英国物理学家 O. Heaviside〔1850～1925〕的名字命名）；heckelphone，双簧管（用本世纪初创制这种乐器的德国人 Adam Johann Heckel 的名字命名）；bilharzia，血吸虫（用 19 世纪德国医生 T. Bilharz 的名字命名）；poise，泊（粘度单位，用法国物理学家 L. M. Poiseuille〔1799～1860〕的名字命名）；volt，伏特（电压单位，用意大利物理学家 Alessandro Volta〔1745～1827〕的名字命名）。

另一类常见的是政治名词，如 Marxism，Leninism，Mao Zedong Thought，Fourier-ism（傅立叶主义）等。

但是来自人名的英语普通名词还有许多其他情况，由人名可以产生物品名、植物名、家具名、衣饰名等。比如：havelock，军帽上垂于颈后的遮阳布（用英军驻印度司令 Henry Havelock（1795～1857）的名字命名）；Heath Robinson，奇特的玩意儿（用英国画家 Heath Robinson（1872～1944）的名字命名，他曾经画过许多稀奇古怪的东西）；mausoleum，陵墓（用古代卡里亚・皇帝 Mausolus 的名字命名，他的陵墓宏伟高大，号称古代七大奇迹之一）；pompadour，一种高耸的女人发型（用 18 世纪法王路易十五的王后 Marquise de Pompadour 的名字命名）；poinsettia，一品红（用 19 世纪美国外交家 J. R. Poinsett 的名字命名，可能因为他喜欢栽培这种植物）。

用地名造词的情况与用人名造词相似。最常见者为物产名称，但也不限于此。下面介绍一些例词：Pommard，伯良地红酒（法国东部地名）；Sisal，西沙尔麻（墨西哥东南部地名）；Nankeen，一种本色棉布（中国南京）；hamburger steak，汉堡牛排（德国地名）；billingsgate，粗俗的骂人话（最初指从前伦敦 Billingsgate 鱼市上鱼贩子的骂人话）。

当然也可以把用人名、地名构造新词的情况，看作是词义的扩大和词性的转变，而不看作新词的出现。但是，应当看到，很多情况下，这些人名地名已经不是从原有形式或单一形式来表达新义，而是有所变化或是构成一个新复合词的一部分，如我们在人名造词部分中举出的 bilharzia（血吸虫）和地名造词部分中的 hamburger steak。而且，即使保留原人名地名的全部拼写形式，它在新的词性和词义下，已完全起着另一个词的词汇功能，与原词已经是“貌合神离”了。因此我们仍应把这类现象作为新词构成方式来看待。

h. 作品产生新词

作品主要是指文学作品。文学创造典型形象，成功的典型形象所具有的巨大概括力和代表性，往往使人们不自觉地把这些形象的名称普通化，用来称呼社会上与之相类似的其他人或事。于是文学作品便为语言的词汇提供一种来源。这在现代英语中也是常见的。大家都熟悉的如：Micawber，Uncle Tom 等，还有很多。可以再举几个例子，有旧的，也有新的，但都是属于现代英语的范畴：

Laputan *a*. 空想的，荒诞的（来自斯威夫特《格列佛游记》中的飞岛名 Laputa）；

Pollyanna *n*. 乐观主义者（美国作家埃利诺·H·波特〔1868～1920〕一本同名小说中的人物）；

Organization man *n*. 恭顺的公司雇员（美国作家威廉·怀特所著同名小说中的人物）；

Gatsby *n*. 阔佬（美国作家弗朗西斯·斯科特·菲茨杰拉德（1896～1940）的小说 *The Great Gatsby* 中的人物）。

又如，上文中关于数字入词的部分中提到的 catch-22，也是来自文学作品，这是美国的一个时髦新词。

说到文学作品为英语所提供的词汇，不能不提到《圣经》和希腊、罗马、北欧神话，这些在西方文化史上留下深远影响的伟大作品，从英语词汇学的角度看，影响也是巨大的，把现代英语中来源于《圣经》和神话故事的词汇编辑成册，便是一部可观的专用词典。这样的词典在英美何止一部，我们就不再举例了。

以上是八类现代英语构造新词的方式。通过这样的归纳和分析，可以对现代英语词汇中一些新产生的词的面貌有一个概括的了解，既为了便于理解、记忆和使用它们，也为了能知其由来以便从中找到些现代英语词汇将怎样再发展下去的踪迹。上面列述的方式中的某一些，势必会大有发展，尤其是仿造、逆生等现在已有大量发展的迹象。

应该注意到的是，这些各种各样的新词构成方式，往往可能互相搭配或互相交叉出现，从而又出现了一些在更为复杂的构词方式下产生的英语新词，比如，radar 本是个首字母缩略词，又和 light 一词再拼合构成 lidar（激光雷达）；逆生词本来是由一个类似派生的形式缩回去的，而它又可以再重新派生，如 lie-detect（测谎）本由 lie detector（测谎器）逆生而来，却又派生出 lie detectee（测谎对象）和 lie detection（测谎试验）；lase（放射激光）这个词则是先缩略再逆生的。英语构词法形式多样，其内涵还有待专家学者做深一步探讨。

4.1.2 英语阅读与记词法

词汇是构成语言的三大要素之一。英国语言教育家威尔金斯曾说：“没有语法不能传达很多东西，没有词汇就不能传达任何东西。”英语学习者词汇量的大小、词汇运用的熟练程度决定了其英语水平的高低。

学习者在记忆英语词汇的时候采取了一系列增强记忆的策略，如单词表策略、重复策略、规划策略、联想策略、词形分析策略、上下文策略以及活用策略等。其中使用频率最高的是重复策略，其次是联想策略和词形分析策略，最低的是单词表策略、规划策略和活用策略。大多数学习者抱怨英语单词难记，记忆单词效率低下，并且遗忘速度快。记忆有三种：瞬间记忆、短时记忆和长时记忆。短时记忆在整个记忆过程中占主要作用，但其缺点很多，例如记忆的时间短。许多学生常常为记忆单词烦恼，原因正在于没有把短时记忆转化为长时记忆。

英语属于印欧语系，汉语属于汉藏语系。两大语系之间的巨大差异使中国学生很难在汉语中找到与英语相似的地方或对应点，从而轻松实现语言的正迁移。反映到词汇学习中来，则是英语词汇和汉语词汇很难建立确切的一一对应的关系，学习者往往要在大量的语言情景中才能准确把握英语词汇的真正含义。

4.1.2.1 记忆规律与记忆效率

记忆是人的多个器官相互配合共同协作的过程，通过眼、耳、口等对记忆对象进行编码，结合神经系统，最终通过多次复习，将识记对象痕迹存留于大脑皮层的过程。其中包含短时记忆、反复回忆、长时记忆三个过程。机械化的记忆，也就是我们所说的“死记”，只能保持在短时记忆这个阶段，对于长时记忆，则需要更好的记忆方法。著名的艾宾浩斯（Hermann Ebbinghaus）遗忘曲线告诉我们：遗忘的进程不是匀速而是先快后慢的，其总趋势是在开始阶段速度很快，随着时间的延续逐渐慢下来，一段时间以后，对于所剩下的记忆里的内容便几乎不再遗忘了。这就提醒我们，短时记忆之后，最重要的是及时复习。

很多大学生在记忆单词时主要采用传统的记忆方法。这种记忆方法是多器官并用记忆法，即眼口手并用，在读写的同时记忆，其中最基本的一种是拼读记忆法，即从发音开始，边读边记，直到单词的读音与拼写在脑海中形成牢固的对应为止，如 inspire 这个单词，就是按“i—n—s—i—r—e”这个发音规则拼读的；第二种方法是词典记忆法，也就是从 A 开始，按照字母表里字母的顺序挨个死记，这种方法是最机械的，也是最不可取的；第三种是常用词记忆法，即拿着 3000～5000 词的词汇书，一遍又一遍反复记忆，这种记忆方法多见于临考前的学生身上，属于考前突击法，记得快忘得也快。以上方法只是通过反复的重复强行记忆，而如果要科学有效地记忆单词，则必须抓住记忆本身的规律，这样能在很大程度上减轻学生的记忆负担，达到事半功倍的效果，从而提高学习效率。

4.1.2.2 记词法

1. 发音记忆

运用单词的发音规律来记忆单词这一点对初学者尤为重要，不要养成死背字母的习惯，而应学会给单词划分音节，并总结字母及字母组合的发音规则，长此以往学习者便可以做到只要会读单词就会默写。比如下列这些很难记住的单词 generation、liberation、education、organization、 dictionary 等，如果先把音节划分好，然后根据发音读/ʃn/的是 tion 字母组合，又知道字母 a 在开音节中读/ei/，那么上述单词很快就记住了；还有下列单词也都在发音上存在着规律，如：square、squid、marquis、queen 中的 qu 都读/kw/；whistle、castle 中的 stle 都读/sl/；history、factory、directory、victory 中的 tory 都读/tri/；还有某些字母在单词中不发音或发音较为独特，如 knife、knee、knit、knock、know 其中 k 在 n 前就不发音，而 ph 在元音音素前则发/f/，如 phone、photo、physical、phenomenon、photograph、geography；gh 在 eight、night、neighbor、high、sigh 等单词中则不发音。这些字母组合的发音并不都有规律可循，学习者平时在学习过程中要善于归纳和总结。

2. 词缀记忆

一般英语单词是由词根（也叫词干）＋词缀构成的。因此，只要记住词根和词缀的不同意义，然后从词形中辨认出词根和词缀，就能理解整个单词的意义，大大提高记忆效率。例如：在记忆单词 dentist 时，只要知道 den（t 牙齿）是词根，-ist 是后缀（表示人），就能知道 dentist 是牙科医生；记忆单词 sympathy 时，只要知道 path（y 感情）是词根，sym-是前缀（共同），就能知道 sympathy 为同情。英语单词的数量虽然庞大，但构成单词的常用词根大约只有 300 个，常见的前缀和后缀各约有 100 个，两者相加总数并不算多。掌握词根，结合前缀后缀，分析记忆单词，既可了解英语单词构成的奥妙，也可提高记忆单词的效率。当然，也有部分英语单词的意义并不等于词根＋词缀的意义，如 salary（工资），其词根 sal 表示盐，词缀-ary 表示物，原为古罗马士兵所领取的“买盐的钱”，是生活津贴，由此引申为工资。对于这类词，了解了词源背景，也就容易记忆了。

3. 分类记忆

分类记忆法具体可分为主题词划分法、同义词反义词划分法、固定搭配法、构词法划分法以及中心词划分法等。

主题词划分法就是以一个主题词作为依据，罗列出与之相关的词汇进行记忆。如主题词为 university，相关词汇有 instructor（老师），assignment（作业），scholarship（奖学金），semester（学期），extracurricular activity（课外活动）等。

同义词反义词划分法即将意思相近或相反的词整理出来一起记忆。如clear，obvious，evident，distinct，apparent，lucid—ambiguous，vague；sufficient，adequate，plentiful，abundant—deficient，scarce，inadequate 等。

固定搭配法是指将某个能够组成多个搭配的词和它的所有固定搭配一起记忆。如 take after，take to，take for，take in，take out，take up 等。

词性分类可由粗到细，把单词按名词、动词、介词等词类分开。还可进一步细分，如将动词分为及物动词和不及物动词及短语动词。

词义分类即按词义，如可按领域、部门、职务、种类、项目等加以分类。如把学习科目划为一类：Chinese（语文）、English（英语）、math（数学）、science（自然）、music（音乐）、art（美术）、P. E（体育）。也可按交通工具、家庭成员等划分。

4. 联想记忆

从单词的发音角度，可以联想对比其同音词、近音词，如果可能，进一步把它们编成一个小情景，如同音词“to”“too”“two”可组成“Two boys wanted to go to the cinema，too”。近音词 think sink 可组成“I think my paper boat won't sink”。谐音方法记忆单词也是高效有趣的方法，例如 shudder 谐音“吓得”，吓得发抖、战栗。

从单词的拼写角度，学习者可以观察其拼写有无特点。如：madam 前后以“d”对称。学习者可以联想对比其同形词（如 can，能；can，罐头）、形似词（如 quiet，quite，quilt），是派生词的则可以分析其构成，联想其同根词、同缀词等。

从单词的音义角度，学习者可以联想其近义词、反义词、类属词等，并可以用适当的图表表示其相应的关系。

从单词的语法角度，学习者可以联想其词性相同的词、搭配相同的词（如搭配 for 的词：answer for，为……负责；ask for，向……要，索取；call for，要求、需要；fight for，为……而战、争取；leave for，奔赴；look for，寻找；prepare for，为……做准备；send for，派人去请；thank for，因……感谢；wait for，等待；work for，为……工作，努力）、用法相同的词（如后面只接动名词作宾语的动词：finish，enjoy，deny，suggest，advise）等。

5. 语境记忆

脱离语境孤立地记忆单词不仅枯燥，而且效率低下。记忆单词要和大量的听说读写活动相结合，在实际语言情景中去感受它们的意义和魅力。语言具有民族性，一种语言同另一种语言，大体相应的词有很多很多，但意义完全对等的词却几乎没有。就词义来说，英语“pig”与汉语“猪”似乎可以构成一对一的关系，但“pig”还有“铸铁”和“六便士”两层意义。就用法来说，英语“see”和汉语“看”虽然都表示视觉行为，但汉语可以说“看报”，英语却只能说“read a newspaper”，“看电视”只能用“watch TV”。可见，离开具体的语境死记单词是很不科学的。大部分单词都有多个含义，没有必要一次就把所有含义都记下来。而在语言实践里，学习者不但可以巩固已学过的含义和用法，也可以感受单词的新的、有生命力的用法，从而提高自己记忆词汇的质量。

6. 歌诀记忆

把有关单词编成歌诀进行记忆。如：

“白雪小公主。

皮肤很 fair（白皙），有头好 hair（头发）。

踩一把 chair（椅子），开窗通 air（空气）。

摔到了 stair（楼梯上），把椅子 repair（修理）。

修不好 despair（失望），再去买 pair（一双）。”

可以把基数词变序数词编成一段顺口溜。如：

“基变序，有规律，词尾加上 th。

一、二、三特殊记，词尾字母 t、d、d（first，second，third）。

八减 t，九减 e（eighth，ninth），f 来把 ve 替（twelfth）。

单词 ty 作结尾，ty 变成 ti（etwentieth）。

若要碰到几十几（twenty-one），只变个位就可以（twenty-first）。”

7. 强化记忆

心理学家认为遗忘是由于大脑皮层上记忆痕迹得不到强化而逐渐消退的，因此记忆—复习—巩固模式中的后面两个环节是非常必要的。研究表明，每次信息的重复输入，其维持记忆的时间是各不相同的。以记忆单词为例，第一次可能几秒钟，第二次、第三次可能由几分钟到几小时；再重复可能就是几天，甚至几个月、几年。为了强化记忆，以下两种方法是值得尝试的：一种是组块，即围绕一个单词，采用组合的方式记忆，比如动词或形容词与副词以及介词搭配可以构成一些词组，如 put out，guilty of 等；另一种是阅读，阅读在某种意义上是复习的一种有效方式，阅读的时候不仅仅是读文章，也是为了巩固已经记过的单词，同时学习新的词汇。就像学习汉语一样，不断地重复，不停地使用，才能达到加深印象的目的，反复听、反复读，就是对单词的一次又一次回顾和再记忆，这样就能达到保持记忆的效果。

英语单词的记忆方法多种多样，无论使用哪种方法记忆单词，只要符合语言学和记忆原理，加上学生主动学习的热情，以及“反复记忆，尝试回忆”这一主要的记忆心理学理论，对记住的单词尽可能多用，就能产生最佳的记忆效果。但英语单词的记忆不是一朝一夕的，而是一个长期坚持和积累的过程。记忆单词，应用单词是从输入到输出的过程，大学生记忆单词应该本着反复记，经常用的原则，在大量阅读的基础上，根据个人情况，有选择地采用适合自己的记忆方法，或者，在这些基础上，独创性地找出合理的、更为有效的方法。用一句话概括，就是“Persistence and practice produce perfect”，只要掌握一定的记忆方法，不断地探索记忆规律，就能开发记忆潜能，记住大量词汇，从而提高学习词汇和学习英语的能力。

4.1.3 英语阅读与猜词法

阅读理解题对学习者提出了较高的能力要求，主要是考查阅读者通过阅读获取信息、分析信息和处理信息的能力，既要抓住文章的主旨，又要抓住细节；既要理解具体事实，又要理解抽象概念；既要理解文章字面意思，又要挖掘作者意图，揣摩隐藏在字里行间的内涵；既要理解全篇的逻辑关系，又要理解某些细节的意思，并且在读懂句子和文章的基础上，将所读文章进行判断、分析和推理。而阅读过程是一种主动的“猜测—证实”过程，是读者与作者的“间接”交流。在阅读过程中，读者往往凭借其原有的知识和经验来推知作者在文章中所要传达的信息和思想感情。美国语言学家约翰逊就曾称阅读理解为“在已知和未知之间架起桥梁”(Johnson，1978)。而根据认知心理学家的图式理论，人们在理解新事物的时候，需要将事物与已知的概念、知识联系起来，对新事物的理解和记忆取决于头脑中已经存在的图式。如果读者能灵活自如地运用已掌握的知识，积极运用词意猜测技能，便能加快阅读速度，扩大阅读量，迅速培养语感，有效地习得运用语言的能力，同时也能开发外语学习潜能。在阅读过程中，读者不应是被动的意义的吸取者，而应积极地进行假设、推断和猜侧等心理活动来构建意义。因此，猜测是一种具有积极意义的策略。在此项策略中，读者在阅读过程中已不再扮演被动的角色，而开始扮演积极、主动的角色。因此，推测陌生词语含义的能力是影响阅读理解的第二个词汇因素。在阅读英语原著时，读者总会或多或少（1%～3%）地遇到一些陌生词语。这时，熟练运用各种方法技巧，独立地处理所遇到的陌生词语就显得尤其重要。

(1) 解释

作者为了更好地表达思想，在文章中对一些重要的概念、难懂的术语或词汇等，提供针对性较强的信息进行解释。具体说来常有下列几种形式。

a. 通过使用定语从句

例 1： He takes a special interest in botany which concerns study of plants.

例 2： Every automobile has a number of reflectors which enable the driver to see the rear view.

例 1 中“the study of plant”已经把“botany”解释得一清二楚了。例 2 中，从定义可以断定“reflectors”意义为“反光镜”。

b. 通过使用 that is (to say), similarly, namely, in other words, or 等词语引出来，以补充说明。

例：They are vertebrates, that is, animals that have back bones.

从句中的后半部分可以判断“vertebrates”是“脊椎动物”的含义。

c. 通过使用逗号、破折号、冒号和括号等。

例 1： Origami—Japanese paper folding—is a family fun.

例 2：She entered the Pentathlon competition, a test of skill in five events.

例 1 中的“Origami”虽然很陌生，但从后面的“Japanese paper folding”，可以猜出其义为“日本的折纸手工艺”。在例 2 中，从后半句可以猜出“Pentathlon”是五项竞技项目之类的意思，若读者稍有些体育常识，那马上便知这词指“五项全能”。

d. 使用定义

在撰写文章特别是科技文章时，作者常常会使用一些不太常见的专业词汇。为了让普通读者能够明白这些词的含义，作者往往会同时给予它们适当的解释。如：

例 1：Oceangraphy has been defined as the application of all science to the study of the sea.

例 2：Overtime is commonly only defined as work after 6 p. m. on weekdays, and any time on Saturday, Sunday and public holidays.

两个例子中，作者很明确给出了生词的定义，因此读者很容易就知道例 1 中 Oceangraphy 指的是一门关于海洋的学科，例 2 中 overtime 是在休息时间里的工作，那么很容易猜出该词是加班的意思了。

(2) 举例

在一篇文章中，作者为了表达清楚某一抽象词意，往往通过举例把这个词义具体化。举例法是演绎的推理方法，即从一般到特殊的思维过程。读者可根据上下文的具体说明来概括出生词的意思。常用“such as”“e. g.”“for example”“like”引出例子。

例 1：While in China, I was unable to read any of the placards, such as the railway posters, store signs, and billboards.

例 2：Rodents such as mice and rabbits are sometimes used by scientists for testing new things.

通过“such as”，相信读者可以猜出，例 1 中“placards”指“公告”，例 2 中“Rodents”指“啮齿类动物”。例 2 中，即便我们头脑中不具备“啮齿类动物”这一分类概念，只要明白“rodents”指某一类动物就达到了目的。

例 3：Cars must have certain safety devices such as seat belts, headlights and good brakes.

例 4：Henry Fielding, an exceptionally able and efficient magistrate, displayed his versatility in many ways: he was not only a novelist, but also a dramatist, and a political pamphleteer, he managed a theatre and edited four newspapers; he was learned authority on the law.

例 3 中，"such as"后的内容是对"safety devices"的具体化说明，安全带、探头灯和好的刹车都属于安全装置的范畴，那么很容易归纳出"safety devices"是安全装置的意思。

例 4 中，"versatility"是个比较陌生的词，而冒号后面的内容都是对该词的具体说明。文中说他既精于小说、戏剧、散文、政论文的创作，又通晓法律，尤其擅长报纸编辑。由此叙述，读者不难总结出 versatility 是多才多艺的意思。

(3) 重述

在很多情况下，作者为更清楚地表达自己的观点，常常会用不同的方式来多次表达同一个意思，从而对前面出现的某个词义进行补充说明。一般多使用短语或者从句的形式出现，读者可从中找到提示。这种重述有时用于解释（近似定义），有时用于加强语气。

例 1：The comedy was hilarious. The audience laughed loudly all through the show.

例 2：My father is stubborn. Once he has decided, no one can change his mind.

从后面的重述中，可以清楚得知"hilarious"意为"引起狂笑的"，"stubborn"意为"固执的"。

例 3：Experts in kinesics, in their study of body motion, hope to discover new methods of communication.

例 4：The modern age of medicine began with the stethoscope, an instrument for listening to a patients' heartbeat and breathing.

显然，例 3 中"kinesics"后面的介词短语直接指出了它的含义，即研究人体动态的学科。例 4 中，作者用了一个同位语从句解释了什么是

"stethoscope"，即用于听病人心跳和呼吸的一种工具，也就是听诊器。

(4) 利用构词法

在猜字技巧中一项基本的方法就是根据单词自身的形式即词缀来推测单词含义，扫除在阅读中遇到新单词的障碍。英语单词很活跃，很多词可以加前缀和后缀构成一个新的单词。初看认为是生词，但若读者具备一定的构词法知识，就不难猜测出这个单词的大概意思。这要求读者在平时学习过程中，应有意识地积累一些常用的前缀（prefix）、后缀（suffix）和词根（root）方面的知识。如果读者知道这些基本的前缀和后缀的意思，再组合上词根的含义，就能解决大部分的生词困难。比如："super-"（超过），supermarket（超市）；"anti-"（反对的，抗），antifreezing（抗冻的）；"-able"（构成形容词尾），portable（便携的）；"-ness"（名词词尾），darkness（黑暗，名词）等。这也是扩大词汇量的一个重要而有效的手段。

例 1：The writer has finished his autobiography.

例 2：The disappearance of the jewel arose great concern.

例 1 中"autobiography"一词，其前缀"auto-＝self"，词根"bio＝life"，后缀"-graphy＝writing"，因此"autobiography"意为"writing about one's own life"，即"自传"。例 2 中"dis-"是个前缀，含否定意义"not"，动词"appear"意为"出现"，"-ance"是后缀，帮助构成名词。因此"disappearance"词义为"消失"。

利用构词法来猜词，最常用的有词缀法、合成法和转化法。对于词缀法，读者不应只满足于懂得以上这些很常用的前缀和后缀，而应尽可能多地掌握其他词缀，以便在阅读时能融会贯通地使用。如果知道"arch-/ultra-"，(极度)、"super-/hyper-"（过度）等前缀的意思，那么就能轻易猜出下面这些派生词的意思了：an archconservative view（极其保守的观点）、an ultra-nationalistic policy（极端民族主义政策）、superabundant fat（过多的脂肪）、a hypercritical inspector（吹毛求疵的检验员）。如果也认识下列这些后缀，"-itis"（炎症）、"-ridden"（苦于……）、"-monger"（贩子）、"-phobic"（惧怕……的人）等，那么猜出下列单词的意思也并不是难事：incurable televisionitis（无可救药的电视迷）、a debt-ridden father（债台高筑的父亲）、a crazy warmonger（疯狂的战争贩子）、a hopeless school-phobic（无可救药的怕上学的人）。

合成法也是英语构词法的一种，即由两个或两个以上的词合成一个词。不少合成词的整体意义与该词的构成成分的词义密切相联，如果知道各个成分的含义，并结合上下文的具体情况，就可以推测出整个词的意义。如：hotbed（温床）、card-on-the-table-approach（开诚布公的方式）、dead letter（无法投递的信件）、warm-hearted（热心的）、next-to-last（几乎是最后的）。

转化法即一种词类转为另一种词类，而词的原形不变，例如：

Well，one day Fred and I went down to the sheep pasture to salt the sheep.

Salt本是名词，意为“盐”，而在此处转为动词，意为“喂盐”。英语中还有大量的这样的词，如film（*n.* 电影）——（*v.* 拍电影）；black（*n.* 黑色）——the black（*n.* 黑人）；empty（*a.* 空的）——（*v.* 倒空）；wet（*n.* 湿的）——（*v.* 打湿）。

（5）利用句子的内在逻辑关系

运用语言知识分析和判断相关信息之间内在的逻辑关系，然后根据逻辑关系推断生词词义或大致的义域，常用下列几种逻辑关系。

a. 利用句中的因果关系

原因和结果是两个相互依存、彼此相关的概念，某一特定的原因必然产生某一特定的结果，而一定的结果必然源于某一特定的原因。通过这种因果逻辑关系提供的线索，读者可以猜测出生词的词义。

例1： Tom is considered an autocratic administrator because he makes decisions without seeking the opinions of others.

例2： She was so cross at being woken that she refused to give him directions.

例1中，根据原因状语从句的内容，我们可以推断出生词“autocratic”指“独断专行的”。例2中，根据“being woken”和“refused”可以断定“cross”为“生气的”。

例3： His daughter was regarded as a child prodigy，because she，a three-year-old girl，could recite a hundred poems.

例4： Mr. John is so phlegmatic that he never gets excited about anything.

例 3 中“because”引导的从句是表原因的，一个三岁小女孩能背一百首诗，而这并非普遍现象。因此，可判断出前句中的 prodigy 是神童的意思。例 4 中，从“so... that”引出的结果来看，他从来不对任何事情感到兴奋，那么可以直接推断出“phlegmatic”是冷漠的意思。

b. 用句中的对比关系

在上下文中，如果两个事物或现象进行对比，就可以根据一种意思来推断其相反的词义。主要有信号词：but，yet，however，although，in contrast，on the other hand，while，instead，whereas 等。

例 1：Jack is one of the most supercilious men I know. His brother, in contrast, is quite humble and modest.

例 2：Mary likes milk, but her mother abhors it.

通过句中的对比关系，以及例 1 中“in contrast”和例 2 中“but”信号词，不难判断例 1 中“supercilious”为“高傲的”，例 2 中的“abhors”为“憎恨”。

例 3：The major points of your plan are clear to me, but the details are still hazy.

例 4：She is usually prompt for all her class, but today she was late for a certain reason.

例 3 中前半句的意思很简单，是说你的主要观点很明确，而后半句马上以 but 连接，那么可以从此推断出，后面的这句话应该是与前半句相反的，也就是说 hazy 与 clear 是反义词，即“不清楚，模糊的”。假设例 4 句中 prompt 是生词，但通过 but 形成一个对比结构，今天却由于某种原因迟到了，由此，不难猜出，她通常是准时来上课的。

与对比相反的是比较法，是通过对两种事物的对比找出其相同之处，读者可以从中推断出生词的意思。

例 5：Mother was tall, fat and middle aged. The teacher was an older woman, almost as plump as mother, and much shorter.

可以看出，这两句话是把母亲和老师进行了三方面的比较。从身高上，老师比母亲矮很多；从年龄上，老师比母亲大一点；从体型上，前面说母亲是胖的，而后面出现了 as... as，那么可推断出 plump 与上句中的

fat 是相近的意思，即胖的、丰满的。

(6) 利用同义词或近义词

为了避免重复或为了表达同一事物的不同种类，作者经常使用同义词或反义词。

例：Numbers such as 1，2，3，4，10，200，300 are called whole number，or integers.

该句中的"integers"为生词，但可通过文中的"whole number"知其"integers"的意义为"整数"。

(7) 利用常识和生活经验

运用自己直接或间接的生活经验和基本常识去推理分析，从而猜出词意。一般来说，读者的生活经验和知识越丰富，涉及的学科门类越广泛，猜词的准确率就越高。如：

例 1： Everyone has some cholesterol in their blood，but if you have a lot，it can give you heart disease.

该句是说血管"cholesterol"的含量与心脏病有关。具有一般医学常识的人不难猜出"cholesterol"是胆固醇的意思。

例 2： What could John expect? He had left his wet swimming trunks in the dark closed for over a week. Of course they had begun to mildew.

这里的"mildew"对大部分学生来说是个生词。但从上下文中，我们得知 John 将湿漉漉的游泳裤扔在暗厨里已经一周了。根据常识，我们可以推断出"mildew"是"发霉、变质"的意思。

例 3： In the US people often get married in big house，a garden，a park，a hotel or in a wedding chapel.

例 4： The door was so low that hit my head on the lintel.

根据语境可判断出例 1 的"chapel"为"教堂"。根据常识，例 2 中 lintel 是"门楣、过梁"的意思。

英语词汇是阅读的第一关，在熟练掌握基本词汇量之后，读者应该按照一定的科学规律尽力扩大阅读词汇量。在阅读过程中，遇到生词时运用已有的知识进行猜词，可以合理有效地解决大部分词汇难题，为顺利阅读开启一扇大门。

(8) 综合法

猜词的方法主要是借助词汇本身的变化规律、利用语篇内部所提供的信息进行推理、借助语篇之外的相关知识进行分析判断。在阅读时，该使用什么策略，也要根据具体的语境来确定。其实在实际的阅读中，这些方法并非是孤立使用的。更多情况下，是要同时使用，互为补充的。

例 1：You have probably seen ultra-violent "black light" and X-rays and experienced other special kind of sight through a microscope, for example—that let you see things that are present but invisible unless you know how to look for them.

假设"invisible"为生词。首先，从"-ble"可判断其为形容词。再次，从前缀"in-"可知否定的含义。"vis-"指的是"sight"（源于拉丁语），且从上下文中，和看及光线有联系，而"microscope"给我们更多的暗示。最后综合这几项，我们不难猜出该生词的意思为"不可见的"。

4.2 英语阅读与英语句子

词汇理解是阅读理解的前提，句子理解是阅读理解的基础。语篇一般都由许多不同的句子、语段组合而成。英语句子的理解不同于词汇理解，也有别于篇章语段的理解。句子的整体意义不是句子中各个单词意义的简单相加，而是在句内词语意义的基础上又增添了新的结构意义。因此，在语法的基础上进行正确的句法分析，探究句子的字面意义和真实意义对于阅读理解至关重要。

英语和汉语作为语言是相通的，但同时又存在着巨大的差异。英汉两种语言的生成和发展都有悠久的历史，它们受到各种因素，包括民族、习俗、审美、地缘、宗教、文化等的影响，从而形成现代语言的各自表达方式和习惯。

英语重形，多用形合法（hypotaxis），主要是借助连词、关系代词等词汇为纽带来构筑句子。英语的主从句犹如一株葡萄藤，"主藤"就是句子的主干，即为含有主谓结构的主句，而延伸出来的"支藤"就是从句，至于那些句子的其他各种修饰成分，就如串生的"葡萄串"。

英语常用关系词；惯用介词表示动作；没有固定时序，即英语造句时常打破时间顺序；名词、代词用得多；主语出现多，等等。

汉语重意，多用意合法（parataxis）。中国人的思维过程往往是先考虑事物的环境和外围因素，再考虑具体事物和中心事件，因此汉语的复杂句形如一根竹子，节节攀升，走向清楚，主次易辨。汉语句子的语序一般都以思维程序展开的，凭借隐含的逻辑来构建和统一句子的各个部分，即按照思维程序或逻辑关系，以及事发的先后、时间的先后等顺序来排列组合。所以汉语的复合句结构往往是先原因后结果，先条件后结果，先目的后行为，先让步后转折，把句子的内容在说明部分逐一开展，状若竹节，形似水波，以“意合”而成句。汉语句子大都采用短句，就像一节一节的竹节，故称之为“竹节式”句子。

虽然英汉语之间存在着种种差异，但是阅读者只要掌握了足够的词汇，在阅读中能够运用正确的语法知识，句子的理解就变得容易很多。但是在分析句子时，还要把握句子的语境。

根据段蕙芬等（2000）所作的阅读能力结构分析，可以看出句子理解的重要性。其句型的辨认能力、句子意义的理解能力、句法以及句子在语境中的理解都是构成阅读能力的重要因素。根据包佩佩等（2004）的实验结果可以看出，大二年级的学生在句内逻辑、句际关系和语篇逻辑的答题正确率虽有一定幅度的上升，但由于大一学生在这方面基础较弱，大二学生的综合判断理解能力仍然徘徊在较低的层面上，学生的综合概括能力还不强，不能很好地把握句子之间的逻辑关系，有时抓不住文章的中心思想；在对句子外部解码和语篇表层的答题正确率方面，增长也十分有限，仍停留在原有的水平上。这说明学生还应从句子层面下大功夫，以期在此方面有较大的进步。因此，在阅读实践中，具体应从句法理论、短句的辨析、长难句的理解等方面来提高读者的阅读能力。本节将从三种语法理论、短句的理解、长难句的理解与翻译等方面进行较为详细的论述。

4.2.1 三种语法理论

英语语法研究有漫长的历史，对语言组织规律的理论解释也是五花八门，层出不穷。总体来看，英语语法理论可以分为三类：一是规定性语法(prescriptive grammar)；二是描述性语法（descriptive grammar)；三是解释性语法（explanatory grammar)。

规定性语法关注的是人们应该、不应该如何组织使用英语。它的衡量标准原来主要是伦敦地区的上层社会（贵族）所使用的标准英语(standard English)。早在1762年，英国学者就编写了一本英语语法书，指出像“I don't have none.”“You was wrong about that.”这样的句子都不是规范的好句子，我们应该说“I don't have any. You were wrong”。尽管此前人们可以随意使用两种用法，但许多人为使自己显得谈吐优雅，受过良好教育，便开始努力学习和使用这种语言运用的“规则”，即语法。

毋庸置疑，对规定性语法的熟练掌握，有助于提高语言运用的准确性和规范性，这在正式的书面交际（写作）中显得尤为重要。但在口语交际中，尤其在非正式的场合，却不一定要严格遵守这种人为的规则，因为许多人认为条条大路通罗马，标准规范的用法有利于言语交际的顺畅进行，但不够标准规范的用法，只要能表达清楚自己的意思，能够实现自己的交际意图，那么同样也是可以接受的。

描述性语法强调客观地描述人们究竟如何使用语言。在每个熟练使用英语的人的头脑中，都有自己的语言组织规则，而且大部分人使用的规则基本一致。描述性语法的目标是客观地观察、记录人们的语言使用情况，并找出其中的规律。它并不会规定应该或不应该如何使用，而只是告诉读者人们是否会这样用，在什么场合中这样用。

比如，在下列两对句子中，描述性语法不会直接说哪个句子对，哪个句子不对。它通常会说这两种用法都可以接受，但前者显得较随便，后者显得更正式。

He was fatter than me. //He was fatter than I.

I wish I was dead. //I wish I were dead.

熟悉语言在不同场合中的使用频率和运用规则，有助于提高语言运用的适切性（appropriateness)，也有助于提高具体言语的鉴赏能力。在正式场合使用非正式的句子，在非正式场合使用很正式的句子，都有违语言使用的常规，要么显得不够得体，要么说明别有用意。

解释性语法不仅解释句子为什么会这样用或那样用，而是着重阐释千变万化的英语句子到底是怎么产生的，这非常有利于理解把握句子的深层意义。比如：

Flying plane can be dangerous.

He claimed yesterday he saw an UFO.

第一句是指"Plane in the sky is dangerous"，还是指"Travel by plane is dangerous"呢？第二句是指"He claimed yesterday"还是指"He saw yesterday"呢？这两个问题仅靠规定性语法或描述性语法就无法解释清楚，因为两种意义潜势就确实存在。"Flying plane"是个表层短语，可以由"a plane that is flying"和"to fly in a plane"两个深层结构转换而来，"yesterday"既可能是主句中的修饰语，也可能是宾语从句中的修饰语。

转换生成语法的灵魂是"有限的规则无限的运用"（infinite use of finite rules）。这种语法把句子的组织规律分为转换规则和生成规则两大类，并认为英语句子的基本句型只有一个，即核心句（kernel sentence），其他所有的句子都是由这个核心句通过重组、省略、添加、替换、嵌入等手段转换而来的转换句（transforms）。

核心句是最基本的英语句式。它类似于传统语法中的简单句，只有一个主谓结构，如"one man's meat is another man's poison"。由于英语动词的用法不同，核心句主要有七种具体变化，即 SV，SVO，SVA，SVC，SVOO，SVOC，SVOA 七种基本英语句型。

核心句的直接构成成分是短语（phrase），而不是单词（word），尽管有的短语只由一个单词组成。核心句的生成规则，一般称为"短语规则"（phrase-structure rules）。按照中心词的不同，构成核心句的短语可分为五种，即名词短语（NP）、动词短语（VP）、形容词短语（AjP）、副词短语（AdP）和介词短语（PP）。这五种短语可以在核心句中作主语（S）、谓语（V）、宾语（O）、补语（C）或状语（A）。

核心句的切分是英语句法分析的基础，它可以使我们准确把握句子内在的结构关系。但是，在实际阅读中遇到的句子，只有少数是这种简单的核心句，更多的句子是由核心句转换而来的复杂句式。

那么，变化万千的英语句子是如何由核心句转换而来的呢？据分析，英语句子主要有重组（rearranging）、并列（coordinating）、从属（subordinating）、替换（substituting）、省略（deleting）五种结构转换手段。重组是句子结构转换的基本手段，属平行转换。并列和从属是扩展句子结构的两种手段，替换和省略则是简化句子结构的手段。

总体来看，英语的核心句有相对固定的语序（word order），其特征是主语在前、谓语在后，即"Sentence＝(A)＋S＋V＋(O)＋(C)＋(A)"。

在正常英语语序中，状语的位置比较灵活，可以放在句末、句首或句中，其他句子成分的位置都相对固定。如果采用重组的手段，对这种正常语序进行局部调整，就会产生各种各样的句式。对词序的重组，可以达到三个语用目的：一是实现不同的交际功能；二是达到强调的修辞效果；三是便于前后句的衔接。

英语核心句的七种基本结构都是陈述句、肯定句和主动句。为了实现不同的交际意图，将正常词序做适当调整，并加上标识结构的助词、操作词等结构标志词（structural markers），就可以转换成疑问句、被动句、祈使句或感叹句。

使用重组手段，对句子的正常词序进行调整，也可以达到强调的目的。调整词序的方法主要有四种：一是用存在句，通过形式主语"there"的使用，使"实际主语"处于句末信息焦点的位置上，以便传递新信息，引出新话题；二是用分裂句（或曰强调句），通过引导词 it 或 what 型主语从句的使用，来强调主语、谓语、宾语、状语等特定的句子成分；三是用后置法（postponement），将需要强调的某个句子成分，从正常语序中的非句末位置移至句末信息焦点（有时这要借助先行词"it"来实现）；四是用前置法（fronting），将在正常词序中出现较晚的成分移至句首显著位置，引起词序的倒装或局部倒装。

4.2.2 理解句子的重心与核心

要理解篇章的主旨要义，首先要理解语段的主题与主旨；要理解语段的主题与主旨，首先要理解句子的重心与核心；要理解句子的重心与核心，必须首先要理解句子内在的信息结构与信息组织方式。

4.2.2.1 已知信息与未知信息

言语符号是用来传递信息的，句子则是信息传递的基本单位（basic information unit）。句子传递的信息通常由"已知信息+未知信息"两部分组成。已知信息（given information），又称"旧信息"（old information），是作者认为或假定读者通过上下文语境、具体情境或有关知识已经了解的信息。未知信息（unknown information），又称"新信息"（new information），是指作者认为或假定读者还没有充分了解和掌握的信息。

已知信息是句子传递信息的出发点，多出现于句首（initial position）。它一般由句子主语表示，也可以由出现在句首的非连接性成分表示。未知信息是句子信息传递的重点，是作者想要告诉读者的新信息。未知信息多出现于句末（finial position），它一般由句子的谓语部分表示，也可以由谓语中处于句末的部分或整个从句表示。

在口语交际中，未知的新信息往往由重读成分来表示，不必刻意调整句子的语序；在书面语交际中，由于没有语音语调的参与，未知新信息一般只能通过处于句末或句首这两个重要的位置来表示。例如，下面句子中的斜体成分往往都比较重要。

It will be *some time* before the road is repaired.（强调句）

I can do no more than pay them an *occasional visit*.

4.2.2.2 句末焦点与句末重心（End Focus and End Weight）

英语句子内的信息排列有两个重要原则：一个是句末焦点（end focus），一个是句末重心（end weight）。句末焦点是指句子内的新信息或其中最重要的部分往往出现在句子的尾部；句末重心是指句子内的字数较多、结构较复杂的成分通常出现在句子的尾部（句末）。

作者在组织句子结构、安排句内词语序列时，一般会综合考虑这两个因素，既要保持句子的匀称，又要突出重要的成分。比如：

The will benefited *an uncle*, *three cousins*, *and two brothers*.

An uncle, three cousins, and two brothers benefited from *the will*.

在这组句子中，第一句是将字数较多、结构较复杂的短语放在句末，这是为了保持句子的平衡与匀称，好的英语句子的一个审美标准是"头小尾大”，带有长长的孔雀尾。第二句则通过句式的转换，将较长的短语调至句首，这违反了句末重心的原则，句子也不均衡，有点头重脚轻，但这表明作者是为了强调较短的成分，才把它们放在句末的信息焦点上。

句末重心和句末焦点在多数情况下都是互相协调的，两者互相矛盾的情况并不多见，因为句子中较长的成分往往包含着较多的信息，不但是句子的结构重心，而且也是句子的信息焦点。

由于句末焦点和句末重心的影响，句子内最重要的位置一般是句末，其次是句首，句中的位置最不显眼。句末位置是句内信息焦点和结构重心的重合区，句首则是句子传递信息的起点，决定着整个句子信息的定位和走向。

在写作时，为了衔接前后句、强调重要成分或保持句子的平衡，作者往往会采用后置、前置或倒装的手段，将起衔接作用的成分、重要的成分或结构复杂的成分，从原来的正常位置移至句首或句末的位置，而将次要的或者不重要的句子成分放在句中的位置。

At no time during his speech did the politician mention that he had advocated the opposite policy two years before.

Throwing the hammer here is Champion William Anderson, who, when he's not winning prizes, is a hard working shepherd in the Highlands of Scotland.

4.2.2.3 主要信息与次要信息（Main and Secondary Information）

句子所传递的信息不但可分为已知信息和未知信息，还可以按重要程度分为主要信息（main information）和次要信息（secondary information)，主要信息是句子的核心部分，只有一个核心结构（并列句除外)，其余部分都是围绕这个核心展开并对这个核心进行修饰的次要信息。

句子的核心一般是解释说明“what/who is it about（主语）”和“what is it doing（谓语）”，综合起来就是“what/who does what”。句子的核心通常由句子的主语和谓语主干部分来表示。例如：

That computer sends me bills.

Every month that blasted computer at the telephone company sends me outrageous bills for telephone calls I never made.

这两个句子的主要信息是一致的，只不过第一句提供了更多的关于“computer”和“bill”的信息。两句话的基本意思是指“计算机给某人送来付账单”，抓住这一点就抓住了理解整句话的关键。再如：

A girl rushed away into the trees.

A tall and beautiful girl in a white dress rushed away into the trees just beyond the gate to Stevens Park.

这句话说的是“a girl”，她所做的是“rushed away into the trees”；句子的其他内容都是关于她的衣着长相、在哪里跑、跑到哪里去的具体细节。它们描述了一幅更清晰的图画，但这句话的主要信息只是“a girl rushed away into the trees”而已。

为了迅速把握句子的核心：第一，要快速确定句子信息的出发点，即 who/what is it about；第二，要快速确定句子信息的走向，即 who/what does what，到底发生了什么事；第三，要弄清从不同角度修饰、限定主要信息的各种次要信息，次要信息在句子中回答的一般都是关于 when, where, why, what kind of and how 等方面的问题。例如：

Because of new laws (*why*), most foreign (*what kind*) automobiles in the United States (*where*) now (*when*) offer safety features at no extra charge (*how*).

The old discount (*what kind*) supermarket at the Faded Gold Shopping Center (*where*) has been clean from top to bottom (*how*) for a week because the Health Department threatened to close the store (*why*).

第一句的起点是“automobiles”，其核心是“automobiles offer safety features”，其余成分分别回答 when/where/how/why/what kind of automobiles offer safety features 的细节信息。在第二句中，“supermarket”是讨论的起点，那么“supermarket”怎么样了呢？“It has been clean”，这句话的中心是“the supermarket has been clean”。抓住了它，就把握了句子的主干，句子其余的成分都是进一步解释说明 when/where/how/why/what kind of supermarket has been clean 的细节内容。

4.2.3 英语阅读中的短句理解

英语阅读理解的篇章基本都是由长短句子组成。有时，英语短句的理解也常常给阅读者带来困扰，因为仅仅理解字面意义在很多时候是远远不够的。不同语境下，同一句子的意义也会有天壤之别。这就要求学习者要分清句子的字面意义和语境意义。

4.2.3.1 理解句子的字面意义

理解句子的字面意义需要具备两方面知识：足够的词汇量以及娴熟的句法分析能力。英语句子一般都是由主语和谓语两部分组成。主语一般是已知的旧信息，谓语一般是未知的新信息。句子的其他成分则是从不同的角度修饰补充主语和谓语。句子的字面意义往往比较容易理解。例如，当看到下面这句话时，读者马上就能明白其意义。

Come here, John, help Mary pull her leg off the mud!

然而，同样的短语，在不同的句子中，意义可能大相径庭。

You don't suppose, do you, that our friends here are in earnest. They have just been pulling our legs very wittily. (B. Shaw: *Back to Methuselah*)

这时，我们就需要仔细分析，pull one's leg 在这里不是指“拉某人的腿”，而是指“捉弄某人，开玩笑”的意思。原句意思为“你难道以为我们这些朋友是当真的？他们不过是跟我们开个非常俏皮的玩笑罢了”。这就要求读者在分析句子时，不能局限于句子的字面意义，还要仔细分析句子在不同的语境下，可以变化出来的不同含义。

4.2.3.2 理解句子的真实语境意义

句子的真实意义在大多数情况下与它的字面意义基本一致，但也有许多句子的真实意义随语境的变化而变化，其原因主要是词语的意义本身就比较模糊，离开具体语境无法正确理解。例如：

The hungry bitch stared at the pretty boy.

在这句中“bitch”是指“母狼”、“母狗”还是“毒妇”？要正确理解这个句子，只有将它放入具体语境，才能准确理解。又如：

See-sawing between partly good and faintly ominous, the news for the next four weeks was never distinct.

此句中，很明显将“see-sawing”翻译成“跷跷板”是行不通的，而这个词用在这里，肯定又有其他含义在里面，所以在理解时，用其引申义更为合适。即：在那以后的四个星期内，消息时而部分有所好转，时而又有点不妙，两种情况不断地交替出现，一直没有明朗化。

4.2.3.3 理解句子的联想意义

根据英国语言学家利奇（1981）分析，在特定语境中运用时，具体句子所能产生的联想意义可以大体分为五种，即含蓄的喻义（connotative meaning）、社会意义（social meaning）、感情意义（affective meaning）、折射意义（reflected meaning）和搭配意义（collocative meaning）。句子特有的这些联想意义会使文章增色许多，但同时也会给阅读者带来一定的障碍。例如：

I came. I saw. I conquered.

这是凯撒大帝征服欧洲时的名言。超短句的运用显得铿锵有力、一气呵成。而句子“When I came, I first saw and then conquered.”则结构轻缓、霸气不足。再如：

His speech lacks fire.

“fire”在这里并不是运用了它的本意“火”，而是“激情”。这让人联想到激情四射的演讲，而非熊熊大火。

这样的例子虽然简单，但却告诫阅读者在阅读文章时，面对短句，不要拘泥于字面意义，其不同语境中的真实含义更需要深究才能真正做好阅读。

4.2.4 英语阅读中的长句理解

英汉两种语言在句子表达上存在着差异，这些表达差异表现在：第一，英语在一个句子里往往是先说个人感受，再说产生个人感受的原因，而汉语则相反，往往按照事情发生的顺序来叙述，最后才说个人的感受。第二，英语往往先讲结果后讲原因，而汉语则先说原因，后说结果。这也就是说，英、汉句子的伦理逻辑与叙述彼此不同。

很显然，在对英语或汉语的长句理解和翻译时，不但要注意其语法结构，也要注意其不同的逻辑思维、表达方式。

英汉两种语言在句子结构上也是存在差异的，比如英语的句子有三个特点：其一修饰语多，导致句子的外观复杂；其二联合成分多，导致句子包含许多并列成分；其三句子结构复杂，导致句子盘根错节，结构层次多。由于这些原因，英语的长句让人眼花缭乱，无从下手。英语长句虽然结构复杂，但是描述细致，逻辑严谨。汉语句子的结构弹性大，但简短轻快，先后有序，眉目清楚，节奏感强。

英语句子重形，多用形合法，因此英语句子结构便有两种现象：其一，它的定语除单词之外多数置于被修饰词之后，其状语一般也置于主谓语之后；其二，英语句子往往重量后置，即较长的词语或累赘的成分均置于句末，有时还会用形式主语来避免句子的头重脚轻现象。

因此，在阅读时，首先要透彻理解原文，抓住原文句子的中心思想，上下文联系，弄清主次，然后按照英、汉语两种语言的时间顺序或逻辑顺序，重新加以组合。这样，就不会拘泥于原文的语言形式，使理解和译文通顺达意。

4.2.4.1 长难句的特点

英语长难句多是由下列“五多”造成的。① 短语多。句中介词短语或形容词短语、不定式短语、动名词短语、分词短语较多，有时短语中某个词又被另外的短语修饰，形成短语套短语的多级结构。② 并列成分多。增加并列主语、并列谓语、并列宾语、并列定语、并列状语，这些并列成分如主语、宾语中一个名词有时也会被修饰性词语或从句说明，更使句子加长变难。③ 附加成分多。句中有插入语、同位语或独立成分，再加上别的成分，因而标点符号，特别是逗号增多，一句中四五个、六七个逗号是常有的情况。④ 并列句多。增加并列句也是句子扩展的一种方式，有时扩展成数个并列分句组成一个长句。⑤ 从句多。增加从句是句子扩展的重要手段，有时扩展若干个从句，组成一个长句，甚至并列句与主从句交错在一起形成从句套从句，构成多级从句。

4.2.4.2 长难句的理解与分析

很多英语学习者（其中包括许多在校大学生）学了多年的英语后，简单地认为词汇的障碍是理解长难句的主要障碍，这种观点是片面的。教学实践发现，很多学生即使有一本字典的帮助也很难理解英语的长难句，这就不难看出对英语长难句的理解还有更大的障碍，对于复杂的长难句的理解与翻译是阅读英语文章的显著特点之一，也是其难点所在。因此具备较好的剖析复杂长难句的能力，对于英语文章的理解至关重要。

4.2.5 词性与功能

英语初学者比较注重句子的背诵，但是忽略了词性与其功能的对应，这就给后来高级别英语的学习留下了祸根。原因很简单，就是很多人认为只要认识词，就没有翻译不了的句子，这也是为什么在现在的各级考试中改错题成为难题，学生普遍作文能力低的一个重要原因。只有弄清楚复杂长句的基本框架，即主、谓、宾、定、状等各成分及其发展与走向，再采用“各个击破”的办法，找出各层次的意思，并了解各层次之间的逻辑关系，这样全句的中心思想就比较好理解了。现以一个例句加以说明：

One of the peculiarities of the Eastern bazaar is that shopkeepers dealing in the same kind of goods do not scatter themselves over the bazaar, to avoid competition, but collect in the same area, so that purchasers can know where to find them, and so that they can form a closely knit against injustice or persecution.

在这个句子中，that 引导的表语从句后 dealing 是现在分词充当的后置定语，修饰“shopkeepers”。“Over the bazaar”则是介词短语充当的宾语补足语。而“to avoid competition”这个带“to”的不定式充当的则是目的状语。“Where to find them”这个疑问副词加上不定式充当的则是宾语。这些词以及短语在长难句中发挥的功能对句子主干的判断、句子的理解和翻译起着重要的作用。而这些词及短语在简单句子中的应用非常常见。通过以上例句的分析，可以看出只有弄清楚复杂长句的基本框架，即主语、谓语、宾语、定语、状语、补语等各成分及其发展与走向，找出各层次的意思，并了解各层次之间的逻辑关系，对全局的中心思想有较全面的了解，然后根据一定的技巧和汉语的表达习惯就可译出令人满意的译文。而具体到长句的翻译过程中，如能掌握一定的技巧，多加积累，多加练习，就能在长难句的翻译中游刃有余了。

4.2.6 句子的结构分析

由于英汉两种语言的特性和表达习惯不同，所以，试图用一个繁复相当的汉语句子照译原句，显然是不现实的。为使译文明白易懂，避免累赘晦涩，就必须改变原句结构，调整语序，将长句切割成短句，这是处理长难句常用的基本方法。长句切短的方法很多，可以从以下方面进行切割。① 在关系代词处切断，② 在关系副词处切断，③ 在副词处切断，④ 在动词处切断，⑤ 在名词处切断。这些都是行之有效的方法。但是在具体处理每一个长难句时，还必须慎重考虑依据什么原则，采取什么方法切割更恰当、更准确。

4.2.6.1 句际之间的分析

一个英语的长难句子之所以复杂是因为它包含了多个分句。在复合句中名词性从句包括主语从句、宾语从句、表语从句和同位语从句。定语从句又有限制性和非限制性之分。状语从句又包括时间、地点、条件、原因、目的、结果方式、比较、让步九种之多。这些复合句中的任何几个夹杂在一起都可以构成一个英语长难句。所以找清句际之间的连接，判断出是什么复合句非常重要。而这就要学习者对英语中的从属连词掌握得非常清楚。各种复合句都有自己的连接词，正确地发现句子的连接词，就可以通过连接词把句子变短。当然，有些连接词可以引导多种从句，这就需要译者有很好的逻辑功底，通过语言环境正确判断出从属关系，并把句子翻译准确。如“while”既是并列句的连接词，也是时间状语从句和让步状语从句的连接词。“as”不但可以作为连词引导多种从句，还具有介词、副词的词性，首先应根据它前后出现的词或句子判断出它的词性。这可以按第一部分所说的方法来判断。“as”作为连词可以引导时间、原因、方式、让步、比较多种状语从句，作为关系代词，它能引导限定性和非限定性定语从句。英语当中的这种现象很多，所以正确地判断连词所引导的从句，分析清楚句际之间的连接就显得非常重要。这里还必须提一个难点，就是句子的层次性，也就是要按照由大到小的结构来分析句际之间的连接，这样才能不至于把句子的逻辑关系混淆。

He hopes that he may once again repeat, upon a greater scale than ever before, that process of destroying his enemies one by one by which he had so long thrived and prospered, and that then the scene will be clear for the final act, without which all his conquests would be in vain, namely, the subjugation of the Western Hemisphere to his will and to his system.

这个句子中 hopes 这个谓语动词后接了两个宾语从句，即第一个"that"和第三个"that"所引导的宾语从句，这两个宾语从句又通过并列连词"and"连接。而第二个"that"则是指示代词用来修饰后面的名词"process"作定语，而不同于其他两个"that"。"by which"这一部分是"which"引导的限定性定语从句。"Without which"也很关键，"which"用来引导定语从句。判断出句际之间的连接，就可以进行下一步的分析了。整个句子的主干就是"He hopes that he may repeat that process"。其他定语、状语成分各负其责，修饰该修饰的词，句意就明了了。

4.2.6.2 句内之间的分析

句内之间的分析可以按照第一部分所述来分析。此例句中第一个宾语从句中"upon a greater scale than ever before"这个插入成分是谓语"many repeat"的状语，而后面的"that process"是"repeat"的宾语，"of destroying his enemies"这个所有格形式也是用来修饰"process"，"once again"和"one by one"也都是"repeat"的状语成分。第二个宾语从句中难点是"the final act"和"the subjugation of the Western Hemisphere to his will and to his system"是同位语，在此基础之上，中间的插入成分"without which all his conquests would be in vain"则是用来修饰"final act"。句内之间的分析明确之后，就可以翻译了。下面对这个例句加以解析。

Such large, impersonal manipulation of capital and industry greatly increased the numbers and importance of shareholders as a class, an element in national life representing irresponsible wealth detached from the land and the duties of the landowners; and almost equally detached from the responsible management of business.

① 句子主干 “Such large, impersonal manipulation of capital and industry greatly increased... shareholders as a class, (which was) an element...”

② 语法难点。本句是典型的非限定性定语从句，难点在其主语和宾语都有较长的短语和 “of” 结构限定，并且分句是由两个 “and” 相连的三个部分组成的。分句 an element... “landowners” 又带有两个定语从句，一个是 “(which was) representing”...，另一个是 “(which was) detached...”。可见，定语从句的难点在于经常省略 “引导词＋be” 的结构，从而在理解上容易和分词结构相混淆。

③ 句子翻译。对资本和企业的这种大规模的非个人操纵大大增加了股东作为一个阶级的数量和重要性。这个阶层作为国计民生的一部分，代表了非个人责任的财富与土地及土地所有者应尽义务的分离，而且也几乎与责任管理相分离。

4.2.7 句子的时间逻辑分析

翻译是用一种语言把另一种语言所表达的所谓内容正确而完整地重新表达出来的语言活动。尤金·奈达曾指出，所谓翻译，是指从语义到文体在译语中用最切近而最自然的对等话语再现原语的信息。在翻译实践中，理解是表达的前提，不能正确地理解就不能确切地表达。长句的翻译尤其如此。英语长句的优点在于它便于表达严密的思想、缜密的逻辑和复杂的活动。从形式上看，长句之长，主要在于结构复杂，层次众多，各种修饰成分层见叠出。因此，理解长句，就是要弄清原文的结构，分清原文的层次，理解各种修饰成分的关系。具体操作时，可以先抓中心，后分层次。先抓中心，就是要先抓全句的主干，弄清全句的中心思想。后分层次，就是要在主干成分弄清之后，再分析全句各部分的关系。在分析中，时间顺序和逻辑顺序将起着非常重要的作用，它们往往成为长句理解的不可缺少的因素，有时甚至是理解的关键。

时间顺序对长句理解非常重要。时间是事物发生先后次序的标志，它就像坐标规定了事物发生在此时而不是发生在彼时的时间维度。通过时间，可以清楚地判明事物发生的过程，对长句的理解也是这样。时间顺序不仅可以帮助我们理解复杂的句意，而且可以帮助我们顺着时间的次序翻译。例如：

He had flown in just the day before from Georgia, where he had spent his vacation basking in the Cascasian sun after the completion of the construction job he had been engaged in in the South.

本句的理解可分两步来进行。第一步，先抓主干。本句的主干是“He had flown in just the day before from Georgia”，其中“he”是主语，“had flown in”是谓语，“just the day before from Georgia”是状语。第二步，再分层次。本句有三个层次：第一层为主句；第二层为 where 引导的定语从句，修饰“Georgia”；第三层是一个省略了引导词的定语从句，修饰“job”。从时间顺序来看，“the completion of the construction job”发生在前，“spent his vacation”紧随其后，“he had flown in just the day before”最后发生，全句时间顺序明显。遵照汉语习惯，一般先发生的事情先叙述，因此，可以按照逆序法将该句译为：

他本来在南方从事一项建筑工程；任务完成之后，他就上格鲁吉亚去度假，享受高加索的阳光；昨天才坐飞机回来。

同时间顺序一样，逻辑顺序在翻译中也起着很重要的作用。英语是偏重形合的语言，句子和句子之间要靠各种逻辑关系来衔接。翻译过程不仅是一种语言符号的转换过程，也是逻辑关系的转换过程。这从本质上说乃是思维转换过程：译者的思路要经历一个从原文连贯结构到译语连贯结构规范的转换。这种转换体现着两种语言、两种文化的思维惯势的对应、对照甚至冲突，需要译者在思维方式上进行调整、变通，并把这种调整在译语语篇的连贯结构中具体表现出来（李运兴，2001：172）。同样的逻辑顺序反映到汉语和英语语篇中，其线性序列未必相同。例如：

But without Adolf Hitler, who was possessed of a demoniac personality, a granite will, uncanny instincts, a cold ruthlessness, a remarkable intellect, a soaring imagination and until toward the end, when drunk with power and success, he overreached himself an amazing capacity to size up people and situations, there almost certainly would never have been a Third Reich. (《英汉翻译教程》, 156)

本句的理解同样分两步进行。首先抓主干。本句的主干是“But without Hitler, then there almost certainly would never have been a Third Reich”。其次分层次。本句也有三个层次：第一层次为主句；第二层次是由 who 引导的非限制性定语从句，修饰“Adolf Hitler”。在这个从句中，主语是“who”，谓语是“was possessed of”，宾语是由从“a demoniac personality”到“an amazing capacity”等七个并列成分所构成的平行结构；第三层次是由“until”引导的时间状语从句，对非限制性定语从句中的“an amazing capacity”作补充说明。从逻辑顺序来看，本句的前两层为主要意思，其中第一层说明第三帝国得以产生的条件，第二层说明希特勒在性格、智力能力等方面具有某些特点。两个层次在逻辑上存在因果关系，因而全句可译为：

然而，如果没有阿道夫·希特勒，那就几乎可以肯定不会有第三帝国。因为阿道夫·希特勒有着恶魔般的性格、花岗石般的意志、不可思议的本能、无情的冷酷、杰出的智力、深远的想象力，以及对人和局势惊人的判断力。这种判断力最后由于权力和胜利冲昏了头脑而自不量力，终于弄巧成拙。

有时，一个长句不仅包含时间顺序，而且包含逻辑顺序等众多其他的关系。例如：

I would have asked why Mrs. Dean had deserted the Grange (1); but it was impossible to delay her at such a crisis (2), so I turned away and made my exit (3), rambling leisurely along with the glow of a sinking sun behind, and the mild glory of a rising moon in front (4); one fading, and the other brightening (5), as I quitted the park, and climbed the stony by-road branching off to Mrs. (6)

Heathcliff's dwelling.（Emily Bront：Wuthering Heights）

此句信息量大，内容复杂，不仅包括动作发生的先后顺序，而且包含了转折、因果等逻辑顺序，具体分析如下：句（1）和句（2）之间是转折关系，句（2）和句（3）之间是因果关系，分词短语（4）说明句（3）中动作发生时的伴随状况，独立主格结构（5）用对比手法对分词短语（4）中的日光和月光作进一步的说明，句（6）为时间状语从句，交待句（3）中动作发生的时间背景。全句虽然内容复杂，但是时间顺序分明，逻辑顺序清晰，叙述有条不紊，内容一目了然。全句可译为：

我原想问问迪安太太为什么丢下田庄走了，但是在这个节骨眼上是不能耽搁她的，于是我便转身走了，悠闲地信步走去，身后映着落日的霞光，前面迎着冉冉升起的月亮的淡辉：一个渐渐暗下去，另一个渐渐亮起来，我就在这时走出了庄园，登上了通往希思克利夫先生住宅的那条石子岔路。[孙致礼译]

4.2.8 长难句的翻译

在长难句的理解的基础上，如何翻译长难句也是阅读者需要考虑的问题。掌握长难句的翻译技巧，才能更好地理解长难句，并对阅读起到积极的作用。理解是表达的前提，表达是理解的结果，但正确地表达并不意味着准确地表达。表达的好坏不仅与理解的程度息息相关，而且与译者的语言修养有着不可分割的联系。假如把理解分为优中劣三等，那么表达也可分为几个层次。对于劣等的理解，无论多么好的表达也不能称为翻译。对于中等的理解，最多只能争取中等的翻译。而对于优等的理解，并非必然有优等的表达。此时，表达可以分为几个相应的层次。一是基本没有表达原文的意思，译文主次不分，脉络不明，文字不顺。错误较多，此为下等；二是基本表达了原文的意思，译文主次比较分明，脉络比较清晰，文字比较通顺，虽有若干误译和漏译，但无重大错误，此为中等；三是正确表达了原文的意思，译文主次分明，脉络清晰，文字通顺，风格对等，此为上等。所谓“好读者未必是好译者，但好译者必是好读者”就是这个道理。下面试举例说明。

Her mighty lakes, like oceans of liquid silver; her mountains with their bright aerial tints; her valleys teeming with wild fertility; her tremendous cataracts thundering in their solitudes; her boundless plains waving with spontaneous verdure; her broad deep rivers, rolling in solemn silence to the ocean; her trackless forests, where vegetation puts forth all its magnificence; her skies kindling with the magic of summer clouds and glorious sunshine—no, never need an American look beyond his own country for the sublime and beautiful of natural scenery.

此乃美文也！作者那宽广的胸怀，开阔的视野，敏捷的才思，无不见于字里行间。那绵绵不绝的排比句式似江水滔滔，海水滚滚，动人心魄；那动感极强的音乐节奏，高低起伏，恰如其分，无与伦比；那纵情山水的赤子情怀，纵横恣肆，洋洋洒洒，一尘不染；那激情四溢的文学笔法，意到笔随，酣畅淋漓，血肉丰满。刘荣跃先生的译文如下：

美国有辽阔的湖水，如海的湖面上银波闪闪；有巍峨的群山，高耸入云色泽斑斓；有肥沃的溪谷，充满了野生资源；有巨大的瀑布，在幽僻的山中隆隆作响；有广袤的平原，草木青葱起伏，天然而成；有深广的河流，庄严肃静地流向海洋；有人迹罕至的森林，植被茂密，宏伟壮观；有蔚蓝的天空，夏日彩云飞舞，阳光灿烂，魅力无穷。不，美国人要观赏壮丽和秀美的景色，无须离开自己的国家。

原文最具特色的是气势磅礴的“parallelism”，译者以对等的排比句译之，八个含有动宾结构的排比句一贯到底，犹如后浪推前浪，一浪接一浪，气势磅礴，声势夺人，较之原文，毫不逊色。李洪太先生在《大学英语》2000年第二期介绍了另一种译文，请看：

试想她那银波荡漾、与海相若、烟波浩淼的湖泊；那晴光耀眼、高耸入云、色泽迷人的群山；那粗犷盈野、草木茂密、兽鸟繁生的峡谷；那雷鸣喧嚣、远离尘世、飞流直下的巨瀑，那青翠葱茏、连绵起伏、一望无际的平原；那庄严静谧、浩浩荡荡、滚滚入海的江河；那万木争荣、无径可通、遮天蔽日的森林；那夏云丽日、奇异多变、华光灿烂的天空；——不，在自然景物的雄伟壮丽方面，美国人从不需要舍近求远。

显然，译者对原文的精髓洞若观火：从表层到深层，从意念到脉搏，从气质到神韵，无一逃过译者的锐眼。

具体分析如下：从翻译技巧看，译文采用顺序法，句型、节奏、步调悉依原文，取得了不仅与原文形似而且神似的效果。从句型看，八个内含偏正结构的排比句一贯到底，一气呵成，于整齐划一中再现了原文的建筑美。从节奏看，八个排比句，句句字数相等，音韵和谐，特别是其中含叠字、双声、叠韵、视韵、尾韵等多种修辞技巧，使全句读来如江河之水，一泻千里，创造了一种循环往复、环环相扣的节奏，从而艺术地再现了原文的音乐美。从措辞看，译者大胆地创造性地使用了集群式的汉语成语和四字结构。巧妙之处在于避免了索然寡味的简单处理，这种造型优美、言简意赅、铿锵有力的结构，使得译文于整齐划一中展现了雍容华贵的气度，于步调一致中奏出了优美动听的旋律，从而深刻地揭示了原文的内在美。总而言之，译文恰到好处地再现了原文的形美、音美、意美。究其原因，译文的成功之处，不仅在于准确的理解，而且在于出色的表达。由此可见，理解和表达对于翻译的重要性，长句翻译更是如此。理解与翻译密不可分，互相促进。

下面就长难句的翻译方法做简要介绍。

（1）顺序译法

所谓顺序译法是指在翻译时，按照句子原来的顺序翻译。由于中西方人在思维方式上存在着一定的共性，所以有些长句所叙述的一连串动作基本上是按动作发生的时间先后安排或逻辑顺序安排，这时我们可以采用顺序译法进行翻译。

下面所列长句的英语表达顺序、逻辑关系都与汉语的完全一致，因而可按原句顺序和逻辑关系译之。

But now it is realized that supplies of some of them are limited, and it is even possible to give a reasonable estimate of their "expectation of life", the time it will take to exhaust all known sources and reserves of these materials.

句子分析

① 该句为主从复合句，其主句为"it is realized that..."，其中 it 为形式

主语，that 引导着主语从句以及并列的“it is even possible to...”结构。② 并列句中的不定式是实际主语。③“the time...”是“expectation of life”的同位语，对其含义做了进一步解释。④“it will take to...”是一个定语从句，用以修饰“time”。

译文参考：

可是现在人们意识到，其中有些矿物质的蕴藏量是有限的，人们甚至还可以比较合理地估计出这些矿物质“可望存在多少年”，也就是说，经过若干年后，这些矿物的全部已知矿源和储量将消耗殆尽。

On the whole such a conclusion can be drawn with a certain degree of confidence but only if the child can be assumed to have the same attitude towards the test as the other with whom he is compared, and only if he is not punished by lack of relevant information which they possessed.

句子分析

① 该句是一个主从复合句，由主句“such a conclusion can be drawn...”，两个条件状语从句“only if the child can be assumed”和“only if he is not punished”构成。② 该句有五个主谓结构，分别是主句中的“such a conclusion can be drawn”，两个状语从句中的“the child can be assumed”和“he is not punished”，两个定语从句中的“he is compared with”和“they possessed”。③ 两个条件状语从句由 and 连接，构成一个并列句。

译文参考：

总地来说，得出这样一个结论是有一定程度把握的，但是必须具备两个条件：能够假定这个孩子对测试的态度和与他相比的另一个孩子的态度相同；他也没有因缺乏别的孩子已掌握的有关知识而被扣分。

(2) 逆序译法

有些英汉长句的表达次序与表达习惯不完全相同，有时其表达次序甚至会发生完全相反的现象：英语往往把事物的结果先说出来，再表述原因，汉语则刚好与之相反。

英、汉两种语言的表达存在差异。英语中，介词短语、分词短语作定语，定语从句、同位语通常置于所修饰名词后面，汉语的表达却与此相反，因而在翻译时必须采用逆序，才符合中文表达习惯。逆序翻译又称倒置翻译，主要指句子的前后倒置问题。有些英语长难句的表达次序与汉语习惯不同，甚至语序完全相反，这就必须从原文的后面译起，逆着原文的顺序翻译，使之符合现代汉语论理叙事的一般逻辑顺序。英语中这样的例子很多，许多句子都需要做这样的调整。于是翻译时就必须按照目的语表达习惯做必要的调整，即可以逆着原文的顺序进行翻译。

逆序翻译在长难句的翻译中可分为部分逆序和完全逆序。

a. 部分逆序法

由于英汉两种文字的表达习惯不同，因此英译汉时有时还要把原文的前半句、前半部分或句子的中间部分译为汉语的句末部分，或反之，即将英语的末句译成汉语的首句。这样，译文就既符合汉语表达习惯，又起到很好的强调作用。

It therefore becomes more and more important that, if students are not to waste their opportunities, there will have to be much more detailed information about courses and more advice.

句子分析

① 该句是一个主从复合句，包含着一个主句“It therefore becomes more and more and more important...”，一个条件状语从句“if students are not to”和一个宾语从句“there will have to”。② 全句共有三个主谓结构，即主语中的“It therefore becomes”，宾语从句中的“there will have to”，以及状语从句中的“students are not。” ③ 由 if 所引起的状语从句是作为一个插入语形式出现的。

译文参考：

因此，如果要使学生充分利用他们（上大学）的机会，就得为他们提供大量关于课程的更为详尽的信息，作更多的指导。这个问题显得越来越重要了。

Aluminum remained unknown until the nineteenth century, because nowhere in nature is it found free, owing to its always being combined with other elements, most commonly with oxygen, for which it has a strong affinity.

句子分析

① 该句是一个主从复合句，由一个主句 "Aluminum remained unknown"，一个时间状语 "until the nineteenth century"，一个原因状语 "because nowhere in nature"，以及一个定语从句 "which it has a strong affinity" 构成。② 该句有四个主谓结构："Aluminum remained unknown, nowhere in nature is, it found" 和 "it has"。③ "owing to its always being combined with other elements" 是一个分词短语，作原因状语。

译文参考：

铝总是跟其他元素结合在一起，最普遍的是跟氧结合；因为铝跟氧有很强的亲和力，由于这个原因，在自然界找不到游离状态的铝。所以，铝直到19世纪才被人发现。

b. 完全逆序法

完全逆序法是指英语原文的次序与汉语表达习惯完全不同，汉译时必须逆着原文翻译的一种方法。

Time goes fast for one (1) who has a sense of beauty (2), when there are pretty children in a pool and a young Diana on the edge, to receive with wonder anything you can catch (3)!

句子分析

① 该句是一个主从复合句，其中有一个主句 "Time goes fast..."，两个定语从句 "who has a sense of beauty" 和 "(anything) you can catch"，以及一个状语从句 "when there are pretty children..."。② 该句有四个主谓结构，即 "Time goes, who has, there are" 和 "you can catch"。③ 状语从句是以插入语形式出现的。

译文参考：

当你跟可爱的孩子们泡在池子里，又有一个年轻的戴安娜在池边好奇地接受捉上来的任何东西的时候 (3)，如果你懂得什么叫美 (2)，时间是过得很快的 (1)。

It was our view that the United States could be effective in both the tasks

(1)

outlined by the President—that is, of ending hostilities as well as of making a contribution to a permanent peace in the Middle East—if we conducted

(2)

ourselves so that we could remain inpermanent contact with all of these elements in the equation.

(3)

句子分析：

① 该句是主从复合句，含有一个主句“It was our view”，一个同位语从句“that the United States could be effective...”，以及两个状语从句“if we conducted...”（条件状语从句），“so that we could remain...”（目的状语从句）。② 该句中的同位语从句很长，所以可译为主句的主语外同位。汉语语序一般习惯于条件在前，事实在后，故可按此习惯表达之。

译文参考：

如果我们采取行动以便能够继续与中东问题各方保持接触，那么我们

(3)

美国就能有效地执行总统所提出的两项任务，那就是在中东结束敌对行

(2)

动以及对该地区的永久和平做出贡献。这就是我们的观点。

(1)

(3) 分句法

分句法又叫分译法、拆译法，有些英语长句的主句与从句或主句与修饰语间的关系并不十分密切，可把长句中的从句或短语化为句子分开来叙述，这符合汉语多用短句的习惯。为使意思连贯，有时还可适当增加词语。必须注意的是，分译的目的是化长为短、化整为零，消除译文的阻塞；分译后的译文必须连贯，有整体感。一般说来，如下几种情况的长句宜采用分句法：① 长句中包含作者多步逻辑推理时；② 出现限制性定语从句太长时，或其他修饰主语成分过长时；③ 宾语的修饰成分太长时；

④ 状语太长，硬译会引起汉语译文生硬时。为了使语意连贯，有时要适当增加词语。

分句法是翻译英语长句最常用、最有效、最便利的方法。它可基本保留英语原句的语序，而且可以减少漏译，避免修饰关系错乱。

例 1：Born in 1879 in Ulm，Germany，Albert Einstein was two years old when his parents moved to Munich，where his father opened a business in electric supplies.

句子分析

① 该句是一个主从复合句，包含了一个主句“Albert Einstein was two years old”，一个时间状语从句“when his parents...”，以及一个定语从句“where his father opened...”，用以修饰 Munich。② “Born in 1879 in Ulm，Germany”是一个过去分词短语，作为时间状语。③ 该句各部分的内容都可以独立存在，因此采用分句法来翻译，既表达出原文的内涵，也符合汉语的表达习惯。

译文参考

阿尔伯特·爱因斯坦于 1879 年出生在德国的乌尔姆城。他两岁的时候，他的父母移居到了慕尼黑，在那里开了一家生产电器器材的工厂。

例 2：Television，it is often said，keeps one informed about current events，allows one to follow the latest developments in science and politics，and offers an endless series of programs which are both instructive and entertaining.

句子分析

① 这是一个主从复合句，“Television... keeps...，allows... and offers...”是主句，“which are both instructive and entertaining”是定语从句，修饰“an endless series of programs”，而“it is often said”则是一个插入语。② 在主句中，有三个并列的谓语结构，这三个并列的谓语结构尽管在结构上属于同一个句子，但都具有独立的意义，因此在翻译时，可以采用分句法，即按照汉语的习惯把整个句子分解成几个独立的分句。

译文参考

人们常说，通过电视可以了解时事，掌握科学和政治的最新动态。从电视里还可以看到层出不穷的、既有教育意义又有娱乐性的一系列节目。

(1) 拆分原文中的一个单词译成句子

a. 副词

Incidentally, I hope to get better medical treatment in these countries than I can possibly get here in the United States.

译文参考

顺便提一下，我希望能在这些国家得到比我在美国更好的治疗。

b. 形容词

He had long been held in cordial contempt by his peers; now that contempt was no longer cordial.

译文参考

长期以来，他的同僚虽然看不起他，却还是对他有些亲切感；现在，除看不起之外，亲切感也没有了。

c. 名词

As a place to live, it left much to be desired. As a secret training base for a revolutionary new plane, it was an excellent site, its remoteness effectively masking its activity...

译文参考

作为居住的地方，这里有许多不足之处。但作为完全新型飞机的秘密训练基地确实是非常理想的。它地处边疆，人们不易了解其中的活动……

(2) 拆分原文中的一个短语译成句子

a. 介词短语

Spring has so much more than speech in its unfolding flowers and leaves, and the coursing of its streams, and in its sweet restless seeking!

译文参考

春花怒放，春水奔流，无限春光，争奇斗艳，语言已不足以尽述奇妙。

b. 不定式短语

例 1： It's too late for the pubs to be open.

译文参考

时间太晚了，酒店不会营业了。

例 2： I went to see my friend only to learn he was in hospital.

译文参考

我去看我的朋友，不料他住院了。

例 3： To hear my father tell those stories about the Civil War, he'd been in about every battle.

译文参考

如果听到我父亲讲述那些关于美国内战的故事，你准以为他亲自参加过每一场战斗。

c. 分词短语

On the top was the clear outline of a great wolf sitting still, ears pointed, alert, listening.

译文参考

在岩石顶上清晰地映出一只大狼的轮廓。它一动不动地坐在那里，耳朵竖起来，机警地在听着什么。

d. 名词短语

I gazed about in silent admiration at the bookshelves, glass-fronted cases containing figures of ivory and carved stone, cabinets full of fossils, trays of pinned butterflies and, best of all, a dozen or so stuffed birds, including a glass-eyed eagle owl.

译文参考

我怀着敬意默默打量着她的书架，镶着玻璃的盒子里装着象牙和石头雕刻的人像，柜子里满是化石，托盘里放着别好的蝴蝶，最棒的是，还有几十只鸟的填充标本，包括一只玻璃眼的猫头鹰。

(3) 拆分原文中的一个分句译成句子

a. 拆开并列句

The shark swung over and the old man saw his eye was no alive and then he swung over once again, wrapping himself in two loops of the rope.

译文参考

鲨鱼在海里翻滚过来。老头儿看见它的眼珠已经没有生气了，但是它又翻滚了一下，滚得自己给绳子缠了两道。

b. 拆开定语从句

Among primitive people, a person is seen as a dependent part of nature, a frail reed in a harsh world governed by natural laws that must be obeyed if he is to survive.

译文参考

在原始人看来，人是从属于大自然的，是大自然的一部分；他就像一棵纤弱的芦苇生长在这个由自然法则统治着的严酷的世界里。如果他想生存下去，就得服从这些法则。

(4) 拆分原文中的两个或多个分句译成句子

例 1： This trend began during the Second World War, when several governments came to the conclusion that the specific demands that a government wants to make of its scientific establishment cannot generally be foreseen in detail.

句子分析

句子的主干部分为“this trend began during the Second World War”，其余部分为分枝。句中 when 引导的是定语从句，第一个 that 引导的是 conclusion 的同位语从句，第二个 that 引导的是修饰“demands”的定语从句。这种从句里又套从句的现象在英文中十分普遍，关键是要找出其主干才不会被这么多的修饰语迷惑。句子的意思分为两层：一是政府下结论，二是结论的内容。所以在最后确定译文时，就要根据句子的意思调整中文词语的顺序。

译文参考

这种趋势始于第二次世界大战期间，当时一些国家的政府下了结论，认为：政府向科研机构提出的具体要求通常是无法详尽预见的。

例 2： The president said at a press conference dominated by questions on yesterday's election results that he could not explain why the republicans had suffered such a widespread defeat, which in the end would deprive the Republican Party of long-held superiority in the House.

句子分析

这个句子是由一个带有分词短语的主句、两个宾语从句和一个非限制性定语从句组成。全句共有三层意思：一是总统发了言，二是他不能解释为什么共和党遭到这样大的失败，三是这种情况会使共和党失去优势。这三层意思都具有相对的独立性，因此在译文中可拆开来分别叙述，成为三个单句。

译文参考

在一次记者招待会上，问题集中于昨天的选举结果，总统就此发了言。他说他不能够解释为什么共和党遭到了这样大的失败。这种情况最终会使共和党失去在众院中长期的优势。

（4）综合法

前面讲述了英语长句的顺序法、逆序法和分句法，事实上，在翻译一个英语长句时，并不只是单纯地使用一种翻译方法，而是要求我们把各种方法综合使用，这在我们上面所举的例子中也有所体现。尤其是在某些情况下，一些英语长句单纯采用上述任何一种方法都不方便，这就要我们仔细分析，或按照时间先后，或按照逻辑顺序，顺逆结合，主次分明地对全句进行综合处理，以便把英语原文翻译成通顺忠实的汉语句子。

例 1：People were afraid to leave their house, for although the police had been ordered to stand by in case of emergency, they were just as confused and helpless as anybody else.

句子分析

该句共有三层含义：① 人们不敢出门；② 尽管警察已接到命令，要做好准备以应付紧急情况；③ 警察也和其他人一样不知所措和无能为力。按照汉语习惯顺序，在这三层含义中，② 表示让步，③ 表示原因，而① 则表示结果。

译文参考

尽管警察已接到命令，要做好准备以应付紧急情况，但人们不敢出门，因为警察也和其他人一样不知所措和无能为力。

例 2：The phenomenon describes the way in which light physically scatters when it passes through particles in the earth's atmosphere that are 1/10 in diameter of the color of the light.

句子分析

该句可以分解为四个部分：The phenomenon describes the way/in which light physically scatters/when it passes through particles in the earth's atmosphere/that are 1/10 in diameter of the color of the light. 其中，第一、二和三四部分之间是修饰与被修饰的关系。总体考虑之后，我们可以使用综合法来处理这个句子，即合译第一、二和第三部分，第四部分分译法，这样译出来的句子就非常符合汉语的表达习惯。

译文参考

这种现象说明了光线通过地球大气微粒时的物理散播方式。大气微粒的直径为有色光直径的十分之一。

例 3： When Hetty read Arthur's letter she gave way to despair. Then, by one of those conclusive, motionless actions by which the wretched leap from temporary sorrow to life-long misery, she determined to marry Adam.

句子分析

该句可以分解为五个部分：When Hetty read Arthur's letter/she gave way to despair/by one of those conclusive, motionless actions/by which the wretched leap from temporary sorrow to life-long misery/she determined to marry Adam. 首先，第四部分是修饰第三部分的，对第四部分采用分译法，然后再适当地根据汉语的表达习惯调整语序，增减词语，对句子进行综合处理。

译文参考

海蒂读过阿瑟的信后陷入绝望之中。后来，她采取了一个不幸者常常采用的那种快刀斩乱麻的行动：嫁给了亚当，从而陷入了终身的痛苦，为的不过是跳出那一时的悲伤。

例 4： Up to the present time, throughout the eighteenth and nineteenth centuries, this new tendency places the home in the immediate suburbs, but concentrated manufacturing activity, business relations, government, and pleasure in the centers of the cities.

译文参考

到目前为止，经历了18和19两个世纪，这种新的倾向是把住宅安排在城市的近郊，而把生产活动、商业往来、政府部门以及娱乐场所都集中在城市的中心地区。

例5：There is a nationwide school program designed to increase students' sensitivity to the population's multicultural background and to help ethnic communities maintain their languages and cultures.

译文参考

由于澳大利亚人民有着各种不同的文化背景，所以全国各地的学校都制订了相关的教育计划，以提高学生对众多文化共存状况的认识。

语序调整是保证句子通顺的关键所在。由于长难句的翻译大多需要将原句拆分成多个较短的句子，并且要通过多个短句表达出原来长句的修饰关系和意思，汉语句子的逻辑关系在很大程度上依靠各语法单位在句中的顺序得以表现。所以语序的调整是长难句翻译中极其重要的一个环节，直接关系到意思是否完整，句子是否通顺。语序调整是各类词语翻译方法和各种特殊句型翻译的综合运用。

总之，翻译是门学问，是门艺术，在具体实践中，应始终记住英汉在句法结构上的差异，不必拘泥于形式，对于每一个英语句子的翻译，并不只是使用一种翻译方法，而是多种翻译方法的综合运用，才能更准确地表达出原文的意义。

4.3 英语阅读与篇章结构

曾祥芹在《阅读学新论》中专门设立一章来写文体阅读差异，文体不同，阅读的目标、思路和方法都有区别。因此，正确解读文本的方法需要注意文体特征的规律性，需要随文体的不同来选择阅读方法、调整阅读策略。英语阅读文体通常指记叙文、说明文、议论文和应用文几种。这几种文体在人们的日常工作和学习中是最常见的文体，运用范围也最广泛。重视阅读策略的培养，有着重要的意义。

4.3.1 说明文的阅读

说明文是一种实用性很强的常用文体，在英语阅读的各类文章总量中占有相当大的比重。阅读说明文应当抓住说明文的特点。

第一，抓住说明文结构安排的特点，理清说明的顺序。由于说明事物的侧重点不同，说明文总是以一种有利于解释和突出事物本质特征的顺序去说明事物。常见的说明顺序有：时间顺序、空间顺序、逻辑顺序。说明事物发展过程往往用时间顺序；说明物体的往往用空间顺序；说明事物的内部联系，依据事物的方方面面、事物的因果关系，往往用逻辑顺序。

第二，掌握说明对象的特征，分析说明事物的方法。采用什么说明方法，取决于说明的目的和事物的特征，现实生活中事物的多样性，也决定了说明事物的方法多种多样。常见说明方法有：举事例、分类别、列数字、作比较、下定义、画图表、作诠释、打比方等。说明文中也有描写，但它的描写着眼于说明特征，不像记叙文、散文中的描写着眼于身临其境之感，而且说明文中的描写比重不大，只是稍加点染，起辅助说明的作用。

第三，抓住说明文的语言特点，体会说明的科学性和生动性。说明语言的准确性是说明文科学性的保证。说明文中表示时间、空间、数量、范围、程度、特征、性质、程序等都要求准确无误。说明的语言在准确的前提下，可简明朴实，也可生动活泼。

4.3.2 议论文的阅读

议论文运用概念、判断、推理的逻辑思维形式，阐明客观的道理，揭示事物本质特征和规律，以证明作者的论点。随着学生思维判断能力的不断提高，阅读议论文的重要性也越来越显示出重要的地位。

第一，准确把握文章的论点。英语阅读中的议论文一般只有一个论点，全文的论据和论证都围绕着一个论点展开；也有的议论文围绕中心论点提出几个分论点，用分论点来证明中心论点。阅读时应该研究各个论点之间的关系，分清哪是主哪是从，哪是纲哪是目，把握中心论点。

第二，分析理解议论文中的论据，认识论据的典型性。用来证明论点的事实和道理就是论据。优秀的议论文中证明论点的事实论据都是反映事物本质的典型事例，具有代表性。确凿的事实，在议论文中作为论据的作用非常明显，因而它们与论点间的逻辑关系也十分重要。阅读时应分析作者提供的事实，从事实中看出道理，再检验它与文章的论点在逻辑上是否一致。

第三，辨析议论文中论点与论据的关系，掌握论证的方法。论证是运用论据证明论点的过程和方法，是论点和论据之间逻辑关系的纽带。论证方法多种多样，有事实论证和理论论证，有对比论证和比喻论证，有归纳论证和递进论证，在驳论中常见的还有归谬法。论证是统一观点和材料的过程，是议论文阅读中的重点。

第四，理解和把握议论文的结构。一般来说，议论文的基本结构是：提出问题（引论）—分析问题（本论）—解决问题（结论）。议论文论证的结构通常可分为两大类，一是“层层深入”的纵式结构；一是“条条并列”的横式结构。

第五，分析议论文的语言。议论文的语言要求准确、简练、概括，做到以理服人；也要求生动、形象，增强感染力。阅读中还要把握住关联词语，与记叙文、说明文相比，议论文更多地使用关联词语，用复句来表述严密的逻辑推理。

4.3.3 应用文的阅读

应用文是指有一定惯用格式的直接处理学习工作和日常生活中许多实际问题的一种文体。应用文看起来简单，阅读起来也有技巧可以讲究。

一是从行文格式来看它是否符合惯用的固定格式；

二是从内容的切合实用来看它能否处理问题；

三是从语言的使用来体会它是否准确、简明、得体。

应用文的阅读最好和写作练习结合起来，以写促读，能迅速地检测阅读效果，达到及时修正和巩固的目的。

4.3.4 记叙文的阅读

英语记叙文阅读策略的培养，应当根据记叙文自身的特征，结合学生实际水平来进行。

第一，领会主题。主题是文章的灵魂，记叙文的作者总是围绕主题精选素材。阅读时对文章的材料要进行反复推敲与概括，弄清作者选材的用意，从而正确地理解主题。

第二，把握线索。线索是贯穿文章全部材料的脉络。作者巧妙新颖的构思，常常表现为叙述的错综变化。把握线索，才能认清文章错综变化的形式。写事的记叙文，往往以时间、地点为线索；写人的记叙文，往往是以人物或人物的心理活动为线索。把握线索分析文章的结构，还应注意了解文章的开头、结尾、过渡和照应的作用。

第三，分析人物和事件。写人为主的记叙文，首先应该对人物的肖像、动作、语言、心理活动等作全面的分析，进而挖掘人物的精神品质。叙事为主的记叙文，要正确理解作者通过对事件的叙述所要表达的观点和思想，进而揭示事件的本质意义。

第四，分析表达方式。记叙文的主要表达方式是叙述和描写，为画龙点睛地表达主题，有时也使用议论和抒情。叙述分顺叙、倒叙、插叙等，为了主次分明，还有详叙和略叙之分。描写有直接描写和间接描写，有白描和细描，有人物描写（包括肖像、语言、行动、心理活动等）、景物描写、场面描写等。议论在记叙文中一般不占太大篇幅，目的是为了直接点明和加深所写事物的意义，深化主题。有时是先叙后议，卒章显志，使读者提高对所叙事物的认识，增强文章的思想深度；有时是先议后叙，开宗明义，使读者很快进入对所叙述的事物的思考。抒情通常有两种方式，一是作者在记叙的基础上直接抒发自己对事物的思想感情，一种是寄情于人、寄情于物，在叙述描写的字里行间渗透着作者的感情。

5 阅读方法与策略的概念和体系的建立

5.1 阅读学习方法的概念

心理学家们经过研究发现，人们在阅读过程中总会借助于各种阅读方法或阅读策略。阅读方法使用得当，阅读效率往往颇高；反之，阅读效率则偏低。阅读方法的重要性是显而易见的。

所谓阅读方法（或阅读策略），是指将书本中的知识转化为个人知识并能科学地应用于实际的手段和途径的总称。（胡继武 1991：102）阅读方法各种各样，难以尽述。胡继武（1991）将阅读方法分为四种：概读法、精读法、泛读法和略读法。更多的学者、专家则倾向于以精读（intensive reading）、泛读（extensive reading）和快读（fast reading）这三种不同的阅读形式来涵盖阅读方法。（王继坤 1999；黄远振 2003）

华莱士（1992）指出，阅读方法是学习者在阅读过程中，"自己根据不同的篇章类型、内容和阅读目的有选择地使用一定的阅读方法"。

约翰逊等人（1998）认为，阅读策略是"学习者为解决阅读中的困难而采取的行为过程"。它不仅包含了阅读中的一些技巧，如：预测、推理文章的内容、猜测文中生词的大意、略读、跳读等，还包含了阅读者为达到预期目的而采取有选择性和控制性的行为。它是读者用来理解各种文章的有意识的可灵活调整的认知活动计划，是学习者策略能力的一个重要组成部分。

随着研究的不断深入，阅读策略的内容也不断丰富，已从传统意义上的单纯的阅读行为，如略读、回读、跳读和容忍含混语言等发展到当今的激活背景知识、图式的认知策略以及帮助透彻理解文章的语篇策略等。

因此，要提高学生的英语阅读能力，必须加强对学生阅读方法的指导，使之掌握必要的阅读策略。例如：引导学生养成视读，捕捉关键词阅读，抓住主题句阅读，利用上下文推测词义阅读，通过标题、小标题来推断文章主题等能力和习惯。

(1) 指导学生依靠眼睛逐行阅读，避免指读。学生最常见的一种毛病是在阅读时为了集中注意力，用手指、铅笔等指着逐字阅读。这样的阅读习惯会减慢阅读速度。教师可示范正确地用眼睛逐行移动阅读的姿势，让学生把注意力集中到阅读材料的内容上，而不是每个字的位置。

(2) 尽量抑制嘴唇动作和低声阅读。看到字母、单词和句子时，许多学生就会不自觉地发出相应的声音来。有的学生虽然不发出声音，但他们的嘴巴总是在不停地蠕动，实际上心里还是在朗读。一般说来，默读速度大约要比说话速度快两倍。要提高阅读速度就必须克服嘴巴蠕动和出声的习惯。教师应该在全班走动观察，随时地提醒学生。有效率的读者能够只看到印刷符号，就直接获得意思，而不经过声音阶段。(Fry Edward, 1963)

(3) 克服回视的习惯。阅读时碰到单词或句子看不清或看不懂，眼睛要回视已经读过的词句，这是自然的。但有时即使没有生词或难句，因为不放心已经读过的词句，也要回视，这就养成了回视的不良习惯。可要求学生养成一目一行的阅读习惯，尽量控制自己不要回视。

(4) 避免头部的摆动。学生在阅读过程中头部摆动的现象也较为常见。学生习惯于尽量使自己的鼻尖和眼睛对准每一个单词。这样，当他在阅读时，就会轻微地摆动头部。当学生进行限时阅读或参加考试情绪紧张时，头部摆动会更为明显。实际上头部的摆动无助于理解，反而减慢了阅读速度。教师应及时地、尽早地在课堂教学中加以纠正，在讲解时，示范正确的姿势。

(5) 在阅读过程中，要有良好的习惯。阅读时一定要专心致志、聚精会神，不能边聊天边阅读，也不能边阅读边干别的事。对于不同内容的阅读材料，可以采用不同的阅读方法。如对于重点的文章、精彩的段落、典型句式要精读，即逐字逐句地熟读深思，达到出口成诵的目的。对于一般的文章只需泛读，即大致了解文章的内容或故事的情节概况，以求达到一定的阅读量；对于那些与自己实际英语水平相差甚远、过难或过易的文章以及没有什么意义，不能从中获取知识的文章可以略读，跳读，甚至干脆不读。这样，阅读才能做到有的放矢，在一定的时间内收到最大的功效。

（6）教会学生对不同体裁的文章采用不同的阅读方法：记叙文，注意时间、地点、人物、事件、原因、结果。应用文、说明文和科普短文，找到主题句、文章的层次、逻辑关系。议论文，注意作者的观点和意图，还有利用问题引导，选项提示，在文章中迅速搜索相关信息，找出关键的句子。要强调通篇阅读，在读懂语言的基础上了解原来不懂的知识。

5.2 阅读学习方法体系的构建

构建阅读学习科学的方法体系，就得研究阅读教学的过程及在这个过程中主、客体之间的关系。广义上的阅读学习过程，是阅读者对阅读材料进行吸收、内化、表现的过程。在这个过程中，阅读、阅读学习过程和阅读方法三个方面相互作用，这是构建阅读学习科学体系的基础和前提。

阅读认知心理过程中，从文献信息的输入、检测、存储、加工、输出，到反馈的过程，实质上是阅读感知、阅读注意、阅读记忆、阅读思维、阅读再造、阅读迁移的阅读心理过程。在这个过程中，通过一系列高度、积极、紧张的阅读智力活动，获得摄取知识、巩固知识、运用知识，并产生创造性的阅读效果，形成阅读的整体发展功能。同时，各种心理活动都发挥着特有的功能，它们互相联系、互相转化、互相发展。这种阅读心理过程从形式上和本质上看，是吸收、内化、表现的过程，都是主体与客体、主观与客观互相联系、互相转化、交替作用、协调发展的过程。同时，两者都受到阅读认知调控机制（期望调控和执行调控）的制约和影响。如执行调控中的各种阅读策略和阅读方法、手段直接影响或制约阅读心理过程的感知、注意、记忆、思维、再造和迁移，也即影响、制约阅读教学方法体系中的理解性、评点性、积累性、探究性、发展性乃至闲暇性阅读；而期望调控这种动机、兴趣、意志、品质等非认知心理因素对阅读心理过程和阅读学习方法也有着直接的、间接的影响作用和意向过程，起着调节和支配作用。这种意向过程体现了整个阅读心理过程和阅读方法过程的统一性和协调性，是阅读实践活动有效进行的支撑力和作用力。

研究表明，成功的外语学习者之所以成功不仅因为他们掌握了大量的认知策略，更重要的是因为他们能够有效地利用元认知策略决定使用或改变具体的认知策略。安德森（1991）指出成功的读者不仅要知道有意识地运用多种策略，更要知道如何恰当地根据不同的阅读材料成功地选择有效的阅读策略，同时还要知道如何和其他策略相协调。

5.2.1 加强策略指导意识

要构建科学的学习方法体系，读者首先要认识到英语学习策略系统的三大特点，即整体性、开放性和动态性。英语学习策略系统的整体性体现在学习观念和管理方法及学习方法互相制约、互相影响，最终对英语学习成绩产生作用；开放性就是学习者不断地从外界获取新观念、新方法，以不断发展和完善自己的学习策略系统；动态性是指学习者会根据自己英语水平和学习内容的变化而不断地对学习策略系统进行调整。（文秋芳，1995）刘晓明等（1999）认为，有效的策略指导应满足四个条件：一是知道做什么，即获得关于学习策略的陈述性知识；二是知道如何去做，即获得关于学习策略的程序性知识；三是知道什么时候去做，即获得关于学习策略的条件性知识；四是知道努力去做。

5.2.2 培养英语阅读的元认知策略能力

元认知是个体对自己的认知活动的认知。元认知由三种心理成分组成：一是元认知知识，包括个体对自己或他人的认知活动的过程、结果等方面的知识；二是元认知体验，指伴随认知活动而产生的认知体验和情感体验；三是元认知监控，指认知主体在认知过程中，以自己的认知活动为对象，进行自觉的监督、控制和调节。元认知监控主要包括确定认知目标、选择认知策略、控制认知操作、评价认知活动并据此调整认知目标、认知策略和认知操作等环节。元认知监控是元认知最重要的心理成分。

元认知策略是指较高层次的具有执行功能并可运用到不同学习任务中的一系列心理活动，是对认知的认知。具有元认知策略的学习者可以在英语阅读过程中选择、运用、监控和评估他们所使用的策略，并且可以根据不同的学习任务而采用不同的认知策略或随机应变地改变策略。这意味着提高元认知策略意识，学习者可以在阅读过程中形成良好的习惯。在阅读过程中，学习者通过自我提问和运用已学过的预测、推理、释义等策略来监控自己的阅读过程。阅读结束后，进行自我评估和反馈，及时发现自己阅读中的难点、弱点，并适时加以调整和改正，从而提高自身的阅读水平，从而培养自己的自主学习能力。

5.2.3 摸索多层面阅读策略

“学习有法，学无定法。”阅读学习方法体系的构建是一个具有创造性、多层面的过程。

在英语阅读过程中，应诊断分析已有的策略，学习新的策略，并通过分析对比，摸索出较适合自己学习风格、个性等的阅读策略。可以说，在一定程度上阅读策略的好坏不在于阅读策略的种类，而在于使用策略的恰当性、适合性及灵活性。

英语阅读是一种思考、理解和吸收信息的活动，是大脑获取、加工和处理信息的综合过程。学习者应根据阅读本身的规律，从宏观着眼，从微观入手，构建科学的阅读学习方法体系。

5.3 阅读策略的分类

阅读策略就是阅读中的计策、谋略，是阅读主体为保证阅读任务的完成、阅读效率的提高，对阅读活动进行调节和控制的一系列谋略，是驾驭技巧方法的方略，是阅读主体为取得尽可能大的效益而对阅读要素进行的多种运筹与调度。

关于阅读策略的分类，从广义层面可以主要分为以下几种。

（1）定向选读策略

由于阅读具有多向性，纷繁多样的读物也具有太多的诱惑，所以，定向选读策略最重要的是选准自己阅读的主攻方向，并围绕这样一个方向进行有计划的阅读，竭力排除与这种主攻方向无关或关系不大的读物的干扰和诱惑。

定向选读可分为“被定向”、“自定向”、“双定向”、“专题定向”、“问题定向”等。当今知识猛增，读物极度膨胀，阅读无定向，读物无选择，结果眼花缭乱，只能在各种读物间疲于奔命，耗尽精力而一事无成。

（2）“金字塔”策略

读书治学要求广采博览，基础扎实，又要主攻精专，矗立起辉煌的顶峰，现代科学发展的一个重要特征便是既高度综合又高度分化，任何一门学科的发展都要依赖和借助其他学科的知识和方法，在博览的基础上由博返简，简就是集中目标，集中精力，进行求专求深的阅读。

（3）循序渐进策略

循序渐进策略就是按照由浅入深，由少到多，由低级向高级次第而进的阅读策略。首先要理出一个阅读的“序”，然后依“序”阅读。

（4）取精摄要策略

在阅读中把提取读物中的精华内容、本质意义、基本要点，舍弃那些次要的、无用的内容作为阅读目标，从而提高阅读效率。此种策略要求认真读书，融会贯通，勤于思考，善于分析综合、抽象概括，掌握路标识别法、抓关键词语法、要点归纳法、要言归旨法等。

（5）终身阅读策略

这种策略要求在人生周期的大背景下，与每个人的发展道路相结合，综合考虑各方面的实际情况，对一生的阅读做出策划和安排。主要办法有：① 阅读起步要早。② 抓住在校学习期，打好阅读基础。③ 抓住成才关键期，发奋阅读。④ 抓好中年发展期的阅读。

（6）快速高效策略

当今时代的突出特征是快节奏、高效率，阅读作为传播现代化信息最重要的手段之一，如果不是快速高效就不能适应社会发展的需要。其做法主要是利用视觉运动的规律，充分调动人的智力潜能，通过一定方法的训练，快速阅读，从读物中迅速吸取有用信息，不仅要求读得快，而且要求记忆快、理解好。具体来讲，阅读策略最具代表性的有以下几种。

Hosenfeld（1977）通过有声思维（think—aloud）方法研究后，认为成功阅读者使用的策略可以分为以下9种：

（1）边阅读边思考意义并预测意义；

（2）通过上下文猜测词义；

（3）对已读过的内容作标记来解释生词；

（4）研究图解并使用其中的信息来帮助理解；

（5）阅读题目并从中做出推论；

（6）参考注解；

（7）辨认同源词；

（8）使用常识来解释不熟悉的单词；

（9）跳读。

Block（1986）则把阅读策略分为两类：综合策略和局部策略。前者包括预测内容、辨认文章结构、综合信息、质疑文章的信息、解释文章、使用常识、对行为或过程进行评价、监控理解、纠正行为和对文章做出反应；后者包括释义、重读、对句子意义的质疑、对单词意义的质疑和解决词汇问题。

Sarig（1987）通过有声思维的方式得出4种类型的阅读策略：

（1）有技巧的策略：略读、浏览、跳读、在文中写下关键字、对文章内容做出标记、在页边写出段落大意、使用术语表；

（2）归类和简化策略：替代、用自己的话解释、婉转陈述、同义词；

（3）衔接发现策略：有效使用内容图式和正式图式来预测下文、辨认文章中的人物及他们的观点和行为、文章意义的连续解码、使用文中给出的总结、辨认出文章的重点；

（4）监控策略：意识到计划的改变并完成任务、放下不懂的地方、调整阅读速度、纠正错误、进行自我评价。

Oxford（1990）提出了迄今为止最为全面的学习策略系统（Ellis，1999：539）。在此系统中，一部分是有关阅读策略的。比如，认知策略包括总结、解释、预测、分析、使用上下文暗示等阅读策略。记忆策略包括通过重组和联系形成心理概念、语义影射、使用关键词、利用词汇联想等阅读策略。补偿策略则包括类推、阅读中猜测、查阅词典等阅读策略。元认知策略包括在阅读过程中有目的地集中注意力、自我监控和纠正错误等阅读策略。情感策略包括阅读者的自我鼓励行为、减少焦虑和激励阅读。最后，社会策略包括阅读过程涉及其他个体、与同伴的合作、质疑、要求修正和反馈。比如，在阅读时一个学生向另一个学生征询对自己阅读理解情况的评价。

我们认为，Oxford（1990）和 Sarig（1987）的分类较为全面和理论化，其他的许多策略是相重合的，比如利用上下文猜测词义、预测等。

5.4 朗 读 法

所谓朗读，指的是把无声的书面言语转化为有声的口头言语的创作活动。曾先生把朗读的基本规律概括为 6 句话、30 个字：理解是基础，目的是统帅，感受是关键；感情要运动，声音要变化，状态要自如。而对于朗读技巧，曾先生认为应包括停顿、重音、语气、节奏四个方面。在总结朗读的基本规律和技巧的同时，曾先生提出不同体裁的作品对朗读有不同的要求。如记叙文朗读，要求线索清晰，立意具体，表达细腻，点染得体。论说文朗读，要求论点鲜明，论据有力，态度明朗，感情含蓄，语气肯定，重音坚实，读引语平稳，态度明朗，读括号内的词语，既要上下文衔接，又要显出差异等。

5.5 默 读 法

默读，又称无声阅读法，用无声言语在自己的心里面“读”，可以一边读，一边想，把书面语言转化为内部语言，通过内部语言来对所读材料进行分析比较和概括综合。默读时，阅读材料的信息会给大脑皮层以某种刺激，伴随着记忆、想象和思维，这种刺激会在大脑皮层上留下痕迹，在一段时间内不会消失，就是说，所读材料的内容被记住了。默读对文字符号的感知是眼脑直映，要克服口中念念有词的毛病，抑制嘴唇无声颤动。

全神贯注是有效默读最需要的心理品质，默读时要高度集中注意力。默读是无声阅读，可以用较快的速度，所以常常和速读结合在一起。

5.6 精 读 法

所谓精读（Intensive Reading）（或细读、评读、慢读等），指的是对读物进行精细阅读，字斟句酌，边阅读边深入思考以对内容做全面、深刻理解和把握的一种基本的阅读方法。（黄葵，俞君立，1996：206）精读法要求读得深、理解得透，不仅能懂得文字表面的意义，还要能深入理解作者的本意及其社会意义。

精读的特点是，在感知方面按照文字的顺序一字不漏地仔细认读，对没有认清和意义不明的词语则要通过回视、推敲来解决，直到完全认清和理解为止。在理解方面，精读要求对阅读材料能进行深入的分析和思考。对于其中的句子和段落则要深刻理解其含义及其在课文中的地位、作用：对于整篇文章或专著，则要弄清它们的主旨、结构方式以及作者的思路，直到完全认清和理解为止。在思维活动方面，则要求通过分析、比较或联想等思维方法，深入思考阅读材料的观点内容，力求既能提出问题，又能用自己已有的知识和生活经验去检验、补充和丰富它们。在记忆方面，精读要求记住阅读材料的主要观点和基本内容，也要记住其他必须记住的东西。在教学方面，精读的任务在于传授系统的基础语言知识（语音、语法、词汇、篇章结构、语言功能、意念等），训练基本语言技能（听、说、读、写、译），培养学生初步运用语言进行交际的能力。

5.7 略 读 法

略读（skimming）又称跳读（reading and skipping）或浏览(glancing)，是一种专门的、有目的、有重点、有取舍的、非常实用又快速的阅读方法。

所谓略读，是指以尽可能快的速读阅读，如同从飞机上鸟瞰地面上的明显标志一样，迅速获取文章大意或中心思想。（黄葵，俞君立，1996：

207）换句话说，略读是要求读者有选择地进行阅读，可跳过某些细节，以求抓住文章的大概，从而加快阅读速度。

略读的特点是，在感知方面，读者略读时的目光有时可以像雷达扫描一样地略过书面，有时又可以跳跃式地向前推进。在这种跳跃式的感知过程中，读者要紧紧地抓住能表达中心思想的重点句，而不是依次地去读阅读材料中的每句话或每段文字。换言之，它对那些论证观点或说明具体过程的一般语句，或对那些可读可不读的段落则大段大段地略去不读；而对那些表达见解的重要之处则认真地反复地注视，积极在文中寻找答案或依据。一般说来，略读的理解要求可以稍低一些，略读可根据文章的难易程度和需要达到的目的，不断灵活地调整阅读速度。

在理解方面，略读不要求逐字逐句地进行，可以跨，可以跳。读者要有针对性地理解那些重点句、中心词或主要部分；也就是指对那些关键性的材料做深入的推敲。在思维活动方面，由于读得不仔细不深入，因此不要求进行深入的思维活动；只是对那些有针对性的部分则要通过分析、比较或联想等思维活动，进行深入的思考。在记忆方面同样也是有目的、有重点地进行的。

在教学方面，略读的任务着重在于培养搜寻资料、把握重点的能力。培养学习者对文本粗略地浏览之后，判断文本是否有自己工作和学习所需要的或自己感兴趣的资料和信息并确定该文本是否值得细读的能力。在查找资料时，由于没有充分时间，而又不需要高度理解，常常可以运用略读这一方法。略读同泛读一样，也是实用性很强的一种阅读方法，在生活中得到了广泛运用。

略读的理解水平低于一般性阅读。一般性阅读的理解率在70%或80%，略读达到50%即可。略读速度要求较高，通常应达到一般阅读的两倍。略读要求读者只关注能提供主要信息和线索的内容，并不要求阅读每词每句。一旦读者获取了文章的主要内容，他就可以决定仔细研读整篇文章，或查找所需的具体信息，或放弃不读。在判断文章是否有细读价值时往往采用此技巧。

6 文化与阅读理解

文化与语言密不可分，英语阅读理解中折射出西方国家的各方面的文化。了解英美等主要英语国家的社会形态、政治经济、历史地理、风土人情、文学艺术、文化教育，熟悉英语国家的道德标准、价值观念、宗教信仰、生活习惯、交际方式，知晓西方国家的一些重大史实和重要人物等都有助于开阔视野、增长见识、提高英语水平、促进阅读理解能力。文化因素是阅读能力构建中不可或缺的重要部分。

阅读理解是读者对读物所进行的一种积极的思维过程，可以大致包括既相互联系又相互区别的两个层次：浅层次——字面理解（Literal Comprehension）；深层次——推论理解（Inference Comprehension）。对于字面理解层次来说，主要是靠语法能力或语言能力来完成的；而对于推论理解层次来说，常常涉及了解文章的文化背景（cultural context）和情景（situational context），把握文章的深层语义结构甚至篇章的总结构。深入研究语言的社会文化因素，培养学生的文化意识（cultural awareness）或文化敏感性（cultural competence）对提高学生的推论理解能力起着重要的作用。提高学生的阅读能力，关键在于提高深层次的推论理解能力，而大学英语阅读课教学恰恰在这一方面做得不够。离开特定文化背景的语言是不存在的，要想真正掌握一门语言，必须了解产生、使用这种语言的特定的社会文化背景。因此，学习、掌握一种外语，同时应该了解这一国家的文学、历史以及社会习俗等。只是把语言看成一种符号系统，把阅读课的教学局限于语音、语法和词汇三个部分已经远远不够了。总之，阅读理解是一种积极的交际和深刻的思维活动。涉及语言的语义、词法、句法、篇章、语用和文体等六个层次。阅读的目的就是在特定的语境中，在一定的文化背景下，借用语言系统这个意义来源，在语篇层次上提取意义达到对语篇的理解。

6.1 文化与语言的关系

6.1.1 文化与语言的关系

文化是一个内涵丰富而又复杂的概念。古今中外共有五百多种定义，但至今众说纷纭、看法不一。在这里引用具有“现代文化学家之父”之称的美国人类学家克鲁克洪（Kluckhohn）对文化的定义：“文化是历史上所创造的生存式样的系统，既包括显型式样又包括隐型式样，它具有为整个群体共享的倾向，或是在一定时期中为群体的特定部分所共享。”这一定义在当代的文化学讨论中具有广泛的代表性。但克鲁克洪定义的高度概括性使其显得较为抽象。下面再看我国《辞海》（1989 年版）中“文化”的概念：“文化从广义上说，指人类社会历史事件过程中所创造的物质财富和精神财富的总和。从狭义上说，指社会的意识形态以及与之相适应的制度和组织结构。”因此，以中国文化为例，从广义上讲，大到儒家思想、万里长城，小到中国饮食中的五谷杂粮，凡是由本民族共有、共享并带有该民族的民族特征的精神的和物质的一切都可叫作文化。无怪乎我国著名学者季羡林教授曾说：“现在的文化，吃的盐巴也是文化，什么都是文化。”文化的内容广泛而复杂。美国当代著名人类学家古德耶耶夫认为，文化的内容包括：形式（主要是指语言）、信仰、命题、价值观、规约、公众价值观、行事方法、常规、风俗等。可见文化之包罗万象，从意识形态到生活点滴渗透了人类一切的思维和行为，当然也包括人们的语言行为。

不同的民族有着不同的历史地理环境、社会结构、政治制度以及生活习俗。他们的公众信仰、价值观念和行为准则等势必存在很大差异，也就是说，不同的民族有着不同的文化观念和文化结构，这在各民族的语言表现形式上呈现出各式各样的差异。语言是一种社会文化现象，是文化不可分割的一部分，是文化的载体；文化则是语言的底座或环境。早在 1921

年，美国语言学家萨丕尔就在他的《语言论》一书中指出，语言有一个环境，它不能脱离文化而存在，不能脱离社会继承下来的各种做法和信念。他认为文化可以解释为“社会所做的和所想的”，而语言则是“思想的表达方式”。不同的文化在语言上呈现出不同的结构和使用方式。如：中文第二人称单数有敬语“您”和一般语“你”之分，这就反映出我国的文化对他人（听话者）的价值态度。又如美国被称为“车轮上的国度”，汽车与美国人的生活息息相关，这种汽车文化在语言中的反映就是美国英语中有极其丰富的词汇（多达26个）来指称汽车。同样生长在寒冷的北极圈里的爱斯基摩人的语言中就有20多个词分别指称不同的雪——地上的雪、石头上的雪、堆积的雪、下着的雪等，这反映出雪在爱斯基摩人的社会文化中的直观重要性。再如，英美人会用“a lucky dog”来形容一个人的幸运，因为在他们的文化中，狗是一种宠物，是人们的朋友。而中国人听到这句话就以为人家是在骂他，使人想到“丧家犬”、“狗眼看人低”、“狗仗人势”等说法。因为狗在中国充其量就是看家狗的位置，用心理学家马斯洛的需要层次理论来解释，宠物和朋友归属“爱”的需要，这就比属于“安全需要”的看家狗的地位高出一个层次。可以看出，狗在英美文化和中国文化中的不同价值取向。这也印证了英国语言学家韩礼德所说的：寓意是社会结构（即文化）的一种实现。

可见，语言与文化的关系是水乳交融、密不可分的。任何一种语言，包括该语言的使用方式在内，不能超越文化而独立存在，不能脱离一个民族流传下来的、决定这一民族生活面貌的风俗习惯的信念体系。每一种语言都与某一种特定的文化相对应，并在很大程度上受到作为该语言上层文化观念的影响，甚至制约。

文化因素在很大程度上影响或干扰着语言学习者的语言学习与交际。在外语学习中若不注重跨文化交际的学习，努力减小语言学习者对外国文化的社会距离和心理距离，减轻甚至消除文化震惊，在思维上就缺乏依托该语言的文化根基，即使掌握了该语言的知识与技能，也只表示能讲出或写出合乎语法规范的话语，而在以该语言为媒介的交际过程中必然受到其根深蒂固的母语文化的干扰。所以在英语阅读过程中，中外文化差异也会成为阅读失误的因素。

6.1.2 文化背景知识与阅读理解

我国著名外语教育家王佐良教授曾说过："不了解语言当中的社会文化，谁也无法真正掌握语言。"国外许多语言学家对文化与语言的关系亦有众多论述。如：拉多曾说："我们不掌握文化背景就不可能教好语言。"格拉斯通亦说："语言和文化紧密地交织在一起。"古德诺夫则说："语言是社会文化的一个方面，语言和文化是部分和整体的关系。"从以上专家学者的论述可以看出，文化是语言的内容，语言是文化的一部分，反映文化，同时又受文化的影响，离开特定文化背景的语言是不存在的。因此，要学好一种语言就必须了解其社会文化背景。

阅读是语言学习者需要掌握的重要语言技能，也是语言学习者获得语言输入的主要途径。阅读理解是阅读的目的，是阅读的核心，阅读理解毋庸置疑同样受读者所具备的文化背景知识的影响。著名语言学家 Nunan 还特别指出："在阅读理解中，背景知识比语法知识起的作用更大。"

阅读的过程实际上就是读者把书本上的文字所代表的知识与读者已有的文化背景知识联系起来的过程。读者所具有的文化背景知识可分为如下两种：第一种是一般常识（Common Sense），亦称世界知识（World Knowledge）。我们在阅读时都利用了这些知识，只是我们并没有意识到。比如："Mary had a traffic accident，she was hospitalized."读到这两句话，一般读者都能得出这样的结论：玛丽住院肯定是因为在交通事故中受了伤。但原文并没有说明玛丽受伤的事实，之所以能得出上面的结论，主要是因为读者在阅读过程中把自己已有的常识"交通事故往往使人受伤""受伤可能要住院治疗"与上面两句话"玛丽发生了交通事故""玛丽住院了"联系起来了。

第二种背景知识是指我们对具体的一些事物或事情的熟悉程度，如果阅读的内容是不熟悉或根本不了解的事物，我们就很难或无法理解。这一点我们在阅读教学中深有体会，如果课文内容是学生比较熟悉的东西，学生很容易懂，如果课文内容是学生不熟悉甚至不了解的东西，学生就很难理解，甚至无法理解。如高教出版社出版、韩志先主编的阅读教材第二册

第十二课中有这么一句："Seconds are counted off like the tenths of a mile on the meter of a car." 如果读者不了解汽车上装有旅程表及其功能，则无法理解句中的"the tenths of a mile on the meter of a car"。又如，本册第三十三课（首航），本篇课文讲的是早在1761年，英国的一艘商船从伦敦出发经过大西洋，绕过南美洲进入太平洋（当时尚无苏伊士运河和巴拿马运河）来到中国，返回时，船长试图寻找一条捷径（近得多的航线），改从太平洋穿过白令海峡进入北冰洋回到伦敦，结果全体船员被冻死在阿拉斯加的巴罗角以北的北冰洋上。但文章并没有具体说明此条航线，如果读者对世界地理不熟悉，就不可能知道此条航线，更不可能知道他们为何会冻死在此地，对全文也就只能是一知半解了。

语言反映文化，文化是语言的内容。英语反映英语国家的文化，英语国家的文化与我国文化存在很多不同之处，这种中英文化差异对英语阅读理解作用甚大。在阅读中，读者常会感到，如果阅读材料反映的文化与读者文化相同或类似，则容易理解；如果不同或者是英语国家特有的文化背景则很难理解，甚至错误理解。只有掌握了文化差异、了解了其特有的文化背景以后才能达到正确理解的目的。

6.2 文化差异与英语阅读理解

语言不是孤立存在的，它是一个民族文化的组成部分，同时又是该文化的载体，反映着这个民族的心理特点、思维方式、价值观念、审美情趣、宗教信仰等。如果我们只了解所学语言的词汇、语法、结构，而不了解这种语言的各类语言现象的社会文化内涵及其文化背景知识，则无法理解这种语言所表达的某些真实意义。倘若我们有意无意地将中国人的思维习惯或文化模式套用到英语上，阅读时就可能造成理解上的偏差甚至南辕北辙。

6.2.1 历史文化差异与英语阅读理解

历史文化指的是由特定的历史发展进程和社会文化遗产的沉淀所形成

的文化。由于各个民族和国家的历史发展不同，因而在其漫长的历史长河中沉淀形成的历史文化也不相同。历史文化的一个重要内容是历史文学典故。历史文学典故是民族历史文化中的瑰宝，它具有浓厚的民族色彩和鲜明的文化个性，蕴含着丰富的历史文化信息，最能体现不同历史文化的特点。以下选几个广为流传的文学典故来进行分析。你看到这样一个句子"It was a Herculeans task，but he managed to do it."（那是非常艰巨的任务，但他终于完成了），在这个句子中，如果你不了解希腊神话中海格利斯（Herculeans）这个人物，你就不可能理解这个句子。在希腊神话中，海格利斯是主神宙斯（Zeus）与凡人阿尔克米娜（Alcmena）的儿子。由于天后朱诺（Juno）嫉恨其丈夫与凡人所生的所有子女，海格利斯一出世，朱诺就千方百计加害于他。海格利斯躺在篮中睡觉时，朱诺放出两条毒蛇，企图害死海格利斯，不料，婴儿力大非凡，用双手掐死了毒蛇。但朱诺并不就此善罢甘休。海格利斯长大后，朱诺施行法术，使他在盛怒中杀死了自己的妻儿。为了惩罚海格利斯，阿波罗（Apollo）命令他为欧利瑟斯国王（King Eurystheus）服务12年。期间，欧利瑟斯国王要海格利斯完成12件充满艰难的任务。海格利斯完成了所有任务。后人以"海格利斯任务"（Herculeans task）来比喻极其艰难的任务。又如，《纽约时报》曾经有一段描写我国乌鲁木齐市的文章："Urumqi seems more like a central Asian bazar than a city of the People's Republic. The resemblance is especially close at the animated 'free market'，a babel of Turkic tongues at the intersection in front of the Red Hill Department Store."（乌鲁木齐市看起来不像人民共和国的城市，倒像中亚细亚的市场。在充满活力的"自由市场"，这种相似更为突出。红山百货商场前面的交叉路口，各种土耳其语种混杂，一片喧哗）假如人们不知道"The Tower of Babel"（通天塔）这个典故，就很难理解这段文字。由于《圣经故事》的记述，人们一般把通天塔看作语言多样化和人类分散居住的起源。在用法上基于上述故事，人们把通天塔当作各种声音交错混杂的代名词，或者用通天塔来比喻一般性的场景，比如英语中常用"babel a perfect bable"来指代不可收拾的混乱局面；"a babel of sounds"则常被用于比喻令人头疼的喧哗和吵闹。

6.2.2 地域文化差异与英语阅读理解

地域文化指的是由所处地域、自然条件和地理环境所形成的文化，表现在不同民族对同一种现象或事物采用不同的言语形式来表达，例如：中英地域文化差异在方位及对应物上就体现得比较突出。英国浪漫主义诗人雪莱曾写有一首脍炙人口的《西风颂》(*Ode to the West Wind*)。在诗的最后，诗人名传千古的佳句表达了他对未来的美好憧憬和坚定信念："O, wind, if winter comes, can spring be far behind."（啊！西风，假如冬天已经来临，春天还会远吗?）汉语读者会因不了解英国地域文化知识而感到困惑不解。在中国人心目中，"东风"象征"春天""温暖"，它吹绿了中华大地，使万物复苏，故有"东风报春"之说，所以中国人偏爱东风。而英语的东风则是从欧洲大陆北部吹来的，象征"寒冷""令人不愉快"，所以英国人讨厌"东风"。不过英国人喜欢"西风"，它给英伦三岛送去春天，故有"西风报春"之说。你如果看到"She is a cat"这样一个英文句子，十有八九会联想到这个女人很馋，是个"馋猫"，恐怕很难想到英语国家是以此说明"她是个包藏祸心的女人"。因为不同的民族往往从不同的角度观察事物，只注意到某些事物的某些侧面，并以此作比喻，久而久之，这些比喻便成为该语言的固定组成部分，包含了固定的喻义，人们不再推敲这种事物的其他特征，不再琢磨这个比喻合不合理了。所以中国人第一次看到"drink like a fish"这个短语时，很难想到"牛饮"或"大口大口地喝"，因为鱼是大口大口地呼吸而不是喝水。这是动物学的简单常识。不过，遇到这种情况我们只能"入乡随俗"。又如看到"'You chicken!' he cried, looking at Tom with contempt."这个句子时，若没有上下文，中国人一时很难想到"you chicken"是"你这个胆小鬼"的意思，因为"鸡"在我们的文化中很少与"胆小"相联系。

6.2.3 习俗文化差异与英语阅读理解

习俗文化差异指的是贯穿于日常社会生活和交际活动中，由民族的风俗习惯而形成的文化。不同国家的人，通常看待和理解各种色彩的方式是不同的，有时甚至恰恰相反。以白色为例，尽管实际上它并没有任何颜色，“白色非色”（确切地说是无色），但通常我们仍把它看作一种颜色，并赋予它几种含义。当汉语读者看到“a white wedding”时，一定弄不明白为什么会是白色的“wedding”。中国人行葬时披麻戴孝，全身皆白，此乃悲哀色彩。在西方，白色却象征着和平和纯洁。婚礼上新娘穿一身白色婚礼服，肩披白纱，这表示爱情的纯洁。在中国，红色象征繁荣、幸福，新娘裹红挂彩，门前贴对红双喜字，这表示爱情的美满，所以当你看到“in the red”（欠债）时，也很难理解。在西方，人们视红色为愤怒、权势的标志，也暗示某种危险。在西方，紫色是王权的象征，即君王的御用色彩；对中国人来说它却表示一种浪漫的色彩。在文化背景不同的两个国家里，同一种颜色的含义迥然不同。中国视黄色为皇帝的象征，它表示高贵、威严。而西方，黄色被视为懦弱。所以人们不大理解“a yellow streak (or a yellow steak down his back)”的意思。这种人是流露出胆怯懦弱迹象的人。

6.2.4 宗教文化差异与英语阅读理解

宗教文化是人类文化的一个重要组成部分，它是由民族的宗教信仰、意识等形成的文化，表现出不同民族在崇尚、禁忌等方面的文化差异。不同的宗教导致了文化差异。在英语国家中基督教是主要的宗教，而中国的宗教则包括佛教、道教，还有儒家思想（有人直接称它为儒教）。汉语读者必须对基督教的《圣经》中的人物和事件有所了解，才能有助于提高理解能力。现在以龙（Dragon）为例来探讨一下。在西方神话传说中，dragon 是一只巨大的蜥蜴长着翅膀，身上有鳞，拖着一条长长的蛇尾，能够从嘴中喷火。在中世纪，dragon 是罪恶的象征，这源自圣经中的故事。与上帝作对的恶魔撒旦（Satan）被称为“the great dragon”。因此在基督教美术中 dragon 总是代表邪恶，一些圣徒如麦克尔、圣乔治等都以杀死 dragon 为其业绩。由于 dragon 令人感到恐怖，所以很早就被用来作为战争的旗帜，在诺曼人征服英国之前，dragon 是英国皇家主要战争徽记。在英语中，dragon 引起的联想与“龙”在中文中引起的联想完全不同，例如说一个人像 dragon，这并不是一句好话，因此在使用时需十分注意。“Collins Cobuild English Language Dictionary”如此解释：“If you call a woman a dragon，you mean that she is fierce and unpleasant.”（如果把一个女人叫作 dragon，意思是她很凶狠，令人讨厌。）例如可以说：“she is a bit of a dragon around this place.”（她在这里是个很跋扈的人。）“龙”在我国历史上是一个图腾的形象。在我国古代传说中，龙是一种兴云降雨的神异动物。在封建时代，龙作为皇帝的象征，在汉语中，龙总是用于好的意思，例如龙凤指有才能的优异的人，在许多成语中都有“龙”这个词，例如龙凤呈祥、画龙点睛、生龙活虎等。汉民族素以“龙的传人”自称。

以上分别从四个方面分析了文化差异对阅读的影响，但是怎么样才能减少进而消除中西文化差异对我们阅读的干扰作用呢？当然，要想彻底摆脱文化差异的干扰是不可能的。文化是一个不断发展的产物，身处不同的国家，各自的社会文化必然有其各自文化的独特性，这就导致必然有文化差异的存在。我们所能做的只能是不断地学习和研究英语国家的文化。

6.3 阅读文化障碍

文化障碍是中国学生阅读英语读物时的主要障碍之一。文化背景知识在阅读中的重要作用已经引起人们的注意。（肖健壮，1997：55，14；贾玉新，1994：51；胡文仲，1997）因此，研究文化障碍，对提高学生的阅读能力和阅读水平，对促进阅读教学的总体发展具有举足轻重的意义。

6.3.1 阅读文化障碍

人们对文化这一概念的定义有几十种之多。胡文仲（1994：193）根据外语教学的需要，把文化分为“知识文化”和“交际文化”两大类。他指出：“所谓知识文化指的是那种两个文化背景不同的人进行交际时，不直接影响准确传递信息的语言和非语言的文化因素。所谓交际文化，指的是那种两个文化背景不同的人进行交际时，直接影响准确传递（即引起偏差或误解）的语言和非语言信息的文化因素。”他还认为，“在语言教学中，交际文化的重要性甚于知识文化。”参照浦小君（1991）对文化的讨论，归纳起来，本书提及的“文化”是指如下三个层次的文化：哲学、文学、艺术、宗教等高级文化；习俗、仪式以及包括衣食住行、人际关系等各方面的生活方式的大众文化；价值观的美丑定义、时间取向、生活节奏、解决问题的方式以及与性别、阶层、职业、亲属关系相关的个人角色等深层文化。凡由这三个层次的文化因素引起的理解困难都属于文化障碍。阅读文化障碍实质上是一种交际障碍，比交际文化障碍的范围小。交际障碍包括口头和书面两个方面。口头交际障碍比书面交际障碍的范围较广。口头交际障碍包括语言、非语言、心理、角色障碍等，但相对较易排除，因为，交际双方可以借助询问和对方的体语、情境和解释或说明等反馈以及其他方式比较直接、快捷地发现并排除。相比之下，书面交际障碍的范围较小，但排除障碍的难度比较大，且在时间上具有滞后性，在空间上具有间接性。作者一旦成稿使之成为读者的阅读材料时，其语言和文化信息的内涵就已发出且确定不变。读者只能依靠自己已掌握的语言、文化知识对作者传递的语言、文化信息以及作者依之思维和生活的文化进行理解、分析和扬弃。对中国学生来说，这种交际通常在时间上滞后，在空间上具有异地性，在文化上具有外在性，所以遇到文化障碍的机会较多，排除文化障碍的手段也有局限，这加大了阅读文化障碍的识别及排除的难度。

6.3.2 阅读文化障碍的类型

为了鉴别和排除这些文化障碍，有必要对它们进行分类。文化障碍的分类应以文化的分类为基础。对于中国学生阅读英语材料而言，无论是高级文化、大众文化还是深层文化，既是知识文化，也是交际文化。因为在这种情况下，知识文化已经对阅读交际（信息的传递与接收）的准确程度形成影响，都可能会引起阅读的障碍，即高级文化障碍、大众文化障碍和深层文化障碍。高层文化障碍是指学生在阅读过程中遇到的有关哲学、文学、艺术和宗教等方面材料时，发现其中某些部分在自己的文化里没有相同、相近的成分，导致理解偏差。高级文化形式在一般人的日常交往中不常涉及，也不会影响两个中英文化背景的人进行日常交流，但在阅读中，中国学生遇到此类问题的机会不会少，当然也就成为阅读障碍了。大众文化障碍是指学生在阅读过程中遇到的有关风俗习惯、衣食住行、人际关系等大众生活方式方面的材料，对文本或其部分发生理解困难或理解错误。这种障碍较集中出现在下列类别的阅读材料中，如文学、艺术作品、广告、报刊类大众读物，影视传媒类读物，社会文化方面的教材和大众读物。

深层文化障碍是指学生在阅读过程中遇到下列有关问题时，发生理解困难或错误：价值观的美丑定义，即什么是美的，什么是丑的。英国哲学家霍布士的观点具有代表性，美是使人愉快的、有用的、有益的。（朱光潜，1984：208）在这种价值观指导下，美国人对成就的认识是：无论做什么，无论事情大小，只要做成了，就是成就。而在中国大众心目中，只有做高官、学成大器才算有成就。在体现价值观的时间取向上，英语国家的人们一般都把“守时”看得十分重要，把守时视作个人品德的一部分；开会和约会也都有明确的具体时刻安排。探亲访友一定事先预约。办事讲究时效，新闻及时性强，工资计发一般以星期为单位。在中国，人们开会或赴约迟到比较普遍。探亲访友也不需事先预约。在英语文化中，人们对问题的解决一般采用两种方式：和谈或诉诸法庭，以吵架或打架解决问题的方式是被唾弃的。而在中国传统文化中，对问题的解决往往通过绕圈子、找关系的方式。在英语国家里，女性享有较多的权利和自由，如受尊重、就业范围较广等方面。如白领蓝领，文职武职，小到办公室职员大到州长、国务卿、国家首相等职位都有女性担任。公共设施用具都有专门为女性设计安排的，例如军舰的台阶扶手、卫生间、生活舱等都有专门为女性考虑的。但是，女性结婚后普遍跟丈夫姓，被称为某某夫人、太太。而在中国传统文化中，女性比男性享有的权利和自由相对较少。在公共场合，女性自觉地让男性优先，女性就业多以技术含量较低的职业为主。公共设施用具一般不考虑女性特点。但是，女性结婚后仍然普遍使用婚前的姓，不跟夫姓，称呼亦无大的变化，虽然在口头称呼上有所变化，如李嫂（其丈夫姓李）。在社会阶层方面，英语国家里，英国有明显的爵位等阶层，其他国家则没有如此明显的阶层，平民可以成为国家元首，国家元首离任后可为百姓。在中国文化中，人们大致分为由高向低的三个等级的身份：干部、工人和农民。在职业方面，英语国家的职业分工比较细，人们对职业有较大的调整转换空间，以满足个人的需要。在中国传统文化里，职业分工比较粗，人们对职业的调整转换空间相对小，一般来说，一旦从事某职业则往往终生从事之。在亲属关系以及相关的个人角色方面，英语国家里，一般以父子两代的核心家庭为主，子女成家后另立门户独立生活，重独立。亲属关系比较松散。而在中国文化里，三代同堂比比皆是。亲属关系比较紧密，形成纽带。亲属之间以长为尊，重情分，重协作。在阅读中，任何一种文化障碍的排除都依赖于跨文化读者对该种文化和与之相对应的知识的了解。

6.3.3 文化障碍与语言的关系

在英语阅读中，文化障碍与语言是分不开的。语言是载体，不仅承载着语言信息，而且承载着文化信息。文化信息反过来作用于语言信息。读者对语言信息的理解既得益于文化信息又受制于文化信息。文化障碍可以通过语言得到解析和排除。“一种文化的词汇往往有独特的文化内涵。”（胡文仲，1997：53）英语文化的词汇具有独特的内涵。除此之外，语言是文化的产物，是文化的一个重要组成部分，又可以对文化做出反射。一个民族的多彩多姿的文化必然由这个民族的语言反射出来。而反射的结果表现于语言系统的不同层面上：词汇、片语、句子（包括谚语、俚语）、语篇（包括文体与修辞）。（林纪诚等，1994）

6.3.3.1 词汇层面

词汇，作为语言的基本构成要素是整个语言系统的主柱，必然最突出、最广泛地反映文化差异。虽然部分英语词汇在汉语中有其完全对应的词汇，不同文化的读者在阅读过程中，不会发生理解障碍。但是，许多其他词汇在不同文化中没有对应词汇，即存在“词汇空缺”，或者虽有对应词汇却与词义域、文化内涵不完全对应。英语文化和汉语文化都经历了悠久的历史，又由于所处的地理环境、民族组成和社会习俗不同，两种文化差异很大。作为两种文化载体的语言对各自的文化表现得淋漓尽致，词汇的文化差异在诸多方面得到了充分的反映。首先是词汇空缺方面的问题。英语中许多词汇在汉语中没有对应词汇。例如，英语中的“privacy”一词的解释是“state of being away from others，alone and undisturbed”。英语文化的价值观对“privacy”赋予很高的价值，似乎 privacy 是神圣不可侵犯的，当事者在心理上和情感上对其都有很高的要求和期望值，社团其他成员也充分理解和支持当事者的“privacy”，形成了一个社会规范(norm)。无论在学校、政坛、生意场上，甚至情场上和父子关系上，人们都在显意识和潜意识中遵守这一规范。在汉语传统文化中，几乎没有这种规范和价值观，尤其在父子之间，情人或夫妻之间。因此，中国学生读到有关“privacy”“private”时，即使想到汉语译义“隐私”、“静居”、“秘密”、“独处不受干扰”等，也很难领悟到英语文化中 privacy 那种价值意义和情感意义，这就给阅读理解带来了障碍。其次，英语中大量的词汇，在汉语中虽有对应的词汇，但是两种社会赋予各自语言词汇的意义不同。换句话说，这些词汇的语言意义对等，而词汇的文化含义不对等，甚至大相径庭。这种情况可以从四个角度来分析：对应词量的多少，对应词义域范围的大小，对应词的文化联想，对应词的文化情感。

（1）英语和汉语对应词的数目不等。其中一种情况是一个英语词有若干个对应的汉语词。如“aunt”一词，汉语里对应的有“姑”、“大妈”、“婶”、“姨妈”、“舅妈”、“阿姨”、“表姑”、“表婶”。在这里，“aunt”到底指谁，只能靠语境来判断。另一种情况是若干个英语词与一个汉语词对应。如 clothes，dress，coat，jacket 对应的汉语词是“衣服”。

（2）一个英语词汇对应的汉语词汇只有一个，但义域范围大小不同，这也是两种文化决定的。其中一种情况是英语词汇义域大于汉语对应词的义域。如“morning”一词指的是 24 小时制中零点到 12 点，而其对应汉语词汇“上午”指的是拂晓到正午的一段时间。另一种情况是英语词义域小于汉语词义域。例如“family”通常指父母和子女组成的两代人的家庭，甚至仅指已婚但不要孩子的两口之家，而汉语对应词“家庭”则指包括祖父母或外祖父母在内的三代人，甚至四代人的家庭。

（3）英汉两种语言的词汇有对应项，但是两种文化给对应词汇赋予的社会文化联想不同。这些联想在亲属、天象、数字、动植物、颜色、政治、宗教、历史、地理、文学、艺术、典故等方面都有特定的意义。如“father”和“mother”等亲属词汇在英语文化中，人们认同父母是子女生命之源和养育成人者，而在子女成年成家之后，则不再被视为家庭成员，父母不再有抚养成年子女的责任，更不会照看孩子的孩子（孙子或外孙），也不要求子女赡养父母。而在中国文化中，父母不仅生养子女，使其成人（这一点与英语文化相同），而且父母往往与某一成年成家后的子女共同生活，属于该子女的家庭成员，这时，父母往往肩负起抚养子女的子女的责任，子女也有赡养父母并为之养老送终的责任。英汉两种语言词汇在天象、颜色等方面也有不同的文化含义。如在英语文化里，moon（月亮）使人们联想到“冷峻”或“凄凉”，而在汉语文化里，“月亮代表我的心”，“人有悲欢离合，月有阴晴圆缺”，月亮是人们美好的寄托或向往。颜色本是物质的光学特征，但英汉两种语言关于颜色的许多词，在各自的文化里有不同的象征意义。例如，英语 red 象征意义是“危险”（red for danger），而汉语里的象征意义是“喜庆”、“吉利”和“权威”（如“大红喜事”、“走红”、“红头文件”）。在数字上，中国人以十、百、千、万、亿作位段计算，而以英语为母语的人，以“ten”“hundred”“thousand”“million”“billion”（十、百、千、百万、十亿）为位段计算。另外，中国人对许多数字有丰富的联想，如“二”：成双成对；“四”：四通八达，四季发财；“六”：六六大顺；“八”：通音“发”，即发财，“八仙过海”、“八面玲珑”、“八卦”；“九”：通音“久”，长久、长治久安、九星天、九霄；“十”：十全十美，通着“实”，实实在在、实心实意。而英语文化中，人们对数字没有此等联想，仅对 13 有晦气的联想，认为 13 是不吉祥的数字，人们乘车、乘机、住宿都忌讳用 13 号，有的宾馆在给房间编号时，不编 13 号，而只有 12 号、14 号。英汉两种文化在对一些动植物的基本认识上是相同的，但联想的意义不同，情感色彩也各异。如，英语中 dog 给人以“友好”“善意”“同情”等联想和情感（像“Love me，love my dog. Every dog has his day.”），而汉语中的“狗”却给人以“低贱”“仗势”等低贱之联想和厌恶之情感（像“狗嘴里吐不出象牙”“狗仗人势”“狗眼看人低”“走狗”“狗腿子”等）以及“忠诚”之联想（像“子不嫌母丑，狗不嫌家贫”“看家狗”等）。地名和人名在英语文化中，有不少是地方、人物和偶像的名称，而且代表着某类特殊意义的事和人。例如“Watergate”“waterloo”分别代表“政治丑闻”、“惨败”。“Robinhood”“Rip Van Winkle”“Hamlet”分别代表劫富济贫的绿林好汉、时代落伍者、正义复仇者。而汉语中的赤壁、岳飞、魏征、诸葛亮等分别代表“以少胜多”“尽忠报国”“正义直谏”“能掐会算”。英语文化中有源于神话、宗教、习俗的人物、物品，也有不少不仅是人物和物品，而且蕴含着特殊意义或浓郁的情感色彩。如，“Santa Claus”“Easter egg”，分别想到军中诈术、里应外合之物，慈祥赐福之偶像，复活永生之吉祥物。“democracy”“revolution”等政治词汇在英、汉语文化中联想是有差异的。英语文化对“democracy”崇尚并自认为享受充分的政治民主，往往和个人权利的保证联系在一起，而在中国普通人心中，“民主”是向往并为之奋斗的理想目标。“revolution”在英语国家里往往和暴力血腥相联系，而在中国“revolution”（革命）意味着正确，代表先进、崇高、神圣。

（4）英汉两种语言的部分对应词汇，在英语文化和汉语文化中分别引起人们不同的情感、感受或体验。其中一种情况是，英语词在英语文化里给人以愉悦、喜爱的情感和感受，而在汉语文化里却给人以不悦甚至憎恶的情感和感受。如，“individualism”（个人主义）在英语文化，尤其在以实用主义哲学为“主要思想基础”的美国文化里，人们对其怀着崇尚的情感，赞成甚至追求之。（刘放桐，1994：275）“individualist”（自由主义者）得到广泛的同情、肯定和支持。而在中国文化中，“自由主义”是被唾弃的理念，自由主义者被认为是只顾自己私利，不顾他人、集体乃至国家利益的狭隘之徒，在情感上是被排斥和不被接纳的。另一种情况是，一些词汇在中国文化里给人以喜爱、愉悦的情感或感受，而在英语文化里却引起人的不悦甚至憎恶。第三种情况是，一些词汇在一种文化里给人以强烈的情感，而在另一种文化里却没有。如，“the Mississippi”（密西西比河）在美国人情感世界里有着不可替代的位置，人们崇敬它，称它为“万水之父”（father of waters）。“Big Ben”在英国人心头和耳边回响，构成他们生活的一部分。而“Mississippi”“Big Ben”对中国人来说只是一条河和一座钟，没有其他情感和感受。反过来，长江、黄河、泰山、长城在中国人心目中荡起强烈的情感波涛，而在英语国家人们无此情感。

6.3.3.2 短语层面

英汉两种语言除了在词汇层面上存在的文化差异之外，在片语和典故层面上也存在着文化差异。例如，"end of the world"在汉语中的对应词汇是"世界末日"。这个英语片语出自基督教，意思是指有朝一日，现世终将结束，上帝将对所有的人进行最终审判，让好人升入天堂，使坏人下地狱，所以现世要多多行善，不要作恶。而中国，一般人以为"世界末日"是指有朝一日地球将毁灭，一切将不复存在，所以现世不必节俭应尽情享受或挥霍。

典故和委婉语在这里表现得尤为明显。大多数的参考资料将典故定义为：一种通过直接或间接引用过去或现在的某些特别事物从而创造特殊文体特征的表达，是英语阅读中的一个难点，因为每个典故都源于一个民族的历史、传统、文学作品和宗教中所特有的人物和事件。典故的语言精练，寓意深刻，不了解相关背景知识就无法正确了解这些典故的含义。英语的典故大多来源于希腊和罗马神话、民间故事和传说。如"the apple of discord"中金苹果是一切争端、不合的种子，斗争的根源；"The Garden of Eden（伊甸园）"、"Noah's ark（避免所）"、"Achilles heel（唯一致命的弱点）"、"Pandora's box（潘多拉之盒）"指带来罪恶、灾难、麻烦、祸害的事或者物。因为在希腊神话中，潘多拉是宙斯命火神用粘土制成的第一个女人。当她下凡时，宙斯送给她一个盒子，后来她违背了宙斯的规定打开了盒子，结果，把一切灾难和罪恶放到了人间。英语典故的另一个来源是英国文学名著尤其是莎士比亚的作品。人物夏洛克（Shylock），常用来指贪婪、残忍、不择手段的守财奴；"Romeo and Juliet"成为浪漫的爱情的典型代表。有些英语典故是起源于重要的历史事件。Water Gate "水门"是美国哥伦比亚华盛顿特区的一幢综合性办公大厦，在 1972 年 6 月 17 日之夜，总统竞选连任委员会的 5 个成员因企图窃听民主党国家委员会而在水门大厦被捕。随后的调查显示：时任总统尼克松所在政党共和党的行为因妨碍竞选进程而违反了美国宪法。因此事件，尼克松政府的几名达官显贵仕途尽毁，尼克松本人也成为美国历史上第一位被弹劾的总统，水门也因此声名远扬。在美国英语辞典中，"水门"专指政要们为了确保自身权威或地位而采取欺诈、贿赂、非法闯入以及其他滥用权力的行为，从而陷入丑闻的事件。“Watergate（水门）”有时也用作动词，指“to deal with in a covert or criminal manner（用隐蔽的或违法的行为来达到某种目的）”。现代英语中，“Gate”也已经演变成了许多词语的后缀，专门用于暗示丑闻。例如，美国前总统杰米·卡特之弟比利·卡特（Billy Carter）曾被怀疑涉嫌收受利比亚政府的贿款，此事件随后也被称作“Billy Gate”，即比利门丑闻。而在1980年10月，当时美国总统卡特与罗纳德·里根即将展开最后一轮竞选辩论，里根的助手获取了有关卡特辩论准备情况的机密消息，从而帮助里根在竞选辩论中占了上风。此窃密事件曝光后，被美国新闻界称作“Debate Gate”，即辩论门丑闻。

委婉语从其字面意思就可得知，用文明温和的语言来代替原来会显得粗鲁或令人不快的、不吉利的话，使语言温和一些、悦耳一些，或者把话说得委婉，使语言生动一些、幽默一些，但它不是讽刺，而是避讳，使语言典雅，易于被人接受。它们往往带有极强的民族特征。不了解这个语言的社会背景就难以理解委婉语的意义。所以委婉语是英语阅读中不可忽视的语言现象。英语中表示“死亡”的委婉语比较多，如“pass away”“expire”“depart”“breath one's last”“go to heaven”“be gone”“be gone to a better world”“trouble be over now”“depart from the world forever”；疾病（disease）这个字眼也是令人不愉快的，一定要提到时，常用委婉语“trouble”替换，如：lung trouble（肺病），liver trouble（肝炎），heart trouble（心脏病），stomach trouble（胃病），kidney trouble（肾炎）等。现代英语中常以缩写字母代替病名的全称，从而达到委婉表达的目的。例如：T. B. （tuberculosis），结核病；V. D. （venereal disease）性病；flu（influenza），流行性感冒等；生理上的缺陷，在日常生活中人们也尽量用委婉语词。比如说人家“耳朵聋”，似乎也不很礼貌，人们不说“聋”，而说“耳朵背”，或者说“耳朵有点不好”，“耳朵有点不便”，古人说“重听”，英语说“hard of hearing”（听觉不怎么利索），都是一个意思；委婉语言的意义与英语国家的“政治倾向”与“文化导向”相关联。美国表面上坚持客观公正的原则，但在国际社会上往往表现出十分鲜明的主观倾向和政治立场，如美媒体把表示支持本国或本国政府的热情叫“patriotism”

（爱国主义），把别人表示反对美国霸权主义的愤慨叫作“nationalism”（民族主义）。

6.3.3.3 句子层面

文化障碍不仅存在于丰富的词汇和片语的层面上，也存在于句子（包括谚语和俚语）层面上，虽然组成句子的词汇及其意义基本相同，但由它们组成的句子蕴含着文化差异，给外族人对句子的理解构成障碍。如：

He is a professional.

She is a professional.

从语言上看，以上两个句子都是描述专门从事一种职业，但是从地域、性别、职业、社会等方面看，前一句可能是指“他是个职业拳击手”，后一句则可能是指“她是个以卖淫为生的女人”。许多英语谚语也是阅读理解的障碍，因为它蕴含着丰富的文化内涵，如：

An Englishman's home is his castle.

A woman，a dog and a walnut tree，the more you beat them，the better they be.

第一句谚语意思是“英国人的家是独立王国”，因为一个人的家是神圣不可侵犯的，在古代英国，即使是法警，也不能走进人家里去抓人。第二句谚语意思是“女人、狗和胡桃树，打得越多越有好处。”在古代，英国男尊女卑的社会里，妇女地位低下，如狗一样驯服，可胡桃树怎么能打服呢？因为英国古时候有个迷信，认为在春季打胡桃树的树干，当年就会结出更多的胡桃。虽然现代英国人不信这种迷信了，但人们往往以此谚语开玩笑。俚语也是文化的一部分，英语丰富的俚语活跃在英语文化圈内，且由于地域和人群的不同而纷繁。这给中国学生的阅读带来了障碍。如：一份美国报纸中曾有一段这样的对话：

A：Will you really come?

B：You kill me.

乍看起来很费解，因为B说的是一句俚语，意思是“（如果我不来）你就杀了我得了”，换句话说：“我一定来。”

6.3.3.4 语篇层面

语篇是另一个层面的文化现象，英语语篇与汉语语篇有许多不同之处。首先，在思维方式上，句子之间，段落之间都有其逻辑连贯关系手段，诸如那些表示时间关系、空间关系、比较和转折、推论与总结的话语。其次，语言形式与逻辑关系交织在一起对构成语篇起作用，这些语言形式包括关键词的重复、同义词、近义词的使用以及平行结构，另外，替代、省略、照应等手段也用于构成语篇。这三种手段和汉语语篇不尽相同，往往给中国学生阅读英文造成障碍。文体与修辞既是语言表达手段，也是文化思维手段。英汉两种语言和文化思维各有其文体和修辞特点。这些文体和修辞特点也是构成中国学生英语阅读文化障碍的成分。英语的论文、报告、教材、散文、诗歌、戏剧、文件、证件、法律文书、条约、合同、商务函电、书信、广告、海报和各种各样的应用文等在文体上和修辞上均与汉语有所不同。如英语诗歌的诗句保持着完整的句子结构，一句可以跨若干行，通过省略、倒装、插入和修饰，使得结构复杂，这对中国学生理解其思想和情感构成困难和障碍。比喻、类比、委婉语等修辞手段在英汉两种语言里文化差异明显。如“to spend money like water”（挥金如土），“to fish in the air”（水中捞月），“to live a dog's life”（过猪狗不如的生活），“to teach fish to swim”（班门弄斧），“to read Mark Twain”（读马克·吐温的作品），“to read the Mississippi”（观察密西西比河水面，分析了解水下情况）等。

此外，宗教对语言的影响也直接影响到对文章的理解。众所周知，《圣经》是基督教、天主教等宗教的经典，全书分为《旧约》和《新约》。《旧约》主要记载了犹太人的历史，《新约》是有关耶稣及其使徒的言行和故事。《圣经》对英美文学的影响十分广泛，如果缺乏这方面的知识，很多小说、文章只能理解其表面意义，无法理解其深刻内涵，有时甚至根本看不懂的。比如：在西方，常称孩子为“olive branch”，《圣经》中，诺亚方舟上放飞了一只鸽子去寻找陆地，它衔来报告主人洪水已退的东西是一枝橄榄叶，所以“olive”和“olive branch”都可以用作和平的象征，又因为在父母争吵不休的家庭中，孩子正好做了维系温情的唯一纽带，不少政治家也常常通过亲吻孩子来表示其和平亲善的一面，故西方人会用戏谑口气称孩子为“olive branch”，我们知道，吻往往是幸福的体现，是爱情与忠诚的标志。然而在“犹大之吻”中，吻却代表着背叛。“Judas Kiss”（犹大之吻）源自《圣经》。犹大是耶稣基督十二门徒之一，当时，大主教正阴谋刺杀耶稣，犹大只关心自己在协助主教抓获耶稣后能获得怎样的报酬，最后大主教与犹大以30个银币的酬劳成交，双方商定以犹大对耶稣的额头吻礼作为抓捕耶稣的信号。于是，在逾越节之夜，犹大带领一群恶徒来到耶稣的住所，他吻了耶稣的额头，恶徒们一看便知，于是耶稣被捕遇害，犹大以此一吻背叛了耶稣。因此，"Judas Kiss"（犹大之吻）被广泛应用在许多文学作品和日常交谈中，用于暗示背叛的行为，例如："What the Japanese negotiation agents played on the occasion was no more than a Judas Kiss."（日本谈判代表在那个场合表演的不过是犹大之吻罢了。）

《圣经》的影响超出了国家和民族的界限，如《旧约》中的上帝造人说，诺亚方舟，摩西出埃及，《新约》中的救世主的诞生，为拯救人类而被钉十字架等，都已传遍世界、老少皆知，成为文学家、画家经久不衰的主题。很多名家从中征引典故、选取素材、改编情节、再现原型、汲取灵感。如但丁的《神曲》、弥尔顿的《失乐园》、拜伦的《该隐》都直接取材于《圣经》；莎士比亚的戏剧、霍桑的《红字》都涉及基督教主题。近现代的伟大作家如狄更斯、简·奥斯汀、勃朗特三姐妹等都在其作品中体现出对基督教信仰的见解。

《圣经》不仅对英语语言的发展起着重要的作用，它的影响还渗透到西方社会的政治、经济、文化和日常生活的方方面面。例如，美国总统就职时就手按《圣经》宣誓，美国的钱币上印有"In God We Trust"的字样。商业界的流行理念"顾客就是上帝"，听见有人打喷嚏，英国人会说"Bless you!"。因此，不了解《圣经》，就不了解基督文化和西方文化，更不利于英语语言的学习和运用。

由上可见，文化障碍隐蔽在语言的各个层面，而语言又给揭开文化障碍的奥秘并排除文化障碍提供了一定的线索和依托。对英语语言的掌握有助于提高对英语文化的认识，以便顺利地排除文化障碍。反过来，对英语语言所蕴含的英语社会文化的了解可以帮助理解英语语言。文化知识的了解对语言的理解起着重要的作用。学生越了解英语文化，越有敏感的文化意识，在英语阅读中遇到的理解障碍越少，越好克服，越能提高英语阅读质量。

6.3.4 排除英语阅读中的文化障碍

语言与文化互相交织在一起，中国学生阅读英语材料时，面临的文化障碍是多层次的，也是多方面的。由于对语言的理解受到特定文化经验的制约，因此提高英语阅读理解质量，不仅需要精通英语语言本身，而且需要了解和体验语言文化。既了解英语语言，又了解英语文化，阅读过程中的文化障碍才会减少乃至完全排除。怎样做才有利于排除文化障碍呢？

首先，建立并强化文化意识。即使是初级英语学习者，学习的主要目标是掌握英语语言，诸如词汇、短语、句型、语法，也不能忽视文化学习。在大学高年级，应增加文化学习分量。英语教师应当掌握各阶段语言学习和文化学习的比重，利用“文化渗透”和“文化旁白”的方式，给学生以正确的文化引导。

其次，在学习语言的各个阶段和方面，注意挖掘、发现文化现象和文化含义，与汉语文化做对比找出两者异同，增强学生“对文化差异的敏感性”，提高学生“综合运用英语进行交际的能力”。（《高等学校英语专业英语教学大纲》）英语教师，尤其是阅读课教师，应该把培养阅读策略和技巧、提高语言理解能力和提高文化识别和理解能力视为相关联的教学目标，在指导学生理解读物的语言信息的同时，提出启发性的文化问题，对文学作品进行分析，还可以补充一些课前准备好的“文化片段”或“文化包”，诱导学生理解文化信息，由认识高层文化、大众文化向认识深层文化发展，从而获得一定的文化预见能力，以利于排除以后遇到类似的文化障碍。

再次，有计划地进行系统文化学习和训练。对中高年级及其以上的学生而言，阅读理解的障碍更多地发生在文化范畴，而非语言范畴。学习、了解文化和其他知识成为英语学习的首要任务。除了从阅读课和其他课中挖掘文化知识以外，还需要有一个推荐文化书目，内容包括有关的文化介绍、评论、论文和文学作品，对其进行有计划的学习，对所学内容写出报告或经常讨论，教师可以利用适当的课堂时间和一定的课外时间跟学生一起讨论，以丰富、完善、深化对文化现象及其深层根系的认识。另外，开展定期课题式文化活动，形式包括“文化丛”和“文化多棱镜”活动，活动方式可以是介绍（口头、书面、画面、听音、影响、表演等）、评论、讨论等，让学生从不同的视角聚焦去看同一文化现象，或从同一视角看不同的文化现象，以便学生对目的语文化形成“定型”认识，又能对定型认识的局限有认识，以超越局限。

6.4 语言文化因素与阅读理解

语言不是真空的，它深深地扎根于人类文化之中，并反映该文化社团的全部信仰和感情。语言与文化是共生的、互依的，两者息息相关。一方面，语言是文化的一个重要而突出的组成部分，对文化起着重要的作用，语言不但是学习的重要工具，而且是文化的载体，没有语言的储存和传播，文化就不可能世世代代相传；另一方面，语言也不能脱离文化，它受文化的影响，反映一个民族的文化特征。它不仅包含该民族的历史和文化背景，而且蕴藏着该民族对人生的看法、生活方式和思维方式。

英语学习者在进入学习较高阶段时，阅读理解的主要障碍已经不在语言本身，而在于对英语国家社会文化背景知识的了解程度。缺乏必要的文化背景知识，将直接影响对文章的理解、记忆、复述。理解文章的关键在于正确使用背景知识填补文章中非连续事实的空白，使其同文章其他信息连成统一体。由于学生没有适当的背景知识，常用本民族的文化知识填入这一空白或根本无法填补，即无法找出上下文的联系，严重影响他们对文章的正确理解，常表现为阅读速度缓慢，复述时丢三拉四、添枝加叶、歪曲原文，不能做出正确的推理、判断和预测，这显然是由于缺乏适当的文化参照因素所致。

卡雷尔曾经指出：“理解文章的能力不仅取决于读者的语言知识，还取决于他们的一般常识，以及在阅读的思维过程中这些常识在多大程度上被调动起来。”（Carrel，1983）事实上一个人拥有的语言知识和文化背景知识越丰富，他在阅读中的猜测就越准确，他对所读文章的理解就越深刻，阅读速度就越快。这一点可以从阅读理解的心理过程得到证实。现代英语教学法基于阅读具有交际性的理论竭力主张培养和提高学生的各种阅读技巧（包括语言性的和非语言性的）。交际教学法倡导者认为，与说、写一样，阅读也属创造性的交际活动。自20世纪60年代以来，国外一些研究者提出了崭新的阅读理论，认为阅读是一个复杂的语言心理活动，是作者、语言信息和读者三方面共同作用的结果。近年来现代认知心理学的图式理论认为，人的知识是以图式形式储存在长时记忆中并形成一个巨大的立体的图式网络系统，当人的感觉系统接受一个信息时，就会使图式网络系统中的大量有关知识得到激活，即“以点激网”。如果图式知识与被感知的信息相匹配，图式知识就会表征出来，为被感知的信息提供一种解释。而阅读理解主要取决于读者头脑中的图式知识，即过去的经历、社会常识、文化背景和科普知识。读者头脑中的图式知识越丰富，其阅读能力就越强。背景知识与语言能力同等重要，有关背景知识的教学活动可以大大促进读者的阅读理解。

中国学生在进行英语阅读时，如果缺乏必要的文化背景知识，不了解中西文化的差异，就会直接影响到对文章的理解。学生在阅读与文化紧密相连的文学作品时，由于缺乏适当相关的背景知识，常用本民族文化知识去理解，往往无法找出上下文的关系，体会不到文章的内在含义，严重影响他们对文章的正确理解，使其不能做出正确的推论、判断和预测，这是由于缺乏适当的文化参照系统而引起的。因此除了具备较强的语感，学生必须具备较强的文化感，充分了解本民族与外语文化的异同，才能在阅读中真正领会到作者的意图。

上面已经介绍了文化差异对阅读理解的影响，本节将具体从以下几个方面论述中英文化的异同。

6.4.1 禁忌语

所谓禁忌语（Tabooed Words），是指人们在进行语言交际过程中因涉及隐私或词义不雅需避讳或禁用的词语。（阎文培：348）禁忌，即“taboo”一词，源自南太平洋玻利尼西亚汤加岛人的土语，含义为“神圣的”“不可触摸的”。在中国，“禁忌”一词也可谓历史悠久，早在汉朝就已出现在一些史料典籍中了。语言禁忌的起源可归结于几种因素：宗教与迷信、社会因素、交流需求。言语禁忌是民族思维方式、价值观念、历史发展和社会背景多方面因素综合作用而长期形成的文化现象，中西文化的巨大差异导致了禁忌语的大相径庭。当然，近年来，中西方文化的不断交流，使得汉英两种语言中的禁忌语有趋同趋势。

6.4.1.1 汉英禁忌语的共性

(1) 禁用亵渎性词语

在西方国家，人们多信奉基督教，上帝的名字“Jehovah”便是最大的禁忌语。在任何情况下，人们由于畏惧心理都不滥用上帝的名字，所以有的人往往避而不用“God”“devil”“Christ”“damn”等词语，而代之以“gosh”“golly”。中国人与宗教相关的禁忌语也是很多的。首先中国忌亵渎神灵，不能对神仙在言语上有任何的轻慢和不敬。人们为了保护一家老少生活幸福平安，买来门神贴于门户或供于堂中。但“买”字是很忌讳的，于是换成“请”，以免亵渎神灵。春节商店里卖年画的售货员也不会说“卖财神”，而是说“送财神”。因此，中西文化中，对神的崇拜使人们对上帝、鬼神等宗教信仰融入了日常生活，宗教上禁用亵渎性词语成为一种共识。

(2) 禁用辱骂性词语

无论中国还是西方国家，一些辱骂性的词语，一般是被大众所禁忌的。因为这类词语通常会冒犯他人，令人不愉快，愤怒，或者引起双方的冲突。比如“shit”“hell”“damn”“fuck”等，在英语中，这类词语多由四个英文字母组成，称为“4-letter words”，人们对这类词十分敏感。汉语中的咒骂语和猥亵语也有很多的，我们在正常情况下是不使用的。在中国北方，骂不明事理的人为“混蛋”，骂懒惰的人为“懒蛋”，骂愚蠢的人为“笨蛋”等。在现代文明社会，禁止使用辱骂性词语已经成为一种共识，人们都提倡文明而有礼貌的交流方式，这也反映出在各种不同文化中，人类都在追求文明，提升道德修养。

(3) 禁用关于疾病和死亡方面的词语

“生、老、病、死”是人之常情，是一个自然规律。但是人们对于疾病和死亡的恐惧，导致了人们对这一话题的禁忌。比如人们忌说癌症，英语一般用“the big C”“long illness”来避免使用“cancer”这个词。谈到死亡，英语中就用“go to heaven”“go to a better world”等，而死在汉语中就有“过去了”、“不在了”等说法，现在也有的人说“和谐了”来表达死亡的意义。

(4) 禁用关于性及排泄等生理活动的词语

虽然西方社会提倡性解放，但是在日常生活中特别是正式场合，关于性以及性器官都属于禁忌。例如，我国电影的“金鸡奖”，开始时译成“Golden Cock Prize”，可是 cock 一词除了“公鸡”的意思之外，还有“雄性性器官”的意思，在英语中属于禁忌语，因此改译为“Golden Rooster Prize”。至于排泄等生理活动，中西方都认为是一种污秽不堪的行为，例如去厕所英语中用“make/go/do number one”“answer the nature call”等，而汉语中则称为“去方便一下”“去一号”等。近年来，随着中西方交流的增多，禁忌习俗相互影响，其中相似的成分在增加，英汉禁忌语在文化内涵上会表现出越来越多的相似性。

6.4.1.2 汉英禁忌语的差异性

(1) 称谓方面的禁忌差异

由于汉英文化背景的差异，使得两种语言在称谓和礼貌方面的表达截然不同。中国历来是礼仪之邦，中国人看重等级排序、敬老尊上、讲究礼貌，在称谓上就体现了这一观念。在古代，平辈之间，或下级对上级，不能称名道姓，要称字或者号，以示尊敬；对于尊亲和帝王官吏的名讳要回避。现在，晚辈对长辈，下级对上级，就算朋友之间也不能直呼其名。而在这一点上，西方国家与中国却大相径庭。“All men are created equal”，因此西方人大多喜欢别人直呼其名，不论职位、年龄的差异如何悬殊，他们认为这样的称呼很亲切，可以体现平等。西方人为了表示对前辈的尊敬，晚辈甚至可与长辈同名，如英国首相丘吉尔的儿子和爸爸都叫伦道夫。

在外国人看来司空见惯的事情，中国人则觉得不可理解。中国拥有几千年的封建社会的历史，又有着尊老爱幼的传统，因此对长辈或年龄大的人直呼其名或者取与之相同的名字，被认为是大不敬或没教养的表现。如司马迁在写《史记》的时候把赵谈改为赵同，因为他爸爸的名是“谈”，以示对他的尊重。(云中天，2006)

（2）隐私方面的禁忌差异

西方有句谚语，“A man's home is his castle.”（一个人的家就是他的城堡。）意思是：一个人的家是神圣不可侵犯的。“Privacy”（私事）在英语国家相当受珍视。对于他们来说，年龄、金钱、婚姻状况、一个人在政治上的见解和宗教上的信仰都属于他们的私事，别人无权过问。询问这些方面的问题会被看作干涉他人隐私、不礼貌、无教养的行为。因此在交谈中要避免使用此类问题，如：

How old are you?

What is your age?

How much do you make?

What is your religion?

Are you a republican or democrat?

然而此类的禁忌在中国并不存在，因为中国人热衷于密切的联系和相互之间的信任与关心。对于中国人来说，年龄、收入、财产、房租、婚姻状况、健康状况等一般来说都不属于隐私，可以询问。一个人的事情也常常是所属大范围内的人们共同关心的与自己有关的事情。询问在外国人看来是禁忌的问题，中国人则认为这是密切人际关系、联络感情的表现。在这种文化背景下，所谓的个人隐私几乎不存在。而这些对于西方人来说是不能探听的，在与人进行交往时，西方人会选择一些无关痛痒的话来谈，比如天气、球赛等。但是，随着改革开放的发展，中西方经济文化的往来日益增加，中外文化相互渗透。在此形势下，所谓隐私话题也逐渐成为中国人交往中的话题禁忌。这是世界上不同文化彼此趋同、相互交融的一个小小例证。

（3）数字方面的禁忌差异

中西方在数字方面的禁忌表现出很大的差异性。例如，在中国人不喜欢 4，因为它和“死”的音相同，如果电话号码、车牌号码中含有 4 会给他们带来灾难。“5”在月份中是个禁忌数字，5 月被认为是“恶月”，5 月 5 日更是“恶月恶日”。“9”在年龄中是禁忌数字，古人有这样一种说法：“明九，暗九，非死即病。”而英语国家避讳 13 和星期五，因为耶稣遇难的日子恰好是 13 号，星期五。因此西方国家的楼层没有第 13 层，请客不会请13个人。另外，中国人偏爱偶数，好事成双，六六大顺，成双成对都是很好的例子；还有8（发），而西方人则把奇数（13除外）当作幸运的象征。罗马诗人维吉尔说，“The God delights an odd number.”“Good luck lies in odd numbers.”（王振亚，2004）

（4）有关“老”的禁忌

中西方对待“老”的态度也有着天壤之别。中国有俗话说：“家有一老，如有一宝。”汉语中“老”除表示年龄大外还象征着受人尊敬、权威、智慧等。西方人害怕说自己老，他们认为说他们“老”是说他们对社会没用了。他们表达“老”的方式是间接的、含蓄的。老年人不说“the old people”，而是用“the senior citizen”“the advanced in age”来表示。

（5）种族歧视方面的禁忌差异

西方种族主义认为，有些人种天生低劣，素质不如其他人种。种族歧视语言就是显示对某些种族带有偏见的词语和说法。在英语中，许多词语会显示对黑人的种族偏见，通常“黑”与“邪恶”“罪孽”“肮脏”等有关，如：“blackguard”（恶棍），“blacklist”（黑名单），“black mark”（污点）等。此外，用“nigger”“boy”这类的词来称呼成年黑人男子有明显的轻蔑意味。如今，随着社会的发展，人类文明的进步，这些词已很少有人使用了，因而也就慢慢地成了禁忌语。汉语中也有种族歧视的痕迹。新中国成立以前，存在轻视或贬低汉族以外的少数民族的词语如“蛮人”。但是新中国成立后，推行各民族平等的准则，因而这类种族歧视的词语和说法大部分已经消失。

6.4.2 习语

习语是一种语言的精华，是民族千百年来智慧的结晶。然而，并不是所有的习语都能在另外不同的文化中找出与其对应的词汇。这种文化差异源于历史、地理、宗教、风俗等方面。

中英历史文化博大精深，历史典故成为文化中的瑰宝，具有鲜明的文化个性及丰富的历史文化信息，最能体现历史文化的特点。英汉两种语言中，习语多源于历史故事、神话、寓言与民间传说。这些习语结构简单、意义深远，往往不能单从字面意义去理解和翻译。例如“卧薪尝胆”源自《史记·越王勾践世家》，用来形容刻苦自励的精神；“悬梁刺股”源自《太平御览》，比喻勤学苦读。“八仙过海”“夸父逐日”等源自神话故事。“愚公移山”“拔苗助长”“画龙点睛”等源自寓言故事，等等。英语典故习语多来自《圣经》和希腊罗马神话。如“cross the Rubicon”（孤注一掷），“hang by a thread”（千钧一发），“Achilles'heel”（阿基里斯脚踵，比喻唯一致命的弱点），“a Pandora's box”（潘多拉之盒，比喻灾难、麻烦、祸害的根源），等等。

习语的形成与人们的生存地理环境密切相关。英国是一个岛国，人们的生活以航海渔业为主；而汉民族生活在东亚大陆，人们的生活与土地有着不可分割的关系。由于地理环境的差异，中国人和西方人对同一词汇的理解、联想也有所不同。例如，形容一个人奢侈浪费时，英语是“spend money like water”，而汉语是“挥金如土”。中国大陆幅员辽阔，有许多名山大川，因此有许多与山有关的成语，如“安如泰山”“开门见山”“江山易改，禀性难移”及“有眼不识泰山”等。而在英语中则有许多有关船和海的习语，如“all at sea”（不知所措），“between the devil and deep sea”（进退维谷），“when one's ship comes home（当某人发财时）”等。在中国传统文化里，耕牛是勤劳的象征，人们往往把那些勤勤恳恳、任劳任怨的人比作老黄牛，曾有鲁迅“俯首甘为孺子牛”的名言。而英国古代靠马耕种，因此在英国文化中，马是吃苦耐劳的象征，如“as strong as a horse”，汉语则译为“力大如牛”。

宗教信仰对英汉习语的产生和发展都有深远的影响。中国人信奉佛教和道教。佛教传入中国已有一千多年的历史，对中国人的影响根深蒂固。相关的习语有很多，如“借花献佛”“大慈大悲”“不看僧面看佛面”“闲时不烧香，临时抱佛脚”等。与道教有关的有“道高一尺，魔高一丈”“一人得道，鸡犬升天”等。在西方国家，人们信奉基督教，许多习语源于《圣经》。相关的习语如“God helps those who help themselves”（上帝帮助自助的人），“God sends fortune to fools”（傻人有傻福），也有“Go to hell”（下地狱去）这样的诅咒语。

风俗习惯是一个民族在长期岁月中逐渐形成的文化意识的反映，它影响着习语，是习语赖以生存的深厚土壤。英汉习俗是来自多方面的。汉语习语“小菜一碟”和英语习语“a piece of cake”（一块蛋糕）都表示容易的事情。蛋糕是英国人在生活中常见的一种食品，所以他们就用“a piece of cake”表示容易做到的事情；而在中国，吃一碟小菜对中国人来说很容易，因此用“小菜一碟”来形容一件事情很容易。再如，“情人眼里出西施”，一般西方人不大了解西施是何许人也，就不可能理解这句习语中富有中国文化的喻义了。中英关键的不同点之一是对“狗”一词的态度。狗在中国文化中是一个献谄的动物，在汉语中有很多对狗含有贬义的习语，例如，“狐朋狗友”“狗胆包天”“狗嘴吐不出象牙”等；而英美民族却把狗看成人类最忠诚的朋友，常用狗来比喻人。例如，“Every dog has his day”（凡人皆有得意的日子），“a top dog”（优胜者），“a lucky dog”（幸运儿），“Love me，love my dog”（爱屋及乌），等等。

6.4.3 谚语

谚语最大的特点是简练通俗、含义深刻，准确、凝练，富有启发教育意义。英语阅读文章中，谚语既可以节约语言，又可以使语言变得生动活泼、通俗易懂，让人们享受到令人陶醉的英语语言艺术。培根曾说过：“Genius，Wit and Spirit of a nation are discovered by their proverbs.”（一个民族的天才、机智和精神都可以在这个民族的谚语中找到）。从谚语中可以看到一个民族的智慧、处世哲学和共同心理，也可以看到社会制度、风俗习惯、生产方式、经济水平等发展变化的历史痕迹。作为一种语言艺术，谚语同习语一样，反映出一个国家在地理、历史、宗教信仰、生活习俗等方面的差异。

（1）宗教差异

西方国家许多人都信仰基督教，《圣经》是他们的必读之书，因此英语中有许多谚语源自圣经故事。起初《圣经》只是一本宗教书籍，但随着人们对它的不断认识和理解，《圣经》中的许多语言被人们重新提炼，赋予了新的内涵和意义。这些被提炼的语言很多以谚语的形式存在，广泛为世人所接受，成为妇孺皆知的日常用语。例如：“eye for eye，tooth for tooth”（以牙还牙，以眼还眼）就出自《旧约·出埃及记》，指的是上帝向摩西发布的惩处暴力行为的法则。在现实生活中，这句谚语引申为“以暴制暴”。“A tree is known by its fruit.”（观其果而知其树；观其行而知其人）也出自《圣经》，上帝耶稣说道：“Make a tree good and its fruit will be good，or make a tree bad and its fruit will be bad，for a tree is recognized by its fruit.”这则谚语引申为“观其行而知其人”。

在西方，《圣经》是人们的精神食粮和思想宝库，他们把上帝耶稣视为自己的神灵，上帝指导着他们的思想，因此很多英语谚语都和“God”有关。例如：“God helps those who help themselves.”（天助自助者）；“God sends fortune to fools.”（傻人有傻福）；“God gives the milk，but not the pail.”（上帝赐牛奶，桶要自己买）。对基督教有点了解的人都知道，耶稣最后被钉在十字架（cross）上，“cross”一词也常应用在英语谚语中，用来指代“苦难”。例如：“No cross，no crown.”这句谚语中的“cross”比喻苦难，“crown”意为皇冠，比喻吃得苦中苦，方为人上人。再如：“The cross on the breast，and the devil in the heart.”（十字胸前挂，恶念心中藏），“Every man must carry his cross.”（每个人必须背他自己的十字架）等。

汉语里的许多谚语同样也受到宗教的影响，但和英语谚语不同的是，它的影响来自佛教、道教等宗教。因此在汉语谚语里出现的不再是“上帝”“十字架”“禁果”等词汇，而是和佛教和道教有关的词，如“佛”“道”“仙”等。例如“放下屠刀，立地成佛”“借花献佛”“佛要金装，人要衣装”“人争一口气，佛争一炉香”“一个和尚挑水吃，两个和尚抬水吃，三个和尚没水吃”等就与佛教有关，而“一人得道，鸡犬升天”“道高一尺，魔高一丈”“八仙过海，各显神通”等则与道教有关。

（2）历史差异

英汉谚语有很多来自历史，谚语是历史的一面镜子，反映着社会的变化。例如：“Jack would be a gentleman if he could speak French.”（只要会说法语，人人可做绅士）代表着英国历史上的某个特定时期。在英语的发展史上，英语与许多外族人和外来语的联系十分密切。1066 年，以诺曼底公爵威廉为首的法国封建主统治了英国，诺曼人对英国的征服给英语语言留下了深深的烙印。第一则谚语就出现在诺曼人征服英国的时代，当时法语（诺曼底语）以及法国的文化在英国占统治地位。1066年诺曼底征服后三百年内，英格兰的国王只讲法语，因此会讲法语是身份和地位的象征。

三国是中国历史上的一段特殊时期，直到今天，人们对三国的著名人物、事件仍耳熟能详。当然源自三国时期的谚语也十分丰富，例如“三个臭皮匠，赛过诸葛亮”“司马昭之心，路人皆知”“过五关，斩六将”“过关斩将”“周瑜打黄盖，一个愿打一个愿挨”“既生瑜，何生亮”“万事俱备，只欠东风”“刘备摔阿斗，收买人心”“说曹操，曹操就到”等。

(3) 文学作品的差异

在中英文里，文学书籍都是谚语的重要源泉之一。没有这些文学和历史著作，就不可能创造出如此丰富多彩的谚语。由于文学著作的不同，它们所产生的谚语也有着很大的区别。

英语中的谚语很多源于莎士比亚的著作。莎士比亚是英国文学中最优秀的代表人物，是语言的大师。他的语言生动形象，丰富多彩，比喻新颖，寓意深刻。他的许多话语已成为世代流传的名言、警句，甚至演变成家喻户晓的谚语，并在日常生活中被人们应用。来自莎士比亚著作中的谚语极大地丰富了英语语言，并对它产生了深远的影响。下面介绍的几则谚语均源于其文学作品。例如：“Brevity is the soul of wit.”（简练是智慧的真髓）；再如：“To be or not to be，that's a question.”（生存还是死亡，那是个问题）；“Time gives up those who give up time.”（放弃时间的人，时间也放弃他）；“Jealous brothers is falsehood.”（嫉妒的手足是谎言）等。当然，英语谚语的来源不是单一的莎士比亚著作，还有很多来自其他文学家的著作和《伊索寓言》。如：“Reading makes a full man；conference a ready man；and writing an exact man.”（读书能使人充实；谈话能使人机敏；写作能使人精确）这一谚语就来自培根的《论读书》。“Never say die.”（不要绝望）出自英国小说家狄更斯的《匹克威克外传》（Pickwick Papers），表达了一种永不言败的豪情。

中国的谚语很多也来自文学著作，但不同于英语谚语的是，它们源于中国历史上的文学作品，体现了中国人民的智慧。如“傲不可长，欲不可纵”出自《礼记·曲礼上》的“傲不可长，欲不可纵，志不可满，乐不可极”。这句话，意为傲慢之气不可继续增长，欲望不能放纵，傲、欲都应该有所节制。谚语“百密未免一疏”出自《唐史演义》第十二回：“百密未免一疏，不死就是大幸。”比喻事情考虑得再周密，也可能有疏漏之处，强调应常持谨慎之心。

纵然中英文谚语有诸多的差异，但它们都是各自语言的精华，是人民对生活的总结和归纳，体现着人民在漫长的历史长河中表现出来的智慧和机智。对中英文谚语差异的了解，可以让我们了解对方语言产生的背景，从而让英语阅读变得更为顺畅、准确，避免产生不必要的误解。

6.4.4 典故

典故不仅可润饰语言，使之丰富多采、生动清晰，而且使人们更易于沟通思想。许多英语典故涉及的人物和事件来自英国文学宝库，尤其是莎士比亚的作品。尽管莎士比亚的戏剧写于三百多年以前，但是他的剧本中的许多台词流传至今。有些话已经成了日常英语口语的一部分。例如："forgive and forget"（不念旧恶，不记仇），"that's all Greek to me"（我对此一窍不通），"all's well that ends well"（结果好就一切都好），"all is not gold that glitters"（发亮的东西不一定是金子——好看的东西不一定都有用）等。

莎士比亚戏剧中的许多人物已成为具有类似特征的人的代名词。这很像汉语中说某人是猪八戒，就是说他很像《西游记》里那个粗疏鲁莽、贪图享乐、性情乖僻、有时又蛮可爱的猪八戒。在英语中，如果把一个人叫作罗密欧，就是说他像莎士比亚戏剧《罗密欧与朱丽叶》中英俊、多情、潇洒、对女人颇有一套的青年。

莎士比亚戏剧和英美文学中的许多其他的人物或名称也已家喻户晓：

"a Cleopatra"（克娄巴特拉），指绝代佳人——这是莎士比亚戏剧（安东尼和克娄巴特拉）中的人物。

"a Shylock"（夏洛克），指贪婪、残忍、追求钱财、不择手段的守财奴——这是另一个莎士比亚戏剧《威尼斯商人》中的人物。

“a Dr. Jekyll and Mr. Hyde”（吉基尔医生和海德先生），指有双重性格的人；一方面善良、温和（吉基尔医生），另一方面凶恶、残暴（海德先生）——这是史蒂文生的小说《吉基尔医生和海德先生传》中的人物。

“a Frankenstein”（弗兰金斯坦）人们常说“制造一个弗兰金斯坦”，指杀伤原制造者的怪物或东西，也指制造这种东西的人以及可怕的怪物或人——这是玛丽·雪莱的小说（弗兰金斯坦）中的人物。这本书的主人公是医学院的学生。他把尸体中的骨头取来，制造了一个似人的怪物，最后自己被这个怪物杀害。

“a Sherlock Holmes”（夏洛克·福尔摩斯），指有非凡才能的侦探或敏锐精明的人，这种人善于通过仔细观察、科学分析和逻辑推理，进行追捕或解决疑难问题——夏洛克·福尔摩斯是阿瑟·柯南道尔著名侦探小说中的主人公。

“an Uncle Tom”（汤姆叔叔），指逆来顺受的人，尤其是黑人，这种人情愿忍受侮辱和痛苦，在思想上和行动上绝不反抗——这个词有贬义，来自哈利特·斯托的小说《汤姆叔叔的小屋》中的主人公。

“a Horatio Alger story”（霍雷肖·阿尔杰式的故事），指一种神话般的“飞黄腾达”的经历，往往描写穷小子艰苦奋斗往上爬，最后功成业就，成为富裕的社会名流的故事——因霍雷肖·阿尔杰写的小说情节几乎全部如此而得名。他的最著名的作品是《衣衫褴褛的狄克》(Ragged Dick)系列小说和《衣衫褴褛的汤姆》(Tattered Tom）系列小说。

“a catch 22 situation”（第二十二条军规式的处境），指不可摆脱的困境：各种因素相互依存，A 决定于 B，而 B 又决定于 A，所以是一种无出路的、连锁性绝境——这一用语出自美国作家约瑟夫·海勒写的《第二十二条军规》。

在英美语言和著作中典故的另一个来源就是传说和神话。实际上，整个西方文学、艺术都深受希腊、罗马神话的影响，其次还受斯堪的纳维亚神话的影响。

地理名称：

“Europe”（欧洲）——来自欧罗巴（Europa）公主的名字。在希腊神话中，她被化作白牛的主神宙斯劫往克里特岛。

"Atlantic Ocean"（大西洋）——来自神话中阿特兰蒂斯（Atlantis）岛的名字，该岛位于现在的大西洋。

"Paris"（巴黎）——来自希腊神话特洛伊王子帕利斯（Paris）的名字。他拐走美丽的海伦（Helen）引起特洛伊战争。

一星期各天的名称：

"Tuesday"（星期二）——来自古斯堪的纳维亚英勇战神铁尔（Tyr）的名字。

"Wednesday"（星期三）——来自盎格鲁·撒克逊神话中最有威力的神伍敦（Woden）的名字。

"Thursday"（星期四）——来自古斯堪的纳维亚雷神索尔（Thor）的名字。

"Friday"（星期五）——来自音乐女神弗丽亚（Freya）的名字。

"Saturday"（星期六）——来自罗马农业之神萨托恩（Saturn）的名字。

科学名称和术语：

"Uranium"（铀）——来自罗马神话中天神尤拉纳斯（Uranus）的名字。

"Mercury"（水银）——来自罗马神话中诸神的使者、商业与科学之神墨丘利（Mercury）的名字。

"Mars"（火星）——来自罗马神话中的战神玛尔斯（Mars）的名字。

"Jupiter"（木星）——来自罗马神话中主神朱庇特（Jupiter）的名字。

有些神话故事人人皆知，有些神话故事在不讲英语的国家流传甚广。特洛伊木马的故事常被用来告诫人们要提高警惕，谨防内部敌人，不要在可疑的情况下随便接受貌似无害的礼物。希腊神话中普罗米修斯的故事也许知道的人少一些，但他对人类的爱，他授予人类的火，他对主神宙斯的蔑视，在威胁和折磨下坚韧不拔的意志，在各国不同语言的散文和诗歌中都受到高度赞扬。普罗米修斯在全世界成为热爱人类、反抗压迫的象征。

希腊的荷马史诗《奥德赛》中的主人公奥德修斯（Odysseus）的故事也在许多国家传颂。奥德修斯经历的艰辛、考验，同形形色色的敌人（有的是人类，有的是鬼怪，有的凶恶残暴，有的温柔迷人）进行的斗争，以及许多奇遇，无论用何种语言来描写都会引人入胜，十分有趣。从某些方面来说，《奥德赛》很像中国的《西游记》。书中许多人物和事件已成英语中的典故。例如，奥德修斯遇到的独眼巨人赛克罗波斯（Cyclops），还有诱惑男人后把他们变成野兽的美丽女妖赛丝（Circe）等。

英语中其他来自神话典故的普通词语还有：

"a Herculean task"（艰巨的任务），指需要巨大的体力或智力才能完成的任务。海格立斯是希腊神话中的身材魁梧、力大无穷的英雄。他曾被罚去完成 12 项极为艰巨的任务，成功后，被封为神。如：It was a Herculean task，but he managed to do it.（那是非常艰巨的任务，但他终于完成了。）

"Achilles' heel"（唯一致命的弱点），指一个人（或组织、国家等）的致命弱点。故事是这样的：在荷马的另一个叙事诗《伊利亚特》中有一位希腊英雄阿基里斯（Achilles），出生后被他的母亲倒提着在冥河中浸过，以便使之刀枪不入。阿基里斯全身浸入水中，唯独脚跟抓在他母亲手里未湿，所以脚跟成了唯一弱点，最后阿基里斯在战斗中恰恰因脚跟受伤而死。如：He would be an excellent candidate for the position. He has energy，knowledge and experience. But he's got an Achille's heel——his terrible temper. Three months ago he beat up a colleague in an argument.（他是这个职位的理想候选人：他精力充沛，有知识，有经验。但他有个致命的弱点——脾气很坏。三个月前，他和一个同事争论，把人家打了一顿。）

"a Pandora's box"（潘朵拉之盒——灾难、麻烦、祸害的根源），指看上去有用却引起祸害的礼物或其他物品。在希腊神话中第一个妇女潘朵拉因受惩罚，被众神贬下凡间，宙斯（罗马神话中的朱庇特）给她一个盒子，让她带给娶她的男人。当盒子最后打开时，所有的罪恶、不幸、灾难等都跑了出来，从此给人类带来无穷的祸害。

"A Damocles sword"（the Sword of Damolces，即将临头或无时不在的危险），达摩克里斯（Damocles）是赛拉丘斯（Syracuse）暴君狄俄尼索斯（Dionysius）的廷臣。达摩克里斯贪图钱财，追求享乐，羡慕主子的生活。有一次，他对狄俄尼索斯极力恭维一番，羡慕之情十分明显。狄俄尼索斯邀他赴宴，但在达摩克里斯头上用一根头发悬挂着一把剑。在宴会过程中达摩克里斯坐在剑下，恐惧万分。狄俄尼索斯意在告诉他，当国王并不享福，而是时刻都有生命危险。如：The terrorists had been caught and jailed. But the two leaders had escaped with machine guns and explosives. This fact hung like the sword of Damocles over the police commissioner's head.（那些恐怖分子已被捕入狱。但两个头头却携带机关枪、炸药逃脱了。这件事使警察局长仿佛头悬利剑，时刻坐立不安。）

宗教是典故的另一个来源。在英语国家里基督教是主要的宗教，许多典故来自基督教的《圣经》中的人物和事件。如：

"a messiah"（弥赛亚——救世主），指被压迫人民的解放者或期望中的解放者。《圣经·旧约全书》中预言，有一天弥赛亚将要降生，把犹太人从压迫下解救出来。

"like (a) Moses leading his people" 像摩西那样领导/带领他的人民。摩西是古代（公元前13或14世纪）以色列的先知和领袖，是《圣经·旧约全书》中最伟大的人物之一。他率领以色列人经过40年的艰苦跋涉，穿过了大沙漠，终于摆脱埃及人的奴役。

"a Solomon"（所罗门），指聪明人。贤人所罗门是公元前10世纪左右希伯来人的国王，以智慧著称。

"David and Goliath"（大卫和歌利亚），大卫是个牧童，在与地中海东岸古代居民非利士巨人歌利亚交战中用弹弓将巨人射死，后来当了希伯来人的国王。后人用大卫和歌利亚来比喻弱小者与强大者（不论是两个人、两个企业，还是两个国家）之间的斗争——结果弱小者取胜。

"a Judas"（犹大），指叛徒（尤指伪装亲善的背叛者）。犹大是耶稣的12个门徒之一。据记载，犹大为了30块银币把耶稣出卖给犹太教祭司。

"thirty pieces of silver"（30块银币），因叛卖获得的钱财或其他报酬。（见上条）

"a kiss of death"（表面上友好实际上坑害人的行为），此语来自犹大出卖耶稣时吻了耶稣。

英语中有些典故来自体育项目，不会讲英语的人如果不知道有关体育项目就不懂。特别是美国英语，其中有些典故与美国很流行的棒球和橄榄球运动有关。在许多别的国家这两种球类运动还不十分普遍。

“baseball”（棒球）：

“to not get to first base”（没有取得初步成就），原指棒球击球手没有跑到第一垒，转义为一开始或很快就失败了。如：She attracted him at first sight and he made elaborate plans to court her，but he didn't even get to first base.（他一眼就看上了她，于是就盘算着怎样去追她，结果第一招就不灵。）

“to have two strikes against one”（三击中已有两击不中），原指棒球击球手已击两球不中，如第三击再不中，就要出局。转义为“处境不利”“形势不妙”。如：When he applied for the job，he already had two strikes against him：he didn't have a college diploma like the other applicants，and he was ten minutes late for his interview.（他在争取这项工作时，处于十分不利的地位。第一，他不像其他应聘者那样有大学文凭；第二，他去面谈时迟到了10分钟。）

“American football”（橄榄球）：

“to carry the ball”（负主要责任），原指橄榄球运动员执球，转义为对完成某项任务负主要责任。如：The negotiations are the key to the undertaking，we'd better ask Mumford to carry the ball.（这个项目的关键是谈判，我们最好让曼福特负责去做。）

“an armchair quarterback”（坐在扶手椅上的指挥者），“quarterback”原指橄榄球赛指挥进攻的四分卫，加了armchair一词，往往指局外人大谈应如何做某事而未身体力行也不用负任何责任。如：It's easy to be an armchair quarterback but your idea wouldn't have worked at all!（坐着说说倒很容易，你的主意根本行不通！）

来自其他运动项目的常用说法有以下几种。

“boxing”（拳击）：

“to be down and out”（被困难压倒，完全失败），原指在拳击运动中被击倒而不能继续比赛，转义为虽经过努力挣扎，但已处于绝望境地而彻底垮台。如：He made one last effort，but it didn't work. There was nothing left to do but close shop—he was down and out.（他作了最后的努

力，但无济于事，只好让商店倒闭——他彻底垮了。）

“to hit below the belt”（用不正当的手段打击别人），原指拳击比赛时打对方下身的犯规行为，转义为在比赛或与人打交道时，用不正当的手段去伤害对方。如：How could you do a thing like that? That's hitting below the belt.（你怎么能这样干呢？这不大像话吧！）

“card games”（纸牌）：

“play one's trump card(s)”（打出王牌；使出绝招或最后一招），原指打桥牌时出王牌，转义为采取自认为对付敌手不会失败的行动。如：“Just when his rivals started to rub their hands with glee, he played his trump card.”（正当他的对手得意洋洋的时候，他使出了绝招。）

“squeeze play”（逼对方失败或受损失的行动），原指打桥牌时逼对方出某张牌，转义为迫使对方失败或付出代价的行动。如：He was caught in a squeeze play：if he agreed to the demands，he would lose a fortune；if he didn't agree，he would have to close down his shop.（他处于进退两难的境地：要是答应对方的要求，就得损失一大笔钱；要是不答应，他的店就得关门。）

“as American as apple pie”（像苹果馅饼一样是典型的美国式的），苹果馅饼是美国人喜欢的甜食之一，吃时常配有冰淇淋。有人说苹果馅饼是美国人发明的，也有人说它是在美国最先流行的。这一短语用来强调某种东西是真正美国式的。

“a Pepsodent smile”（广告式微笑），露出洁白牙齿的微笑。此语出自“Pepsodent”牙膏的广告。“pepsodent”是美国较著名的牌子之一。

“an Ivy Leaguer”（名牌大学学生），指在八所名牌大学学习的富家子女。这八所大学是：哈佛大学（Harvard）、耶鲁大学（Yale）、普林斯顿大学（Princeton）、哥伦比亚大学（Columbia）、宾夕法尼亚大学（Pennsylvania）、康奈尔大学（Cornell）、达特茅斯大学（Dartmouth）、布朗大学（Brown）。

“That's something for Ripley”（那简直是里普利的奇闻），美国有许多家报纸刊登里普利写的“信不信由你”这一专栏，所报导的都是一些稀奇古怪或异乎寻常的事，却都是真实的，都是经过核实的。但因为这些事太古怪，非同一般，人们觉得难以相信。这一短语一般指令人难以置信而又很可能是真实的事。

汉语中的典故同样来自文学、历史、传说、神话、体育等。文学典故多出自《红楼梦》《水浒传》《三国演义》《西游记》中的人物和事件。如，“像刘姥姥进了大观园”“智多星”“三顾茅庐”“万事俱备，只欠东风”“猪八戒倒打一耙”等。中国有记载的历史达两千多年，历史典故很多，如，“四面楚歌”“身在曹营心在汉”“围魏救赵”“完璧归赵”等。有些典故来自中国寓言，如，“画蛇添足”“守株待兔”“拔苗助长”“刻舟求剑”“对牛弹琴”“黔驴技穷”等，在说话和写作时都常用到。有些典故来自民间传说，如，“过着牛郎织女的生活”“八仙过海，各显神通”等。与佛教和道教有关的典故有：“临时抱佛脚”“做一天和尚撞一天钟”“道高一尺，魔高一丈”“放下屠刀，立地成佛”等。有些典故来自体育或文娱项目中，有些与中国象棋有关，如，“马后炮”“舍车马，保将帅”；有些与音乐有关，如，“异曲同工”“一唱一和”等。有些典故来自中国戏剧，如：“亮相”“跑龙套”“唱红脸”“唱白脸”“粉墨登场”等。

6.4.5 颜色

汉英两个民族对自然的认识和感受大致相同，他们的文化和思维也存在着共性，对颜色产生的感觉与联想也有着通性，常常赋予某种颜色以相同的象征意义。但颜色词蕴含着鲜明的国俗和民俗，汉英两个民族不同的思想观念、心理特征、民族历史、宗教信仰、地域风貌、社会制度、风俗习惯、文化背景和表达方式使得各自对部分颜色词的内涵产生了不同的理解，在视觉和心理上引发起不同的联想，造成了颜色词的文化内涵在两种语言间的差异。因此，颜色词在汉语和英语中体现的象征意义既有相同之处，又存在差异。

6.4.5.1 “红”和“red”

红色是中国文化中的基本颜色，古往今来，中国人崇尚红色的情结是有目共睹的，传统文化一直在传承和演绎着对红色的喜好，凡是与吉庆、幸福有关的情境，总有“红色”相伴。汉民族自古以来就用“红”象征喜庆、吉祥和荣耀。春联必须用红纸来书写。结婚典礼上新郎新娘胸前要佩带大红花；逢年过节挂红灯笼也是中国人表示喜庆和欢乐的一种风俗。因此，中国人对“红”色有一种特殊的偏爱，受领导器重的人称“红人”，光荣榜叫“红榜”，人的气色好说“红光满面”，集体或个人所得的额外收入叫“红利”。

尽管“red”在英语里也可以表示喜庆和高兴，如“red-letter days”（日历中表示节、假日），“to paint the town red”（狂欢），“a red carpet reception”（隆重的接待或欢迎），但从总体上讲，西方文化对世界的认识多持有客观的态度，对“red”一词的理解和使用主要基于其物理属性。红色是最醒目、最活跃的颜色，看到红色，人们常联想起火光与鲜血，所以“红色”常暗指危险、紧急、暴力和血腥。这些国家的交通警示、医疗急救、消防设备和警灯都使用红色。类似用法还有：“red alert”（空袭警报）、“red cross”（红十字会）、“red ruin”（火灾、战祸）、“red battle”（血战）、“red revenge”（血腥复仇）、“red hand”（刽子手）。“Red coat”（红衣兵）指美国独立战争时期的英国兵士，“Red Brigade”（红色旅）指意大利的恐怖组织，“a red flag/ red light”（红色信号）在交通信号中表示危险。另外，红色还有放荡、不高尚的含义：“red light district”（红灯区）、“paint the town red”（饮酒作乐）、“see red”（七窍生烟）、“red tape”（繁文缛节）、“be caught red-handed”（被当场捉现行）、“red typism”（官僚作风）。

英语国家的人对“red”的喜爱远不如中国人。很多带有“红”的汉语词组翻译成英语后和“red”并没有什么联系，“红人”（a favorite with someone in power），“红榜”（honor roll），“红光满面”（one's face glowing with health），“红利”（bonus/extra dividend）。反之，许多英语中带有“red”的词语和汉语中的“红”也没有任何联系，如“red-blooded”并非“红血的”，而是“自信”或“强壮”的意思，“red alert”是“紧急警报”，“red box”是大臣用的文件匣，“red herring”是熏青鱼。

6.4.5.2 “白”和“white”

在中国文化中，白色是平民之色，百姓被称为白衣，没有功名的人叫白丁，贫士的住屋为白屋寒门，未获功名的书生被称作白衣秀士。另外，

“白色”还暗示生命枯竭，让人联想到凶兆或死亡。亲人去世叫白事，要设白灵堂、打白蟠、戴白帽。在现代中国的政治概念中，“白”是“红”的对立面，象征着反动与落后：白匪、白军、白色恐怖、白区等。

西方文化崇尚白色，“white”在英语里所引起的联想是纯洁（purity）、清白无辜（innocence）。“a white day”（吉日）、“white spirit”（纯洁的心灵）、“white knight”（白衣骑士）、“white man”（忠实可靠的人）、“white lie”（善意的谎言）、“white hope”（被寄予厚望的人）。但是，英语中的“white”也有贬义，表示无用或胆怯：“white elephant”（累赘）、“white flag”（投降的标志）、“white sepulcher”（伪君子）、“white liver”（胆小鬼）、“show the white feather”（表现出怯懦）。

应当指出，在有些场合汉语中的“白”字指的是颜色，但在英语对应词中并无“white”一词：“白菜”（Chinese cabbage）、“白熊”（polar bear）、“白蚁”（termite）。在另外一些场合，“白”字与颜色毫无关系，表示“徒劳”（in vain），如“白费事”（all in vain，a waste of time and energy）、“白给”（give away，free of charge，for nothing）。此外，“白”字还可以表示“单纯的、不掺杂的”（plain，unadulterated），如：“白开水”（boiled water）、“白肉”（plain boiled pork）。在某些场合，我们很难把“白”字的某些含义概括出来。如“坦白”（to confess）、“白痴”（idiot）、“白话”（vernacular）等。我们起码应该记住：“白”字并不总是等于“white”。同理，在英语中很多与“white”有关的词语也不能翻译成“白”，如，“a white war”（经济竞争）、“white light”（正义）、“white coal”（水力发电）、“a white lie”（不怀恶意的谎言），等等。

6.4.5.3 “黑”和“black”

人们对黑暗充满了恐惧和厌恶，因此，“黑色”的文化内涵在象征死亡时，中西方人的理解大致相同。西方人的丧服是黑色的，中国人也佩戴黑纱哀悼死者。“黑色”（ black）在汉英两种语言中都与“不好的”“坏的”“邪恶的”特征相联系，如，“黑名单”（blacklist），“黑心肠”（black-hearted），“黑色星期五”（black Friday），“黑市”（black market），“黑色幽默”（black humor）。在汉语里，“黑”还指“非法的”或“肮脏的”，如，“黑球”“黑哨”“黑五类”“黑工”等。英语中的“black economy”用以指经济中收入不明而无法征税的部分。不过，汉语中的“黑马”和英语中“in the black”都是褒义，前者指比赛中出乎人们意料大获成功的人，后者指赢利，与“in the red”（赤字）相对。另外，汉语中的“红茶”，在英语里说“black tea”，汉语里所说的人被打得“青一块紫一块”，英语里却说“black and blue”。

6.4.5.4 “绿/青”和“green”

在汉英两种语言里，“绿/青”（green）都象征“生命”（life）、“希望”（hope）和“活力”（vitality），如：“像松树般青葱茁壮”（green like the pine）、“老当益壮”（a green old age）。汉英两种文化都把“绿、青”（green）看成是春天的颜色，如：“绿肥”（green manure）、“青山”（green hills）。这样，“绿色革命”（green revolution）作为农业生产上的革命就很容易理解了。另外，和“红”（red）相对，“绿”还表示“许可”，如，绿灯（green light）。不过，并不是所有的汉语中的“绿/青”都和英语里的“green”对得上号，如：“绿帽子”并不是“a green hat”，汉语中的“绿帽子”是对“妻子与人有奸情者”的藐称，其英语对应词应为“cuckold”。“青天”也不是“green sky”，汉语里“青天”经常与“大老爷”连用，其含义为“正直、清廉的官员”。或许因为在圣经故事中，魔鬼撒旦的画像多是绿色的，所以英语国家常用这个颜色象征绝望和嫉妒：“green-eyed”（红眼），“to look through the green glasses/ be green with envy/ be green with jealousy”（嫉妒），“in a green rage”（怒气冲天）。

6.4.5.5 “黄”和“yellow”

黄色在英汉两种语言中有着完全不同的文化内涵。中国传统文化中的“黄色”是帝王之色，是权势和尊严的象征。在封建社会，只有皇帝才能穿黄袍，天子的仪仗叫黄棫，发的诏书叫黄榜，这些都象征着尊贵与显赫。而在西方君王披的斗篷是“purple”（紫色）。另外，中国人把自己看成龙的传人，所以，人们把舞的龙或画的龙大都扎成或画成黄色。然而，颜色词的象征意义并非单一层次，有时甚至引申出完全相反的寓意，汉语中的“黄色”还有个与“尊贵”相差极大的内涵，即低级趣味、庸俗下流。如，黄色电影、黄色书刊等。但在翻译这些“黄”字时，不能直接用英文的“yellow”一词，而应该用“pornographic，obscene，vulgar， blue”。“yellow”在英语里通常象征“胆怯、卑鄙和靠不住”，如，“yellow-belly”（可鄙的胆小鬼），“yellow dog”（卑鄙的人）。另外，英语中的“yellow press”（刊载低级趣味的文字或耸人听闻的报道以吸引读者的黄色报刊），“yellow journalism”（黄色新闻编辑作风），虽然也使用了“yellow”，但是，它们的所指和颜色并没有关系。

6.4.5.6 “蓝”和“blue”

汉语的蓝色引申意义很少，常见的就是“蓝领”、“蓝图”和“蓝本”等几个词。而英语中“blue”的象征意义非常丰富。在汉语里，“蓝”色让人想起天空，它象征“宁静、恬淡”。“blue”在英语里通常表示不快，如：“in a blue mood”或“having the blues”（情绪低沉，忧郁，沮丧，烦闷）。“blue”还常用来表示地位高、有权势或出身于贵族或王族，如“bluest blood”，即指“noblest family”。“blue ribbon”有最高荣誉之意，因而是“Garter”勋章之绶的颜色。美国英语中的“blue book”（蓝皮书）是刊载知名人士，尤其是政府高级官员的名字的书，但“blue room”可不是什么“蓝色的房间”，而是白宫中总统会见至亲好友的接待室，类似汉语里的“会客厅”。

6.4.6 比喻和联想

英汉语中比喻和联想也是不一样的。在阅读理解中，这些比喻和联想所引起的不同常常会让阅读者产生错觉，从而造成理解上的误差。例如：

“You chicken!” he cried, looking at Tom with contempt.

“你这个胆小鬼!”他轻蔑地看着汤姆嚷道。

The stork visited the Howard Johnstons yesterday.

霍华德·约翰斯顿家昨天添了一个孩子。

学生遇到这样的句子，如果不知道 chicken 指“懦夫”或“胆小鬼”，不知道 a visit by the stork 指“孩子诞生”，就可能会感到迷惑不解。

又如汉语中我们会说：“你真熊!”“那个家伙简直像条泥鳅!”讲英语的人和中国人对于熊的联想很不一样。他们认为熊是很凶猛、危险的动物，也可能认为动物园或野生动物园里的熊调皮淘气、滑稽可爱；但绝不会像中国人那样，认为熊愚笨、无能、无用。在一定的上下文中“你真熊”可能相当于“你真笨”“你真没用”“你真软弱”“你真窝囊”等义。

大部分英语国家里都没有泥鳅，人们不过把泥鳅看作一种鱼，不会认为它很滑，并理解“滑”的转义：“圆滑”“狡猾”“不老实”“不可靠”等。不过，在英语中的确有一种说法跟汉语中的“滑得像泥鳅”这种比喻在意义上和感情上完全一样：“slippery as an eel”（滑得像鳝鱼）。

从上列论述可以看出，人们时常把某些品质或特性与某些动物或物体联系起来。这些品质或特性又往往能使人产生某种反应或情绪，尽管这种联想很少或根本没有什么科学根据。联想到的特性和所引起的情感也往往因民族不同而各异。

当然，虽然民族不同，生活环境不一，但是有些联想却十分相似。

He's as sly as a fox. He's foxy. You've got to watch him.

他滑得像个狐狸。他很狡猾。对他你可要当心点儿。

You ass! You stupid ass! How could you do a thing like that?

你这头驴！你这头蠢驴！怎么会干出那种事儿来？

He doesn't have an idea of his own. He just parrots what other people say.

他没有自己的观点，只会鹦鹉学舌。

The children were as busy as bees, making preparations for the festival.

孩子们准备过节忙得像蜜蜂一样。

中国人对上述动物的联想同美国人、英国人、加拿大人一样。实际上，在汉语中也有“蠢驴”“鹦鹉学舌”“像狐狸一样狡猾”等说法。

在这两种文化中，联想相似的其他动物还有：鹿是胆小温顺的，小羊是讨人喜欢的，猪是肮脏贪吃的，猴子是顽皮淘气的，豺是贪婪卑鄙的，狼是凶残好杀的。

不同的文化引起不同的联想的情况可分为两类：第一，在一种文化中提到某些动物时往往可以联想到某种特征，而在另一种文化中却联想不到任何特征。第二，有些动物在两种文化中人们会联想到某种特征，但所联想的特征却不同。

第一类举“bull”（公牛），“beaver”（河狸，海狸），“crane”（仙鹤）和“tortoise”（乌龟）为例。对中国人来说，公牛和河狸不会引起什么联想，不论是否常见，有用无用，无非是动物而已。中国人也许猜得出“a bull in a china shop”（瓷器店里的公牛）是什么意思，但想象不出说英语的人心目中的形象：一头喷着鼻息、怒气冲冲的公牛闯进摆满精致瓷器的店里。因此中国人对这个说法的生动性体会不深。这种说法的意思是：在一个需要举止灵巧得体、细致周密的场合闯进一个行为粗鲁、手脚笨拙、会惹麻烦的人。

河狸主要产于北美洲，在中国很少见。河狸经常积极活动，有啮树筑巢的习性，在筑巢这一方面，河狸有很高的技艺和独创性，因此有“eager beaver”（卖力的河狸）之称。在喻义方面“eager beaver”则指“急于做成某事而特别卖力，但有点急躁的人”。这个比喻有时略带贬义，则指“为讨好上司做事过于卖力的人”。

鹤在中国文化中是长寿的象征，因此父母常常给孩子起名为“鹤年”、“鹤龄”，说明他们希望孩子长大成人，长命百岁。鹤常与象征坚定长寿的松联在一起。绘画和图案常以松鹤为题材，并以“松鹤延年”题词。上年岁的人在过生日的时候，喜欢人们赠送画有松鹤图案的礼物。但对西方人来说，鹤不会引起这种联想。如果有，大概会同《伊索寓言》中的鹤有点关系。

在中国文化中，龟有两种象征意义。一方面龟象征长寿。古代的府第、庙宇、宫殿等建筑物前常有石龟，作为祈求长寿的象征。另一方面，龟也用来比作有外遇者的丈夫。骂人“王八”或“王八蛋”是极大的侮辱。在西方文化中没有这种联想，乌龟不过是行动缓慢、其貌不扬的动物而已。中国人听说英语词“turtle-neck sweater”（龟脖式毛衣，即翻领毛衣）时，往往免不了做个鬼脸。

第二类举“owl”（猫头鹰），“bat”（蝙蝠），“dog”（狗），“tiger”（虎）、“petrel”（海燕）为例。英语中有“As wise as an owl”（像猫头鹰一样聪明）这样的说法，表明讲英语的人把猫头鹰当作智慧的象征。在儿童读物和漫画中，猫头鹰通常很严肃、很有头脑。禽兽间的争端要猫头鹰来裁判，紧急关头找猫头鹰求教。有时人们认为猫头鹰不实际，有点蠢，但基本上是智慧的象征。然而，中国人对猫头鹰的看法不同，有些人很迷信，怕看到猫头鹰或听到它的叫声，认为碰上它要倒霉。汉语中的“夜猫子进宅”意味着这家厄运将至，夜猫子就是猫头鹰。

西方人对“bat”（蝙蝠）无好感，通常联想到坏特征。英语中有“as blind as a bat”（瞎得跟蝙蝠一样，眼力不行，有眼无珠），“crazy as a bat”（疯得像蝙蝠），“he's a bit batty”（他有点反常），“have bats in the belfry”（发痴；异想天开）。有时还有更坏的比喻。提到蝙蝠，人们就会想到丑陋、凶恶、吸血动物的形象。这也许因为吸血蝠的缘故。所以，西方人对蝙蝠的感情很像中国人对猫头鹰的感情，又怕它，又讨厌它。对中国人来说，蝙蝠是吉祥、健康、幸福的象征。这些联想很可能来自蝙蝠的名称——“蝠”与“福”同音。有些图画或图案把蝙蝠和鹿画在一起，颇受欢迎，因为“蝠鹿”读起来同“福禄”一样，象征吉祥、幸福、有钱、有势。

英语中有“Man's best friend”（人之良友）的说法。有多少中国人知道指的是什么动物呢？说“人之良友”是狗，许多人会感到奇怪，想不到狗会有这样的荣誉。在中国，狗往往使人们联想到令人厌恶的东西，如“狗东西”“狗娘养的”“狗改不了吃屎”等。当然，西方人所喜欢的狗的某些品质，中国人也喜欢，如狗忠实、可靠、勇敢、聪明等。但在中国，狗首先是看家的动物，不是供玩赏的动物。人们养狗是因为它有用，并非因为它是个好伴儿。就是说，狗是有用的动物，但并不可爱。不过，应该指出，讲英语的人也并非总说狗的好话：“You dog!”（你这狗东西！）这些都是常说的骂人话。不过这些骂人话并不影响狗的地位。在英国和美国狗仍然是“人之良友”。

对英国人和大部分西方人来说狮子是“百兽之王”。从“regal as a lion”（狮子般庄严），“majestic as a lion”（像狮子一样雄伟）等用语可以看出，狮子享有很高的声誉。12世纪后期英王理查一世因勇武大胆而被誉为“lion-hearted”（狮心理查）。在中国文化里，人们对狮子一般没有那么多的联想，狮子不过是一种凶猛强大的动物，不见得庄严雄伟，倒是老虎往往会引起类似的联想。在中国文化中，人们对虎的联想有好坏两个方面。从好的方面说，虎英勇大胆，健壮有力，坚决果断，如，“虎将”“干起活来像小老虎”“虎老雄心在”、“虎虎有生气”等词语，和男人的名字“大虎”“二虎”“小虎”等。从坏的方面说，虎凶猛残忍，冷酷无情，如，

“拦路虎”“苛政猛于虎”等。

中国人往往把海燕（petrel）看作值得学习的榜样。“海燕”这个词在人们心目中的形象是：一只孤零零的小鸟冒着风雨，英勇顽强地在大海上空飞翔。许多年轻人把自己比作海燕，不畏艰难险阻，不屈不挠，在茫茫人海中拼搏，奋勇前进。少年的日记里常提到海燕，青年的作品中常描写海燕，许多商品用海燕作商标。殊不知，西方人对海燕并无好感。1976 年出版的《朗曼现代英语词典》中说：暴风雨的海燕有“预示灾难、纠纷、暴力行动即将出现的人或幸灾乐祸的人”之义。可见两种联想的差别有多大。

不同的联想在神话中的禽兽方面也有所体现。在中国封建王朝时代人们把龙（dragon）和凤（phoenix）作为皇权的传统象征。龙代表帝王，凤代表后妃，毫无贬义。时至今日，这两种传说中的动物仍偶尔在传统的中国图案中出现。龙是一种象征吉利的动物，所以汉语中常说家长“望子成龙”，即希望孩子长大后能有所成就。给男孩子起名字也常用“龙”字，如“龙翔”“一龙”等。西方人却认为“dragon”（龙）是邪恶的象征，认为龙是凶残肆虐的怪物，应予消灭。在一些描写圣徒和英雄的传说中讲到和龙这种怪物作斗争的事迹，多以怪物被杀为结局。最有名的也许是公元 700 年左右盎格鲁一撒克逊人关于贝奥武尔夫事迹的叙事诗。诗中主人公贝奥武尔夫打败妖怪格伦代尔后，与恶龙搏斗，两者同归于尽。有趣的是，中国画中的龙没有翅膀，西洋画中的龙却是有翅膀的怪物。在西方神话中，“phoenix”与复活、再生有关。根据希腊传说，凤能活许多年，有一种说法是 500 年。在这一时期结束时，凤筑一巢，唱支挽歌，拍着翅膀扇起火来，把巢烧掉，凤烧成灰烬，灰烬中又飞出一只新凤。因此，当一个城镇、一个场所或某团体的主要建筑物失火或因其他原因而毁坏时，好心人会祝愿它“像传说中的凤凰那样，以崭新的面貌从废墟中升起”。在中国神话中，凤凰被看作鸟中之王。雄性称“凤”，雌性称“凰”。虽然中国没有像古希腊那样家喻户晓的神话传说，凤凰却是吉祥的动物。因此，中国女性的名字中常有“凤”字，如，“凤莲”“金凤”。凤凰还比喻罕见、珍贵，例如，“凤毛麟角”。

6.4.7 称谓语

称谓语是日常用语的组成部分，是人们互相交流的通道，我们通常使用称谓语来与对方交流。但是由于各国的文化背景、社会习性、风俗习惯的不同，也形成了不同的称谓语。不同的称谓语反映了各国不同的文化背景特色。在英汉两种语言中，通常有相同的称谓语，它们可以互换互通，但有时却又不能互换互通。称谓语是人们互相称呼的一种表达，它能体现人与人之间的身份、辈分、职业等的不同。

在汉语和英语中的称谓语大致可划分为两类，即亲属称谓和社会交际称谓。亲属称谓通常又可以分为存在血缘关系的血缘亲属称谓和无血缘关系的非血缘亲属称谓。亲属称谓中血缘亲属称谓是指对与自己有血缘关系的人的称呼，如爸爸、妈妈、爷爷、舅舅、姑妈等。称谓语中非血缘亲属称谓是没有血缘关系之间的人的称呼，如大姐、大妹子、大哥等，这种称谓其实并不是由于有血缘关系而组成的称谓，而是为了拉近交流者彼此间的关系而采用的。社会交际称谓又可以分为姓名称谓、职衔称谓和泛称称谓。姓名称谓是对对方姓名的称呼，职衔称谓是对对方的职位头衔的称谓，泛称称谓是对交流者的泛称，是不固定的。这些社会交际称谓都是人们在社会交际中使用的称谓，通常反映的是日常生活中交际各方的社会关系、社会角色以及尊敬程度等，如老师、经理等。中英称谓语存在相当大的差异，其文化背景不尽相同。

6.4.7.1 血缘亲属称谓

中国文化渊远，对于亲属辈分等级非常重视，主要表现为直系与旁系、长辈与晚辈、男性与女性等，且语义细密、描述精确，甚至对于血亲和姻亲称谓也进行了区别，例如叔叔、舅舅等在汉语中指的是不同的血缘关系。叔叔是指爸爸的兄弟，而舅舅则是妈妈的兄弟。英语中则用一个"uncle"就同时表示了"叔叔""舅舅""伯父"等。叔叔的妻子称为婶婶，舅舅的妻子称为舅妈。在英语中一个"aunt"就相当于汉语的"婶婶""舅母"等意思。在汉语中我们的兄弟姐妹根据年龄的不同称呼也不同，年龄比自己大的同辈女性称为姐姐，年龄比自己小的同辈女性称为妹妹，年龄比自己大的同辈男性称为哥哥，年龄比自己小的同辈男性称为弟弟。但是在英语中一个“sister”既可以表示姐姐，也可以表示妹妹。同样，一个“brother”既可以是哥哥，也可以是弟弟。另外在中国的传统文化中还存在宗族和外宗族之分，因为旧中国传统的男尊女卑思想极其严重。将男方视为是自家人，而女方则是外家人，因此对后代的称呼也是不同的。祖父称后代男性为孙子，外祖父称男性后代为外孙，这个外字即代表了外姓人。但是在英语中则没有这样的观念，没有宗族和外宗族之分，同时用“grandfather”来表示“祖父”和“外祖父”的意思。

6.4.7.2 非血缘亲属称谓

在中国，汉语的亲属称谓称呼起来给人以亲切感，能有效地拉近交流者之间的关系。因此有越来越多的人在非血缘关系的交流者中开始运用亲属称谓。在日常生活中无论对街坊邻居、朋友熟人还是素不相识的路人，时常会根据年龄、性别等称呼为“大妈”“大叔”“大姐”“大娘”“大哥”等。但是并不是任何的血缘称谓语都能用于非血缘关系的交流者，例如“爸爸”“妈妈”等，它们在称呼的时候是有局限的，因为一个人只有一个爸爸，一个妈妈，它们是固定的。称谓语前还可以加上职业称呼，例如“售票员阿姨”“警察叔叔”等。但是在西方就没有这样的称呼，如果将这些称呼套用到英语中，不仅不能有效地表达亲切的意思，反而带来了不必要的误会，起到适得其反的效果。因为在西方，英语的亲属称谓一般只用于家庭内部，若不知情的人用了不当的血缘称谓语不仅不能很好地表达自己的情感，反而会让他人感觉带有嘲笑的意味。

6.4.7.3 姓名称谓

不管谁都有姓名，但是汉语的姓名称谓则非常的灵活。如人们可称“徐小丽”为“徐小丽”“小丽”“小徐”“老徐”“徐小姐”“徐女士”“徐小丽小姐”等。但是在英语的姓名称谓中形式就比较单一，例如人们可称“John Brown”为“John”或者是“Mr. Brown”，但不能称为“Mr. John”。并且，在国外人们更乐于被对方直接称呼姓名。

6.4.7.4 职衔称谓

中国非常注重官位、等级、职位的称呼，而这些称谓也恰恰体现了交际的礼貌，在中国的身份职位类称谓的种类也很多，而在英语中表示身份职位类称谓的种类就很少。在汉语中，表示职位的例如："贾院长""刘老师""王律师""胡医生"等，都是用了对方的姓加上职位头衔来称呼的，在我们社交地生活中已是普遍存在，用了它们能够清晰明确地表示此人的职位。而在英语中，头衔性称谓的对象却是有范围的，不是任何职位的人都可以用的，对于此类称谓语的使用非常谨慎。

6.4.7.5 *泛称称谓*

汉语中时常用"先生""女士""小姐""同志"等作尊称，"先生""女士""小姐"体现的是一种尊敬，但关系较为疏远。在汉语中我们时常用"老"来体现对对方的尊敬，或者肯定对方的资深，见多识广，足智多谋等，例如，"老师""老大爷""老板"，都是表明对方的知识渊博，老练，有能力。在英语中，尊称的通用形式为"Mr.""Mrs.""Miss"等。同时，汉语和英语都存在零称呼语，例如汉语中的"喂""嗨"等，但是它们不是随便用的，在使用这些零称呼语时必须谨慎，因为在汉语中使用这些通常是不礼貌的。在英语中相应的零称呼语，通常使用"Hello""Hi""Excuse me"等，无论交流双方是什么关系，它们都能使用，也不会使对方产生不礼貌的感觉。

英语词缀词汇表

常见前缀（prefix）

★ 1. 表示否定意义的前缀

（1）纯否定前缀

a-，*an-*，

asymmetry /eiˈsimitri/ *n.* 不对称，不均匀

asexual /eiˈsekʃuəl/ *adj.* 无性的

amoral /eiˈmɔrəl/ *adj.* 不遵守道德标准的

dis-

dishonest /disˈɔnist/ *adj.* 不诚实的

dislike /disˈlaik/ *v.* 不喜欢，嫌恶

in-，*ig-*，*il-*，*im-*，*ir-*

incapable /inˈkeipəbəl/ *adj.* 无能力的，不能的

inability /ˌinəˈbiliti/ *n.* 无能，无力

ignoble /igˈnəubəl/ *adj.* 卑贱的，不名誉的

impossible /imˈpɔsibəl/ *adj.* 无可能的，令人无法忍受的

immoral /iˈmɔrəl/ *adj.* 不道德的，邪恶的

illegal /iˈliːgəl/ *adj.* 违法的

irregular /iˈregjulə/ *adj.* 不规则的，无规律的

ne-，*n-*

none /nʌn/ *pron.* 一点也不

neither /ˈnaiðə/ *pron.*，*adv.*，*conj.* 两者都不

never /ˈnevə/ *adv.* 绝不，从不

non-

nonsense /ˈnɔnsəns/ *n.* 无意义的话，荒唐，荒谬的言行

neg-

neglect /niˈglekt/ *v.* 疏忽，怠慢，忽略

un-

unable /ʌnˈeibəl/ *adj.* 不能的，不会的

unemployment /ˌʌnimˈplɔimənt/ *n.* 失业，失业人数

（2）表示错误的意义

male-，*mal-*

malfunction /mælˈfʌŋkʃən/ *n.*，*v.* 故障，发生故障

mis-

mistake /miˈsteik/ *n.* 错误，误解

mislead /ˌmisˈliːd/ *v.* 误导

misunderstanding /ˌmisʌndəˈstændiŋ/ *n.* 误会，误解

pseudo-

pseudoscience /ˌsjuːdəu ˈsaiəns/ *n.* 伪科学

（3）表示相反动作的意思

de-

defend /diˈfend/ *v.* 防护，防御

decompose /ˌdiːkəmˈpəuz/ *v.* 分解，腐烂

dis-

disarm /disˈɑːm/ *v.* 解除武装

disconnect /ˌdiskəˈnekt/ *v.* 分离，拆开

un-

unload /ʌnˈləud/ *v.* 卸货

uncover /ʌnˈkʌvə/ *v.* 揭开……的盖子；移去……的覆盖物

（4）表示相反，相互对立的意思

anti-，*ant-*

antiknock /ˌæntiˈnɔk/ *n.* 防震剂

contra-, *contre-*, *contro-*

contradiction /ˌkɔntrəˈdikʃən/ *n.* 矛盾，反驳

counter-

counterbalance /ˈkauntəˌbæləns/ *n.*, *v.* 平衡（力）；使平衡

ob-, *oc-*, *of-*, *op-*

object /ˈɔbdʒikt/ *n.* 物体；/əbˈdʒekt/ *v.* 反对

oppose /əˈpəuz/ *v.* 反对，使对抗

occupy /ˈɔkjʊpai/ *v.* 占领

with-

withdraw /wiðˈdrɔː/ *v.* 撤回

withstand /wiðˈstænd/ *v.* 抵抗，经得起

★ 2. 表示空间位置，方向关系的前缀

(1) *a-*，表示“在……之上”，“向……”

aboard /əˈbɔːd/ *prep.*, *adv.* 在船上，在飞机上，在火车上

aside /əˈsaid/ *adv.*, *n.* 在旁边；旁白

(2) *by-*，表示“附近，邻近，边侧”

bypass /ˈbaipaːs/ *n.*, *v.* 旁路；绕过

(3) *circum-*, *circu-*，表示“周围，环绕，回转”

circumstance /ˈsəːkəmstæns/ *n.* 环境，状况

circus /ˈsəːkəs/ *n.* 竞技场，马戏

(4) *de-*，表示“在下，向下”

descend /diˈsend/ *v.* 下降，屈尊

degrade /diˈgreid/ *v.* 使降级

(5) *en-*，表示“在内，进入”

encamp /inˈkæmp/ *v.* 扎营，露营

(6) *ex-*, *ec-*, *es-*，表示“外部，外”

exit /ˈeksit/ *n.*, *v.* 出口；退出

expand /ikˈspænd/ *v.* 使膨胀；扩张

export /ˈekspɔːt/ *n.* 输出品；/ikˈspɔːt/ *v.* 输出

(7) *extra-*，表示“额外”

extraction /ikˈstrækʃən/ *n.* 抽出，抽出物

(8) *fore-*，表示“在前面”

forehead /ˈfɔrid, ˈfɔːhed/ *n.* 额，前部

foreground /ˈfɔːgraund/ *n.* 前部，前景

(9) *in-*，*il-*，*im-*，*ir-*，表示“向内，在内，背于”

inland /ˈinlənd/ *n.*，*adj.*，*adv.* 内陆；内陆的；在内地

invade /inˈveid/ *v.* 侵略

import /ˈimpɔːt/ *n.* 进口货；/imˈpɔːt/ *v.* 输入；进口

(10) *inter-*，*intel-*，表示“在……间，相互”

international /ˌintəˈnæʃənəl/ *adj.*，*n.* 国际的；国际性组织

interaction /ˌintərˈækʃən/ *n.* 交互作用

internet /ˈintənet/ *n.* 因特网

(11) *intro-*，表示“向内，在内，内侧”

introduce /ˌintrəˈdjuːs/ *v.* 介绍；引进

introvert /ˈintrəvəːt/ *n.* 性格内向的人

(12) *medi-*，*med-*，*mid-*，表示“中，中间”

Mediterranean /ˌmeditəˈreiniən/ *n.*，*adj.* 地中海（的）

medieval /ˌmediˈiːvəl/ *adj.* 中古的，中世纪的

(13) *out-*，表示“在上面，在外部，在外”

outline /ˈautlain/ *n.*，*v.* 外形；描画轮廓

outside /autˈsaid/ *adv.*，*prep.*，*adj.*，*n.* 在外面；外面的；外面

outward /ˈautwəd/ *adj.*，*adv.* 外面的；向外

(14) *over-*，表示“在上面，在外部，向上”

overlook /ˌəuvəˈluk/ *v.* 俯瞰

overhead /ˌəuvəˈhed/ *adv.*，*adj.* 在头上

overboard /ˈəuvəbɔːd/ *adv.* 自船上落下，在船外

(15) *post-*，表示“向后，在后边，次”

postscript /ˈpəusˌskript/ *n.* 附言

(16) *pre-*，表示“在前，在前面”

prefix /ˈpriːfiks / n.，*v.* 字首；加……作为字首

preface /ˈprefis / n.，*v.* 前言；为……加序言

preposition /ˌprepəˈziʃən / *n.* 介词，前置词

(17) *pro-*，表示“在前，向前”

progress /ˈprəugres / *n.*，*v.* 进步；促进

proceed /prəˈsiːd / *v.* 开始，继续做下去

(18) *sub-*，*suc-*，*suf-*，*sug-*，*sum-*，*sup-*，*sur-*，*sus-*，表示“在下面，下”

subway /ˈsʌbwei / *n.* 地道，地铁

submarine /ˈsʌbməriːn / *n.*，*adj.* 潜艇；海中的

suffix /ˈsʌfiks / *n.*，*v.* 字尾；加……作字尾

suppress /səˈpres / *v.* 镇压；废止

supplement /ˈsʌplimənt / *n.*，*v.* 增补，补充

(19) *super-*，*sur-*，表示“在……之上”

superficial /ˌsuːpəˈfiʃəl / *adj.* 表面的，浅薄的

surface /ˈsəːfis / *n.*，*v.*，*adj.* 表面；显露

superstructure /ˈsuːpəˌstrʌktʃə / *n.* 上层建筑

(20) *trans-*，表示“移上，转上，在那一边”

translate /trænsˈleit / *v.* 翻译

transform /trænsˈfɔːm / *v.* 转换，改造

transoceanic /ˈtrænzˌəuʃiˈænik / *adj.* 在海洋彼岸的；横越海洋的

(21) *under-*，表示“在……下面，下的”

underline /ˌʌndəˈlain / *v.*，*n.* 在……下面划线；下划线

underground /ˈʌndəgraund / *n.*，*adj.*，*adv.* 地铁；地下的；在地下，秘密地

underwater /ˌʌndəˈwɔːtə / *adj.*，*adv.* 在水下的，在水中的

(22) *up-*，表示“向上，向上面，在上”

upward /ˈʌpwəd / *adj.*，*adv.* 向上的；以上

uphold /ʌpˈhəuld / *v.* 支撑，鼓励，赞成

uphill /ˌʌpˈhil /　*adj*.　上坡的

★ 3. 表示时间，序列关系的前缀

(1) *ante-*, *anti-*，表示“先前，早于，预先”

antecedent /ˌæntiˈsiːdənt /　*n*., *adj*.　前事；在先的

anticipate /ænˈtisipeit /　*v*.　预期，期望

(2) *ex-*，表示“先，故，旧”

ex-president　*n*.　前总统

ex-husband　*n*.　前夫

(3) *fore-*，表示“在前面，先前，前面”

forward /ˈfɔːwəd /　*adv*., *adj*.　向前

forecast /ˈfɔːkaːst /　*n*., *v*.　预想；预测

foretell /fɔːˈtel /　*v*.　预言

(4) *mid-*, *medi-*，表示“中，中间”

midnight /ˈmidnait /　*n*.　午夜，夜半

midsummer /ˌmidˈsʌmə /　*n*.　仲夏，夏至期

(5) *post-*表示“在后，后”

postwar /ˈpəustˈwɔr /　*adj*.　战后的

(6) *pre-*, *pri-*，表示“在前，事先，预先”

preheat /ˌpriːˈhiːt /　*v*.　预先加热

prewar /ˌpriːˈwɔr /　*adj*.　战前的

prehistory /priːˈhistəri /　*n*.　先史学，有史以前发生的事

(7) *pro-*，表示“在前，先，前”

prologue /ˈprəulɔg /　*n*.　序幕，开场白

prophet /ˈprɔfit /　*n*.　预言家，先知

(8) *re-*，表示“再一次，重新”

retell /ˌriːˈtel /　*v*.　重述

rewrite /ˌriːˈrait /　*v*., *n*.　重写

★ 4. 表示比较程度差别关系的前缀

(1) *by-*，表示“副，次要的”

byproduct　*n*.　副产品

bywork *n.* 副业

(2) *extra-*，表示“超越，额外”

extraordinary /ikˈstrɔːdənəri/ *adj.* 非常的

(3) *hyper-*，表示“超过，极度”

hypersonic /ˌhaipəˈsɔnik/ *adj.* 极超音速的

hypertension /ˌhaipəˈtenʃən/ *n.* 高血压

(4) *out-*，表示“超过，过分”

outdo /autˈduː/ *v.* 超过

outbid /autˈbid/ *v.* 在开价上战胜

(5) *over-*，表示“超过，过度，太”

overeat /ˌəuvərˈiːt/ *v.* 使吃过量，吃得过饱

overdress /ˌəuvəˈdres/ *v.* 穿着过分讲究，穿得过多

oversleep /ˌəuvəˈsliːp/ *v.* 睡过头

(6) *sub-*，*suc-*，*sur-*，表示“低，次，副，亚”

subeditor /sʌbˈeditər/ *n.* 副编辑

subordinate /səˈbɔːdinət/ *adj.*，*v.*，*n.* 下级的；使居下位；下级

subtropical /ˌsʌbˈtrɔpikəl/ *adj.* 亚热带的

(7) *super-*，*sur-*，表示“超过”

superpower /ˈsuːpəˌpauə/ *n.* 极巨大的力量，超强大国

surplus /ˈsəːpləs/ *n.*，*adj.* 盈余；过剩的

surpass /səˈpaːs/ *v.* 超越，胜过

(8) *under-*，表示“低劣，低下”

undersize /ˌʌndəˈsaiz/ *adj.* 较一般为小的，较矮小的

undergrown /ˌʌndəˈgrəun/ *adj.* 未发育全的

underproduction /ˌʌndəprəˈdʌkʃən/ *n.* 生产不足

(9) *vice-*，表示“副，次”

vice-president /ˌvaisˈprezidənt/ *n.* 副总统

vice-chairman /ˈvaisˈtʃɛəmən/ *n.* 副主席

★ 5. 表示共同，相等意思的前缀

(1) *com-*，*cop-*，*con-*，*cor-*，*co-*，表示“共同，一起”

connect /kəˈnekt/ *v.* 连接

combine /kəmˈbain/ *n.*，*v.* 集团；联合

combat /ˈkɔmbæt/ *n.*，*v.* 战斗

coexist /ˌkəuigˈzist/ *v.* 共存

cooperate /kəuˈɔpəreit/ *v.* 协作，配合

(2) *syn-*，*syl-*，*sym-*，表示“同，共，和，类”

symmetry /ˈsimitri/ *n.* 对称，调和

sympathy /ˈsimpəθi/ *n.* 同情，同感

synthesis /ˈsinθisis/ *n.* 合成

★ 6. 表示整个，完全意思的前缀

(1) *al-*，表示“完整，完全”

alone /əˈləun/ *adj.*，*adv.* 单独的；独自地

almost /ˈɔːlməust/ *adv.* 差不多；几乎

(2) *over-*，表示“完全，全”

overall /ˌəuvərˈɔːl/ *adj.*，*adv.*，*n.* 从头到尾；工作服

overflow /ˌəuvəˈfləu/ *v.*，*n.* 溢出；充满

(3) *pan-*，表示“全，总，万”

Pan-American /pænəˈmerikən *adj.* 泛美

★ 7. 表示分离，离开意思的前缀

(1) *a- ab-*，*abs-*，表示“分离，离开”

away /əˈwei/ *adv.* 在远处；离去

apart /əˈpaːt/ *adv*，*adj.* 分别地；分离

abstract /ˈæbstrækt/ *adj.*，*n.* 抽象的；梗概；/əbˈstrækt/ *v.* 提炼

abstain /əbˈstein/ *v.* 戒，避开，弃权

(2) *de-*，表示“离去，除去”

depart /diˈpaːt/ *v.* 启程，离开

decolor /diːˈkʌlə/ *v.* 使脱色；将漂白

(3) *dis-*, *di-*, *dif-*，表示“分离，离开”

divorce /diˈvɔːs/ *n.* 离婚

disarm /disˈɑːm/ *v.* 解除武装

(4) *ex-*, *e-*，表示“离开，分离”

expel /ikˈspel/ *v.* 驱逐，开除

exclude /ikˈskluːd/ *v.* 除外，拒绝

expatriate /eksˈpætriət/ *n.*, *v.*, *adj.* 亡命国外者；逐出国外；被流放的

(5) *for-*，表示“离开，脱离”

forget /fəˈget/ *v.* 忘记，忽略

forgive /fəˈgiv/ *v.* 原谅，宽恕

(6) *se-*，表示“分离，隔离”

separate /ˈsepərit/ *adj.*, *v.* 分开的；分开

seduce /siˈdjuːs/ *v.* 诱惑

select /siˈlekt/ *v.* 选择

★ 8. 表示通过，遍及意思的前缀

(1) *dia-*，表示“通过，横过”

diameter /daiˈæmitə/ *n.* 直径

diagram /ˈdaiəgræm/ *n.*, *v.* 图表；图示

(2) *per-*, *pel-*，表示“通，总，遍”

perfect /ˈpəːfikt/ *adj.*, *v.* 完美的；使完美

perform /pəˈfɔːm/ *v.* 履行，完成

pervade /pəˈveid/ *v.* 浸透；弥漫

(3) *trans-*，表示“横过，贯通”

transparent /trænˈspærənt/ *adj.* 透明的，明晰的

transmit /trænzˈmit/ *v.* 传输，传达

transport /ˈtrænspɔːt/ *n.* 运输；/trænˈspɔːt/ *v.* 传送，运输

★ 9. 表示加强意思的前缀

a-

arouse /əˈrauz/ *v.* 唤起

ashamed /əˈʃeimd / *adj.* 惭愧的，羞耻的

ad-

adjoin /əˈdʒɔin / *v.* 贴近；毗连

adhere /ədˈhiə / *v.* 紧粘；遵守

★ 10. 表示变换词类作用的前缀

be-

befriend /biˈfrend / *v.* 待人如友，帮助

en-

enslave /inˈsleiv / *v.* 奴役；沉溺

enable /iˈneibəl / *v.* 使能够

enrich /inˈritʃ / *v.* 使富裕

ad-，*ac-*，*af-*，*ag-*，*an-*，*ap-*，*ar-*，*as-*，*at-*

adapt /əˈdæpt / *v.* 使适应

accord /əˈkɔːd / *n.*，*v.* 调和

affix /əˈfiks / *v.* 贴上；/ˈæfiks / *n.* 附加物，字缀

aggression /əˈgreʃən / *n.* 进攻，侵略

assist /əˈsist / *v.* 协助

attend /əˈtend / *v.* 参加，出席

attract /əˈtrækt / *v.* 引起

arrange /əˈreindʒ / *v.* 安排

assign /əˈsain / *v.* 委派

★ 11. 表示数量关系的前缀

(1) 表示“单一，一”

mon-，*mon-*

monotone /ˈmɔnəˌtəun / *n.* 单调

monotonous /məˈnɔtənəs / *adj.* 单调的

monopoly /məˈnɔpəli / *n.* 垄断，独占事业

monarch /ˈmɔnək / *n.* 帝王，元首

uni-，*un-*

uniform /ˈjuːnifɔːm / *n.*，*adj.* 制服；统一的

unicellular /ˈjuːniˈse / julə / *adj*. 单细胞的

(2) 表示“二，两，双”

ambi-

ambiguous /æmˈbigjuəs / *adj*. 暧昧的，不明确的

amphibian /æmˈfibiən / *n*. 两栖动物

bi-, *bin-*

bicycle /ˈbaisikəl / *n*., *v*. 自行车；骑自行车

twi-

twiformed /ˈtwaifɔːmd / *a*. 有两种形式的

(3) 表示“十”

deca-, *deco-*, *dec-*, *deci-*

decade /ˈdekeid / *n*. 十年

decimal /ˈdesiməl / *n*. , *adj*. 小数；十进位的，小数的

(4) 表示“百，百分之一”

hecto-, *hect-*

hectometer /ˈhektəˌmiːtə / *n*. 一百米

centi-

centimeter /ˈsentiˌmiːtə / *n*. 公分

(5) 表示“千，千分之一”

kilo-

kilometer /ˈkiləˌmiːtə / *n*. 千米，公里

(6) 表示“万，万分之一”

myria-, *myri-*

myriameter / ˈmiriəˌmitə /*n*. 一万米

mega-, *meg-*

megabyte /ˈmegəbait / *n*. 兆字节

micro-

microscope /ˈmaikrəskəup / *n*. 显微镜

(7) 表示“许多，复，多数”

multi-, *mult-*

multimedia /ˌmʌltiˈmiːdiə/ *n.* 多媒体

poly-

polysyllable /ˈpɔliˌsiləbəl/ *n.* 多音节字

(8) 表示“半，一半”

hemi-

hemisphere /ˈhemisfiə/ *n.* 半球

semi-

semiconductor /ˌsemikənˈdʌktə/ *n.* 半导体

semitransparent /ˌsemitrænˈspærənt/ *adj.* 半透明的

pene-, *pen-*

peninsula /piˈninsjʊlə/ *n.* 半岛

★ 12. 表示特殊意义的前缀

(1) *arch-*，表示“首位，第一的，主要的”

architect /ˈaːkitekt/ *n.* 缔造者，创造者

archbishop /ˌaːtʃˈbiʃəp/ *n.* 主教长，大主教

archrival /ˌaːtʃˈraivl/ *n.* 主要的对手

(2) *auto-*，表示“自己，独立，自动”

automobile /ˈɔːtəməbiːl/ *n.* 汽车

autobiography /ˌɔːtəbaiˈɔgrəfi/ *n.* 自传

(3) *bene-*，表示“善，福”

benefit /ˈbenifit/ *n.*，*v.* 利益；有益于

(4) *eu-*，表示“优，美好”

eulogize /ˈjuːlədʒaiz/ *v.* 称赞；颂扬

(5) *male-*，*mal-* 表示“恶，不良”

maltreat /mælˈtriːt/ *v.* 虐待

(6) *macro-*，表示“大，宏大”

macrobiotic /ˌmækrəubaiˈɔtik/ *adj.* 长寿的

(7) *magni-*，表示“大”

magnificent /mægˈnifisənt/ *adj.* 华丽的，丰富的

(8) *micro-*，表示“微”

microscope /ˈmaikrəskəup/ *n.* 显微镜

★ 13. 表示术语的前缀

(1) *bio-*，表示“生命，生物”

biography /baiˈɔgrəfi/ *n.* 传记

(2) *ge-*，表示“地球，大地”

geography /dʒiˈɔgrəfi/ *n.* 地理学

(3) *tele-*，表示“远离”

television /ˈteliˌviʒən/ *n.* 电视

telephone /ˈtelifəun/ *n.* 电话

常见后缀（suffix）

★ 1. 名词后缀

★ (1) 具有某种职业或动作的人

① *-an*，*-ian*，表示“……地方的人，精通……的人”

American /əˈmerikən/ *adj.*，*n.* 美国人的；美国人

historian /hiˈstɔːriən/ *n.* 历史学家

② *-al*，表示“具有……职务的人”

principal /ˈprinsipəl/ *adj.*，*n.* 主要的；校长

③ *-ant*，*-ent*，表示“……者”

merchant /ˈməːtʃənt/ *n.* 商人

agent /ˈeidʒənt/ *n.* 代理人

servant /ˈsəːvənt/ *n.* 仆人

④ *-ar*，表示“……的人”

scholar /ˈskɔlə/ *n.* 学者

liar /ˈlaiə/ *n.* 说谎者

peddler /ˈpedlə/ *n.* 小贩

⑤ *-ard*，*-art*，表示“做……的人”

coward /ˈkauəd/ *n.* 懦弱的人

laggard /ˈlægəd/ *n.*, *adj.* 迟钝的人；迟钝的

braggart /ˈbrægət/ *n.* 吹牛的人

⑥ *-arian*，表示"……派别的人，……主义的人"

humanitarian /hjuːˌmæniˈteəriən/ *n.* 人道主义者

vegetarian /ˌvedʒiˈteəriən/ *n.* 素食者

⑦ *-ary*，表示"从事……的人"

secretary /ˈsekritəri/ *n.* 秘书

missionary /ˈmiʃənəri/ *n.* 传教士

⑧ *-ate*，表示"具有……职责的人"

candidate /ˈkændidit/ *n.* 候选人

graduate /ˈgrædʒuit/ *n.* 学位获得者；研究生

⑨ *-ator*，表示"做……的人"

educator /ˈedjukeitə/ *n.* 教师；教育学家

speculator /ˈspekjʊleitə/ *n.* 投机者

⑩ *-crat*，表示"某种政体，主义的支持者"

democrat /ˈdeməkræt/ *n.* 民主党人

bureaucrat /ˈbjuərəkræt/ *n.* 官僚作风的人

⑪ *-ee*，表示"动作承受者"

employee /ˌemˈplɔiˈiː/ *n.* 职员

trainee /ˌtreiˈniː/ *n.* 练习生

⑫ *-eer*，表示"从事于……人"

engineer /ˌendʒiˈniə/ *n.* 工程师

volunteer /ˌvɔlənˈtiə/ *n.* 志愿者

⑬ *-er*，表示"从事某种职业的人，某地区，地方的人"

observer /əbˈzəːvə/ *n.* 观察者，评论者

villager /ˈvilidʒə/ *n.* 村民

⑭ *-ese*，表示"……国人，……地方的人"

Japanese /ˌdʒæpəˈniːz/ *n.* 日本人

Cantonese /ˌkæntəˈniːz/ *n.* 广东人

⑮ *-ess*，表示阴性人称名词

actress /ˈæktris / *n.* 女演员

hostess /ˈhəustis / *n.* 女主人

manageress /ˌmænidʒəˈres / *n.* 女经理

⑯ *-eur*，表示“……家”

amateur /ˈæmətə / *n.* 外行，爱好者

⑰ *-ian*，表示“……地方人，信仰……教的人，从事……职业的人”

Christian /ˈkristʃən / *n.* 基督徒

physician /fiˈziʃən / *n.* 内科医生

musician /mjuːˈziʃən / *n.* 音乐家

⑱ *-ician*，表示“精通者，……家”

electrician /iˌlekˈtriʃən / *n.* 电气技师

magician /məˈdʒiʃən / *n.* 魔术师

technician /tekˈniʃən / *n.* 技师

⑲ *-icist*，表示“……家，……者，……能手”

physicist /ˈfizisist / *n.* 物理学者

⑳ *-ic*，表示“……者，……师”

mechanic /miˈkænik / *n.* 技工

critic /ˈkritik / *n.* 批评家

㉑ *-ie*，表示“爱，指小”

lassie /ˈlæsi / *n.* 小姑娘

㉒ *-ier*，表示“从事……职业”

cavalier /ˌkævəˈliə / *n.* 骑士

clothier /ˈkləuðiə / *n.* 布商，服装商

㉓ *-ine*，*-ian*，表示“阴性人称”

heroine /ˈherəuin / *n.* 女主角

ballerina /ˌbæləˈriːnə / *n.* 芭蕾舞女

㉔ *-ist*，表示“从事……研究者，信仰……主义者”

pianist /ˈpiːənist / *n.* 钢琴家

communist /ˈkɔmjunist / *n.* 共产主义者

dentist /ˈdentist / *n.* 牙科医生

㉕ *-ive*，表示“动作者，行为者”

native /ˈneitiv / *n.* 本地人

captive /ˈkæptiv / *n.* 俘虏

㉖ *-logist*，表示“……学家，研究者”

biologist /baiˈɔlədʒist / *n.* 生物学家

geologist /dʒiˈɔlədʒist / *n.* 地质学家

㉗ *-or*，表示“……者”

author /ˈɔːθə / *n.* 作者

operator /ˈɔpəreitə / *n.* 操作员

㉘ *-ster*，表示“做……事情的人”

youngster /ˈjʌŋstə / *n.* 少年

gamester /ˈgeimstə / *n.* 赌徒

songster /ˈsɔŋstə / *n.* 歌手

㉙ *-yer*，表示“ 从事……职业者”

lawyer /ˈlɔːjə / *n.* 律师

★（2）构成具有抽象名词的含义

① *-acy*，表示“性质，状态，境遇”

accuracy /ˈækurəsi / *n.* 准确性

diplomacy /diˈpləuməsi / *n.* 外交

② *-age*，表示“状态，行为，身份及其结果，总称”

courage /ˈkʌridʒ / *n.* 勇气

marriage /ˈmæridʒ / *n.* 婚姻

③ *-al*

a. 表示“事物的动作，过程”

refusal /riˈfjuːzəl / *n.* 拒绝

survival /səˈvaivəl / *n.* 生存

denial /diˈnaiəl / *n.* 否认

approval /əˈpruːvəl / *n.* 赞成

b. 表示具体的事物

manual /ˈmænjuəl / *n.* 指南

editorial /ˌediˈtɔːriəl / *n.* 社论

journal /ˈdʒəːnl / *n.* 日记

④ *-ance*，*-ence* 表示“性质，状况，行为，过程，总量，程度”

endurance /inˈdjuərəns / *n.* 忍耐力

diligence /ˈdilidʒəns / *n.* 勤奋

obedience /əˈbiːdiəns / *n.* 服从

⑤ *-ancy*，*-ency*，表示“性质，状态，行为，过程”

frequency /ˈfriːkwənsi / *n.* 频率

urgency /ˈəːdʒənsi / *n.* 紧急

efficiency /iˈfiʃənsi / *n.* 效率

⑥ *-bility*，表示“动作，性质，状态”

possibility /ˌpɔsiˈbiliti / *n.* 可能性

feasibility /ˌfiːziˈbiliti / *n.* 可行性

⑦ *-craft*，表示“工艺，技巧”

woodcraft /ˈwudkrɑːft / *n.* 木工艺

handicraft /ˈhændikrɑːft / *n.* 手工艺

⑧ *-cracy*，表示“统治，支配”

bureaucracy /bjuəˈrɔkrəsi / *n.* 官僚机构

democracy /diˈmɔkrəsi / *n.* 民主政治

⑨ *-cy*，表示“性质，状态，职位，级别”

bankruptcy /ˈbæŋkrʌptsi / *n.* 破产

supremacy /suˈpreməsi / *n.* 最高地位，主权

⑩ *-dom*，表示“等级，领域，状态”

freedom /ˈfriːdəm / *n.* 自由

kingdom /ˈkiŋdəm / *n.* 王国，王权

wisdom /ˈwizdəm / *n.* 智慧

⑪ *-ery*，*-ry*，表示“行为，状态，习性”

bravery /ˈbreivəri / *n.* 勇敢

bribery /ˈbraibəri / *n.* 贿赂行为

rivalry /ˈraivəlri / *n.* 敌对

⑫ *-ety*，表示“性质，状态”

variety /vəˈraiəti/ *n.* 多样性

⑬ *-faction*，*-facture*，表示“作成，……化，作用”

satisfaction /ˌsætisˈfækʃən/ *n.* 满意

manufacture /ˌmænjʊˈfæktʃə/ *n.* 制造

⑭ *-hood*，表示“资格，身份，年纪，状态”

childhood /ˈtʃaildhud/ *n.* 孩童时期

falsehood /ˈfɔːlshud/ *n.* 谎言，虚假

⑮ *-ice*，表示“行为，性质，状态”

justice /ˈdʒʌstis/ *n.* 正义

service /ˈsəːvis/ *n.* 服务

⑯ *-ine*，表示“带有抽象概念”

discipline /ˈdisiplin/ *n.* 纪律

famine /ˈfæmin/ *n.* 饥荒

⑰ *-ion*，*-sion*，*-tion*，*-ation*，*-ition*，表示“行为的过程，结果，状况”

solution /səˈluːʃən/ *n.* 解决

conclusion /kənˈkluːʒən/ *n.* 结论

⑱ *-ise*，表示“性质，状态”

merchandise /ˈməːtʃəndaiz/ *n.* 商品

⑲ *-ism*，表示“制度，主义，学说，信仰，行为”

socialism /ˈsəuʃəliizəm/ *n.* 社会主义

heroism /ˈherəuizəm/ *n.* 英勇

⑳ *-ity*，表示“性质，状态，程度”

purity /ˈpjuəriti/ *n.* 纯净

reality /riˈæliti/ *n.* 现实

calamity /kəˈlæmiti/ *n.* 灾难

㉑ *-ment*，表示“行为，状态，过程，手段及其结果”

treatment /ˈtriːtmənt/ *n.* 治疗

judgment /ˈdʒʌdʒmənt/ *n.* 审判

punishment /ˈpʌniʃmənt / *n.* 处罚

argument /ˈɑːgjʊmənt / *n.* 论据

㉒ *-mony*，表示“动作的结果，状态”

ceremony /ˈseriməni / *n.* 仪式

testimony /ˈtestiməni / *n.* 证言

㉓ *-ness*，表示“性质，状态，程度”

goodness /ˈgudnis / *n.* 仁慈

tiredness /taiədnis / *n.* 疲劳

㉔ *-or*，*-our*，表示“动作，性质，状态”

favor /ˈfeivə / *n.* 赞成

error /ˈerə / *n.* 错误

㉕ *-osity*，表示“动作，状态”

curiosity /ˌkjuəriˈɔsiti / *n.* 好奇心

㉖ *-ship*

a. 表示“技艺，技能，……法，……术”

horsemanship /ˈhɔrsmənˈʃip/ *n.* 马术

penmanship /ˈpenmənʃip / *n.* 书法，笔迹

salesmanship /ˈseilzmənʃip/ *n.* 销售；推销术

b. 表示“情况，状态，关系，性质”

friendship /ˈfren（d）ʃip/ *n.* 友谊

hardship /ˈhɑːdʃip/ *n.* 艰难

partnership /ˈpɑːtnəʃip/ *n.* 合伙

comradeship /ˈkɑmrædˌʃip/ *n.* 同伴之谊

dictatorship /dikˈteitəʃip/ *n.* 独裁者之职，独裁政权

c. 表示“身份，职位，资格”

heirship /ˈeəʃip/ *n.* 继承权

professorship /prəˈfɛsɚʃip/ *n.* 教授的职位

managership /ˈmænidʒɚʃip/ *n.* 经理的地位

㉗ *-th*，表示“动作，性质，过程，状态”

depth /depθ / *n.* 深度

wealth /welθ/ n. 财富

truth /truːθ/ n. 事实

length /leŋθ/ n. 长度

㉘ *-tude*，表示“性质，状态，程度”

latitude /ˈlætitjuːd/ n. 纬度

altitude /ˈæltitjuːd/ n. 海拔

㉙ *-ure*，表示“行为，结果”

exposure /ikˈspəuʒə/ n. 暴露

pressure /ˈpreʃə/ n. 压力

procedure /prəˈsiːdʒə/ n. 手续

㉚ *-y*，表示“行为的结果，状态，性质”

glory /ˈglɔːri/ n. 光荣

victory /ˈviktəri/ n. 胜利

inquiry /inˈkwaiəri/ n. 质询

★（3）带有场所，地方的含义

① *-age*，表示“住所，地点”

village /ˈvilidʒ/ n. 乡村

cottage /ˈkɔtidʒ/ n. 农舍

② *-ary*，表示“住所，场地”

library /ˈlaibrəri/ n. 图书馆

granary /ˈgrænəri/ n. 谷仓

③ *-ery*，*ry*，表示“工作场所，饲养所，地点”

laundry /ˈlɔːndri/ n. 洗衣店

nursery /ˈnəːsəri/ n. 托儿所

surgery /ˈsəːdʒəri/ n. 手术室，外科

④ *-ory*，表示“场所，住处”

dormitory /ˈdɔːmitəri/ n. 宿舍

laboratory /ləˈbɔrətri/ n. 实验室

observatory /əbˈzəːvətəri/ n. 瞭望台

★（4）带有学术，科技含义

① *-grapy*，表示“……学，写法”

calligraphy /kəˈligrəfi/ *n.* 笔迹

geography /dʒiˈɔgrəfi/ *n.* 地理学

② *-ic*，*ics*，表示“……学，……法”

logic /ˈlɔdʒik/ *n.* 逻辑

mechanics /miˈkæniks/ *n.* 力学

optics /ˈɔptiks/ *n.* 光学

electronics /iˌlekˈtrɔniks/ *n.* 电子学

③ *-ology*，表示“……学科，……论”

biology /baiˈɔlədʒi/ *n.* 生物学

zoology /zuːˈɔlədʒi/ *n.* 动物学

technology /tekˈnɔlədʒi/ *n.* 技术

genealogy /ˌdʒiːniˈælədʒi/ *n.* 家谱

ecology /iˈkɔlədʒi/ *n.* 生态学

meteorology /ˌmiːtiəˈrɔlədʒi/ *n.* 气象学

theology /θiˈɔlədʒi/ *n.* 神学

④ *-nomy*，表示“……学，……术”

astronomy /əˈstrɔnəmi/ *n.* 天文学

⑤ *-ery*，*-ry* 表示“学科，技术”

chemistry /ˈkemistri/ *n.* 化学

cookery /ˈkukəri/ *n.* 烹调术

machinery /məˈʃiːnəri/ *n.* 机器

⑥ *-y*，表示“……学，……术，……法”

photography /fəˈtɔgrəfi/ *n.* 摄影术

philosophy /fiˈlɔsəfi/ *n.* 哲学

★（5）表示人和事物的总和，集合含义

-age

baggage /ˈbægidʒ/ *n.* 行李

tonnage /ˈtʌnidʒ/ *n.* 吨位

-dom

newspaperdom /ˈnjuːsˌpeipədəm/ *n.* 新闻界，报界

-ry

ministry /ˈministri / *n.* 内阁

-ure

legislature /ˈledʒisleitʃə / *n.* 立法机关

judicature /ˈdʒuːdikətʃə/ *n.* 裁判

★（6）表示“细小”的含义

-cle

particle /ˈpaːtikəl / *n.* 粒子

-cule

molecule /ˈmɔlikjuːl / *n.* 分子

-el

parcel /ˈpaːsəl / *n.* 小包

-en

chicken /ˈtʃikin / *n.* 鸡

maiden /ˈmeidn / *n.* 少女

-et

pocket /ˈpɔkit / *n.* 口袋

ticket /ˈtikit / *n.* 票

-etta，*-ette*，*etto*

cigarette /sigəˈret / *n.* 香烟

-kin

lambkin /ˈlæmkin / *n.* 小羊

-ling

duckling /ˈdʌkliŋ / *n.* 小鸭子

-let

booklet /ˈbuklit / *n.* 小册子

-y

doggy /ˈdɔgi / *n.* 小犬

★ 2. 形容词后缀

★（1）带有“属性，倾向，相关”的含义

-able，*-ible*

comfortable /ˈkʌmftəbəl/ *adj.* 舒服的

applicable /əˈplikəbəl/ *adj.* 可应用的

-al

natural /ˈnætʃərəl/ *adj.* 自然的

additional /əˈdiʃənəl/ *adj.* 额外的

-an

urban /ˈəːbən/ *adj.* 都市的

suburban /səˈbəːbən/ *adj.* 郊外的

republican /riˈpʌblikən/ *n.* 共和主义者

-ant，*-ent*

distant /ˈdistənt/ *adj.* 远的

excellent /ˈeksələnt/ *adj.* 优良的

-ar

similar /ˈsimələ/ *adj.* 相似的

regular /ˈregjʊlə/ *adj.* 规则的

-ary

military /ˈmilitəri/ *adj.* 军事的

voluntary /ˈvɔləntəri/ *adj.* 自动的

-ic，*-atic*，*-ical*

systematic /ˌsistiˈmætik/ *adj.* 有系统的

physical /ˈfizikəl/ *adj.* 身体的

-ine

masculine /ˈmæskjʊlin/ *adj.* 男性的

feminine /ˈfeminin/ *adj.* 女性的

marine /məˈriːn/ *adj.* 海的

-ing

touching /ˈtʌtʃiŋ/ *adj.* 动人的

daring /ˈdeəriŋ/ *adj.* 大胆的

-ish

foolish /ˈfuːliʃ/ *adj.* 愚蠢的

bookish /ˈbukiʃ/ *adj.* 好读书的

selfish /ˈselfiʃ/ *adj.* 自私的

-ive

impressive /imˈpresiv/ *adj.* 给人深刻印象的

decisive /diˈsaisiv/ *adj.* 决定性的

-ory

satisfactory /ˌsætisˈfæktəri/ *adj.* 令人满意的

compulsory /kəmˈpʌlsəri/ *adj.* 被强制的，义务的

-il，*-ile*，*-eel*

fragile /ˈfrædʒail/ *adj.* 易碎的

★（2）表示“相像，类似”的含义

-ish

boyish /ˈbɔiiʃ/ *adj.* 男孩的

childish /ˈtʃaildiʃ/ *adj.* 天真的

-esque

picturesque /ˌpiktʃəˈresk/ *adj.* 生动的

-like

manlike /ˈmænlaik/ *adj.* 男人似的

childlike /ˈtʃaildlaik/ *adj.* 孩子似的

-ly

manly /ˈmænli/ *adj.* 像男人的

fatherly /ˈfaːðəli/ *adj.* 慈爱的，如父亲的

scholarly /ˈskɔləli/ *adj.* 学者的，博学的

-some

troublesome /ˈtrʌbəlsəm/ *adj.* 麻烦的

handsome /ˈhænsəm/ *adj.* 英俊的

-y

milky /ˈmilki / *adj.* 乳状的

pasty /ˈpeisti / *adj.* 浆糊的，苍白的

★（3）表示“充分的”含义

-ful

helpful /ˈhelpfəl / *adj.* 有帮助的

truthful /ˈtruːθfəl / *adj.* 诚实的

-ous

dangerous /ˈdeindʒərəs / *adj.* 危险的

generous /ˈdʒenərəs / *adj.* 有雅量的，大量的

-ent

violent /ˈvaiələnt / *adj.* 猛烈的

★（4）表示“由某种物质形成，制成或生产”的含义

-en

wooden /ˈwudn / *adj.* 木制的

woolen /ˈwulən / *adj.* 羊毛制的

-ous

gaseous /ˈgæsiəs / *adj.* 气体的

-fic

scientific /ˌsaiənˈtifik / *adj.* 科学的

★（5）表示“方向”的含义

-ern

eastern /ˈiːstən / *adj.* 东方的，向东的

western /ˈwestən / *adj.* 西的，来自西方的

-ward

downward /ˈdaunwəd / *adj.* 向下的

forward /ˈfɔːwəd / *adj.* 向前的

★（6）表示“倍数”的含义

-ble

double /ˈdʌbəl / *adj.* 两倍的

treble /ˈtrebəl/ *adj.* 三倍的

-ple

triple /ˈtripəl/ *adj.* 三倍的

-fold

twofold /ˈtu:fəuld/ *adj.* 两倍的

tenfold /ˈtenfəuld/ *adj.* 十倍的

★（7）表示“比较程度”的含义

-ish

reddish /ˈrediʃ/ *adj.* 微红的

yellowish /ˈjeləuiʃ/ *adj.* 淡黄色的

-most

foremost /ˈfɔ:məust/ *adj.* 最初的

topmost /ˈtɔpməust/ *adj.* 最高的

★（8）表示否定

-less

countless /ˈkauntləs/ *adj.* 数不尽的

stainless /ˈsteinləs/ *adj.* 无瑕疵的

★（9）表示“防……的”

-proof

burglarproof /ˈbɜ:gləpru:ʃ/ *adj.* 防盗的

fireproof /ˈfaiəpru:f/ *adj.* 防火的

windproof /ˈwin（d）pru:f/ *adj.* 防风的

bulletproof /ˈbʊlitpru:f/ *adj.* 防弹的

★ 3. 动词后缀

（1）*-ize*，*ise*，表示“做成，变成，……化”

modernize /ˈmɔdənaiz/ *v.* 现代化

mechanize /ˈmekənaiz/ *v.* 使机械化

democratize /diˈmɔkrətaiz/ *v.* 民主化

（2）*-en*，表示“使成为，引起，使有”

quicken /ˈkwikən/ *v.* 加快

weaken /ˈwiːkən/ *v.* 削弱

soften /ˈsɔfən/ *v.* 变弱

（3） *-fy*，表示“使……化，使成……”

beautify /ˈbjuːtifai/ *v.* 美化

purify /ˈpjuərifai/ *v.* 净化

intensify /inˈtensifai/ *v.* 强化

signify /ˈsignifai/ *v.* 意味

simplify /ˈsimplifai/ *v.* 简化

（4） *-ish*，表示“使，令”

abolish /əˈbɔliʃ/ *v.* 废止

diminish /diˈminiʃ/ *v.* 减少

establish /iˈstæbliʃ/ *v.* 建立

（5） *-ate*，表示“成为……，处理，作用”

separate /ˈsepəreit/ *v.* 分隔

operate /ˈɔpəreit/ *v.* 运转

indicate /ˈindikeit/ *v.* 指出

★ 4. 副词后缀

-ly

swiftly /swift/ *adv.* 很快地

simply /ˈsimpli/ *adv.* 简单地

-ward，*-wards*

inwards /ˈinwədz/ *adv.* 向内

upward /ˈʌpwəd/ *adv.* 以上

-ways

always /ˈɔːlwiz/ *adv.* 总是

sideways /ˈsaidweiz/ *adv.* 向一边

-wise

otherwise /ˈʌðəwaiz/ *adv.* 否则

clockwise /ˈklɔkˌwaiz/ *adv.* 顺时针方向地

参考文献

[1] Carrel. P. L. Devine, J. & Eskey, D. (eds) . *Interactive Approaches to Second Language Reading* [M]. Cambridge: Cambridge University Press, 1985.

[2] Edward, F. *Teaching Faster Reading* [M]. London: Cambridge University Press, 1963.

[3] Goodman, K. S. *Reading: a Psycholinguistic Guessing Game* [J]. Journal of the Reading Specialist 6 /I: 126—135, 1967.

[4] Goodman. K. S. *Learning to Read. Theoretically Models and Process of Reading*. Eds. Singer, H. &Ruddell. 3rd . International Reading Association, 1985.

[5] Gough, P. B. *One second of reading*. Language by Ear and Eye. Eds. J. F. Kavanagh &I. G Mattingly [M]. Cambridge: MIT Press, 1972.

[6] Hosenfeld, C. *A Learning Teaching View of Second-language Instruction: the Learning Strategies of Second-language Learners with Reading-grammar Tasks* [D]. Ohio State University, 1977.

[7] Johnson, K. *Et al. Encyclopedic Dictionary of Applied Linguistics: A handbook for Language Teaching* [M]. NY: Blackwell Publishers Ltd, 1998.

[8] Nida, E. A. *Language, Culture, and Translating* [M]. Shanghai Foreign Language Education Press, 1993.

[9] Samour, L. A. & R. E Porter. *Intercultural Communication: A Reader* (5th) [M]. Wadsworth Publishing Co. , 1988.

[10] Rumelhart, D. E. *Toward an Interactive Model of Reading* [A]. *In* S. Dornic (Ed) Attention and Performance [C]. Vol. V1. 537～603. New York: Academic Press.

[11] Wallace. C. *Reading* [M]. Oxford: Oxford University Press, 1992.

[12] 包佩佩，张菊芬. 大学生英语阅读能力结构和发展的研究 [J]. 绍兴文理学院学报，2004 (2) .

[13] 陈晓湘. 主体的认知中介系统对英语阅读理解能力的影响 [J]. 外语与外语教学，2001 (9) .

[14] 戴曼纯. 论第二语言词汇习得研究 [M]. 外语教学与研究，2000 (2).

[15] 邓炎昌. 语言与文化. 北京：外语教学与研究出版社，1995.

[16] 邓炎昌，刘润清. 语言与文化 [M]. 北京：外语教学与研究出版社，2005.

[17] 杜殿收. 现代认知理论与叶圣陶阅读教育观 [J]. 中学语文教学，2001 (5) .

[18] 杜学增. 中英文化习俗比较 [M]. 北京：外语教学与研究出版社，1999.

[19] 胡文仲. 文化与交际 [M]. 外语教学与研究出版社，1994.

[20] 胡文仲. 英美文化词典 [M]. 外语教学与研究出版社，1995.

[21] 胡文仲，高一虹. 外语教学与文化 [M]. 湖南教育出版社，1997.

[22] 胡文仲. 跨文化交际学概论 [M]. 外语教学与研究出版社，1999.

[23] 段蕙芬，蒋子诚，梅卫国. 中学生英语阅读能力结构及其发展初探 [J]. 心理科学，2000 (5) .

[24] 傅伟. 学会阅读：中小学语文教学的一项重要任务 [J]. 中国教育学刊，2000 (3) .

[25] 高等学校英语专业教学指导委员会英语组. 高等学校英语专业英语教学大纲 [Z]. 上海外语教育出版社，2000.

[26] 高瑞卿. 阅读学概论 [M]. 吉林教育出版社，1987.

[27] 顾黄初. 对于阅读教学的思考 [J]. 课程·教材·教法，1983 (5) .

[28] 黄远振. 新课程英语教与学 [M]. 福州：福建教育出版社，2003.

[29] 季羡林. 季羡林谈读书治学 [M]. 北京：当代中国出版社，2006.

[30] 贾玉新．美国跨文化交际研究［A］．文化与语言（论文集）［C］．北京：外语教学与研究出版社，1994.
[31] 贾玉新．跨文化交际学［M］．上海：上海外语教育出版社，1999.
[32] 居祖纯．汉英语篇翻译［M］．北京：清华大学出版社，1998.
[33] 柯平．英汉与汉英翻译教程［M］．北京：北京大学出版社，1993.
[34] 邝怀熙．阅读能力结构试探［J］．中学语文教学，1982（1）．
[35] 李运兴．语篇翻译引论［M］．北京：中国对外翻译出版公司，2001.
[36] 李镇西．阅读教学的解释学思考［J］．语文建设，2002（9）．
[37] 林纪诚等．语言与文化综论［A］．文化与语言（论文集）［C］．北京：外语教学与研究出版社，1994.
[38] 刘君涛．语言与文化关系的重新认识［J］．外语研究，2000（1）．
[39] 刘润清．语言与文化［M］．上海：上海外语教育出版社，2001.
[40] 栾雪梅．试论阅读教学的"整体"与"分析"［J］．语文建设，2005（11）．
[41] 罗大同．使用语文教学词典［M］．天津：天津教育出版社，1989.
[42] 马笑霞．阅读教学心理学［M］．石家庄：河北教育出版社，1997.
[43] 孟昭兰．普通心理学［M］．北京：北京大学出版杜，1994.
[44] 牟海珍．语文教学的当代解释学思考［J］．山东教育科研，2001（1）.
[45] 彭聃龄．语言心理学［M］．北京：北京师范大学出版社，1991.
[46] 浦小君．外语教学与跨文化交际技能［J］．外语界，1991（2）.
[47] 钱歌川．英文疑难详解（续篇）［M］．北京：中国对外翻译出版社，1981.
[48] 孙亚杰，徐云知．近十年阅读教学研究综述［J］．课程·教材·教法，2003（6）.
[49] 韦志成．现代阅读教学论［M］．桂林：广西教育出版社，2000.
[50] 王继坤．现代阅读学教程［M］．青岛：青岛海洋大学出版社，1999.
[51] 王余光，汪琴．关于阅读文化研究的几个问题［J］．图书·情报·知识，2004（5）.
[52] 王云峰．近二十年阅读能力研究与阅读教学模式的发展［J］．中学语文教学参考，1999（6）.

[53] 王文延．语文教学学教程［M］. 开封：河南大学出版社，1998.
[54] 王振亚．实用英语语言文化［M］. 保定：河北大学出版社，2004.
[55] 肖健壮．英语学习策略［M］. 北京：现代出版社，1997.
[56] 闫文培．全球化语境下的中西文化及语言对比［M］. 北京：科学出版社，2007.
[57] 杨道麟．马克思美学对语文教育的启示［J］. 韶关学院学报，2010（10）.
[58] 云中天．永远的风景——中国民俗文化［M］. 南昌：百花洲文艺出版社，2006.
[59] 张道真．张道真英语语法［M］. 北京：商务印书馆国际有限公司，2007.
[60] 张培基．英汉翻译教程［M］. 上海：上海外语教育出版社，1980.
[61] 张振邦．新编英语语法教程［M］. 上海：上海外语教育出版社，2003.
[62] 朱光潜．西方美学史［M］. 北京：人民文学出版社，1984.
[63] 朱作仁．语文测验原理与实施法［M］. 上海：上海教育出版社，1991.
[64] 曾可平．谈阅读能力的培养［J］. 中学语文，1991（2）.
[65] 曾祥芹．阅读学新论［M］. 北京：语文出版社，2000.
[66] 曾祥芹．汉文阅读学导论［M］. 北京：中央文献出版社，2004.